0~48개월 시기별 두뇌발달 돕는
하루 15분 골든타임 언어놀이

하루 15분 골든타임 언어놀이

1판 2쇄 인쇄 2023. 06. 20
1판 2쇄 발행 2023. 07. 01

지은이 이상은

발행인 강미선
편집 강미선 디자인 표지 공디자인 본문 윤미정
발행처 선스토리
등록 2019년 10월 29일 (제2019-000168호)

값은 뒤표지에 있습니다.
ISBN 979-11-97308-86-4 (03370)

이메일 sunstory2020@naver.com

매일 어김없이 떠올라 세상을 비추는 해처럼
선하고 이로운 이야기를 꾸준히 전합니다.

0~48개월
시기별 두뇌발달 돕는

하루
15분

골든타임
언어놀이

이상은 지음

선●스토리

차례

다양한 감각을 자극해요

0~4개월

본격적으로 세상과 소통해요

4~8개월

기억하여
이야기해요

36~48개월

하루 15분, AMOR 루틴으로
두뇌를 쑥쑥

"우리 아이 왜 말이 안 트일까요?"

언어치료사로 일하며 부모님들에게 가장 많이 듣는 질문 중 하나입니다. 더불어 2년 이상 지속되어온 코로나19 팬데믹으로 인한 마스크 착용이 아이들의 언어발달을 저해하는 것은 아니냐는 질문 역시 많이 받아왔습니다. 이 모든 질문에 저는 이렇게 반문합니다.

"아이와 자주, 잘 놀아주고 계신가요?"

이 질문은 "뇌를 잘 발달시켜주고 계신가요?"의 다른 표현이기도 합니다.

언어를 사용하는 것은 두뇌발달의 결과물입니다. 생후 5년 동안 뇌의 90% 가량 발달이 이루어지며 특히 생후 3년까지의 시간을 어떻게 보냈느냐가 아이의 성격, 인지능력, 언어능력, 사회성 등에 영향을 미쳐 이후 삶의 전반적인 큰 틀을 결정합니다. 팬데믹이 시작되면서 마스크를 착용하게 된 것이 언어적 위험요소를 가중시킨 것은 사실이지만 어려서부터 두뇌발달이 건강하게 이루어진다는 가정하에서는 그리 큰 영향력을 끼치지는 않습니다.

두뇌발달이 건강하게 이루어질 경우, 6~10개월 사이 충분한 옹알이를 거쳐 돌 가량에는 첫 낱말을 뱉어냅니다. 점차 이해하고 산출하는 단어가 많아지면서 만 2세에는 단어와 단어를 붙여 말하게 되고 만 3세에는 세 단어를 조합하며 문장으로 말할 수 있게 됩니다. 초기 구문이 시작되면서 점차 말다운 말을 하게 되는 시기이기도 하지요. 기억력, 어휘력, 구문력 등 인지·언어적 성장이 계속되어 만 4세에는 문장과 문장의 결합 형태인 복문이 다수 출현하고 어른과 비슷한 성숙한 구문을 사용하게 됩니다. 이에 따라 과거의 일을 회상하여 이야기하고 농담까지 할 수 있는 수준으로 발전합니다.

그렇다면 아이들의 뇌, 특히 언어 뇌를 건강하게 성장시키기 위해서 우리 부모들은 무엇을 도와주면 좋을까요? 두 가지 키워드를 기억하세요. 바로 '놀이' 와 '루틴'입니다.

하루에 15분만 부모와 상호작용하며 놀아주세요

유아기의 '놀이'는 언어 및 인지발달과 아주 밀접하게 연결되어 있습니다. 특히 '그냥 놀이'가 아니라 주양육자와 함께 하는 '상호작용 놀이'는 이후 접하게 될 큰 세상을 이해하고 외부 환경과 의사소통을 할 수 있도록 돕습니다. 뇌발달 측면에서 본다면, 새로운 경험들을 기존의 것들과 연결하고 신경망들간의 네트워크를 촘촘하게 하여 통합하게 하지요.

이에 반복되는 '루틴'이 더해져 연결된 신경망들을 더욱 강화해준다면, 더 빠르고 효율적으로 언어를 처리할 수 있습니다. 상황에 어울리는 적절한 어휘와 구문을 시기에 맞게 사용할 수 있게 됩니다.

0세~만4세까지, AMOR 해주세요

그러나 말도 잘 통하지 않고 고집불통인 아이와 '잘' 놀아주는 것은 생각보다 쉽지 않은 일입니다. 임상현장에서 많은 부모로부터 언어촉진을 위해 아이와 어떤 놀이를 해야 하는지, 어떠한 방향성을 가지고 놀이해야 하는지, 어떻게 말을 따라 할 수 있는지 등 놀이와 관련된 수많은 질문을 받아오면서, 부모들을 비롯한 많은 분에게 도움을 드리고자 이 책을 쓰게 되었습니다.

이 책에서는 그간 쌓인 저의 임상경험 및 아이들과의 상호작용 경험을 바탕으로 고안된 AMOR 기법을 활용해 0개월에서 48개월까지의 놀이법 70가지를 집중적으로 다루어 놀이 접근성을 높일 수 있도록 하였습니다. 이는 다양한 언어촉진 방법과

놀이에 관한 궁금증을 해결하는 길잡이가 될 것입니다. 더불어 부록으로 책놀이 방법, 시기별 발달 체크리스트, 언어놀이 루틴법 등을 담았습니다. 우리 아이의 발달이 적절히 이루어지고 있는지, 어떠한 부분을 적극적으로 도와줘야 하는지 등에 대한 정보를 제공하여 아이의 발달 사항을 객관적으로 확인하고 위험요소의 여부를 살필 수 있도록 했습니다.

　이 책에 모든 준비가 되어 있으니 아이를 향한 충만한 사랑과 긍정적인 에너지만 준비하세요! 신나게 함께 노는 사이 재잘재잘 즐겁게 말하는 우리 아이를 마주하게 될 것입니다.

AMOR란?

AMOR는 부모님 혹은 선생님들이 아이와 좀 더 쉽게 상호작용할 수 있기를 바라는 마음에서 필자가 고안한 일련의 놀이기법입니다. 아이와의 상호작용을 위해 필요한 요소는 매우 많지만 그것들을 다 인지하고 있을 수는 없습니다. 그렇기에 아주 핵심적인 요소, 즉 A(Attention, 주의집중하기), M(Modeling · Making a response, 시연하기 및 반응 형성하기), O(Opportunity, 기회 주기), R(Responsive action, 반응해주기)의 첫 알파벳을 딴 AMOR를 기억하면 좋겠습니다. AMOR는 스페인어로 '사랑'이라는 뜻이니 외우기도 쉽지요?

AMOR 기법을 놀이 속에서 어떻게 적용하는지 조금 더 살펴보겠습니다.

A Attention – 주의집중하기

아이와 주양육자가 함께 활동에 집중하는 것을 말합니다. 함께 주의를 집중하는 공동주의집중(Joint Attention)은 초기 상호작용의 기초 중의 기초입니다. 영유아 시기의 아이는 외부 환경보다 자신에게 주의를 집중하므로 보호자의 도움이 필요합니다. 평소 아이가 무엇에 관심을 가지는지 유심히 살피고, 보호자가 먼저 그 행동을 보여주어 아이가 관심을 갖고 함께 활동할 수 있도록 환경을 만들어주세요. 아이가 보고 있는 것을 부모도 쳐다보며 말을 걸어주거나, 아이가 혼자 놀고 있을 때 슬쩍 다가가 놀잇감을 가지고 함께 노는 것도 좋은 방법입니다. 그러한 상황이 반복되어 아이가 익숙해지면 부모가 활동을 하고 있거나 소리를 낼 때 자연스럽게 쳐다보며 관심을 갖고 다가올 것입니다.

Ⓜ Making a response · Modeling – 반응 형성하기 · 시연하기

M은 두가지의 의미를 지닙니다. 하나는 'Modeling' 즉 적절한 모델이 되는 언어나 행동을 시연하여 아이가 모방할 수 있게 돕는 것이고(이하 모델링), 다른 하나는 모델링 이상의 적극적인 방법으로 아이의 반응을 이끌어낸다는 의미의 'Making a response', 즉 반응 형성하기 과정입니다. 발달단계에 따라, 혹은 아이의 반응에 따라 modeling(시연하기)과 making a response(반응 형성하기)를 적절히 적용해야 합니다. 가령, 모방능력이 부족한 돌 전 아이들이나 발달이 지연되는 아이들은 단순히 보여주고 들려주는 것만으로는 목표한 반응을 이끌어내기 어려우므로 직접 아이의 신체를 만져주거나 움직여주어 목표 반응에 가까워지게 도와주어야 합니다. 아이 반응에 따라 이 두 과정을 융통성 있게 적용하여 상대를 모방할 수 있도록 해주세요.

Ⓞ Opportunity – 기회 주기

반응 형성하기 및 시연하기를 통해 아이가 목표 반응을 충분히 연습한 이후, 연습했던 행동을 자연스러운 상황에서 자발적으로 할 수 있도록 충분한 기회를 만들어주는 것을 의미합니다. 아이가 알아서 하도록 내버려두라는 의미가 아니라, 목표한 말이나 행동을 아이가 반복해서 할 수 있도록 부모가 상황적 맥락을 제공해야 한다는 의미입니다. 가령 '먹어'라는 표현을 이끌어내고 싶다면, 실제 음식을 먹거나 요리놀이를 하는 상황놀이로 이끌어주면 좋습니다.

Ⓡ Responsive Action – 반응해주기

아이가 보인 작은 시도에도 긍정적이고 적극적으로 반응해주는 것을 의미합니다. 목표에 부합하든 아니든 그것은 중요하지 않습니다. 아이가 약간의 시도라도 해보며 행동의 변화를 경험하게 하는 것이 중요합니다. 아이의 작은 시도도 크게 칭찬해주시고, 그렇지 않은 경우라면 다시 M과정과 O과정으로 돌아가 충분히 연습해보며 또다시 적극적으로 반응해주세요. 만약 놀이 상황이라면 아이가 보인 말이나 행동에 대응되는 적절한 상대의 반응을 보여주며 자연스럽게 놀이를 진행하면 좋습니다. 참고로 R단계에서 제시된 O단계란 앞의 'Opportunity-기회주기' 단계를 말합니다.

　AMOR는 융통성 없이 기계적인 순서대로 행하는 기법이 아닙니다. 활동의 첫 시작은 A(Attention, 함께 집중하기)가 되어야겠으나, M, O, R 과정은 아이가 반응해주는 것에 맞추어 융통적으로 적용이 가능합니다. 함께 놀 때, 책을 읽을 때 등 다양한 일상에서 AMOR 시도해보세요. 단, 목표치를 너무 높게 설정하면 아이의 의지가 꺾일 수 있으니 아이 수준에 따라, 혹은 그보다 살짝만 높게 설정하여 발전적인 방향으로 이끌어주세요.

주의사항

　내용을 전달하는 데 있어 실제 놀이상황을 보여주는 것만큼 효과적인 방법은 없습니다. 이 책에 아이와 놀이하며 역동적으로 일어날 수 있는 상황을 글로 제시하다보니 감정, 말투, 상황 맥락 등을 충분히 전달하는 데 제약이 있었지만 최대한 자세히 설명해 부모의 이해를 돕고자 했습니다. 더불어 같은 발달단계라도 아이마다 발달 속도와 성향이 달라 놀이에 반응하는 양상 역시 다릅니다. 필자는 미숙한 아이들도 도움을 받을 수 있도록 놀이에 적절한 반응을 보이지 못하는 상황에도 초점을 맞추었습니다. 제때 말문이 트인 아이, 조금 늦은 아이, 많이 늦은 아이 등 모든 아이를 위한 놀이법을 제시해 많은 부모에게 도움이 될 것입니다. 그밖에 놀이할 때 아래의 내용을 참고해주세요.

- ☑️ 아이가 놀이에 적절한 반응을 보이지 못하는 상황을 전제로 서술된 경우가 있습니다. 아이가 질문이나 지시에 잘 반응하는 경우에는 충분히 칭찬해주면서 아이가 주도하게 하고, 부모는 보조자 역할을 해주세요.
- ☑️ 전달력을 높이고 이해를 돕기 위해 문어체 대신 구어체로 제시했습니다.
  - 예 '떼 → 떼어', '것이야 → 거야', '그렇지? → 그치?', '어디 있지? → 어딨지?' 등
- ☑️ 아이의 발달 시기를 고려하고 아이의 구어 표현 촉진을 위해 의도적으로 문법적 요소를 단순화한 경우가 있습니다.
  - 예 '주하가 잡아 → 주하 잡아', '뭐 먹을 거야? → 뭐 먹어?' 등
- ☑️ 아이의 개별적 발달 특성을 고려하여 월령 단계를 약간씩 겹치게 제시했습니다.
  - 예 '4~7개월, 8~12개월'이 아닌 '4~8개월, 8~12개월'
- ☑️ 필요한 경우 중간마다 '언어발달 이야기' 코너를 추가하여 관련 지식을 부연 설명해 이해를 돕고자 했습니다.
- ☑️ 아이가 어릴 때는 부모가 1인~2인 역할만 해주면 되지만 아이의 개월 수가 커질수록 상황에 따라 융통성 있게 1인 다역을 해주는 놀이가 많아집니다.

다양한 감각을
자극해요

0~4개월

이 시기의 아이는 처음 맞이한 세상을 감각으로 알아갑니다.
0~2개월에는 반사행동이 주를 이루지만, 점차 자신의
신체 및 사물들을 놀잇감 삼아 빨며 탐색합니다.
상대를 보고 배냇짓을 하지만 의도를 갖고
웃기보다는 반사적인 행동인 경우가 많습니다.
이 시기에는 다양한 감각 자극을 통해 세상을
배워나가므로 후각, 시각, 청각, 미각, 촉각 등을 자극할 수
있는 놀이를 많이 해주는 것이 가장 중요합니다.

상호작용의 시작, 시각발달!

초점놀이

어떤 놀이인가요?

아이에게 색깔이 뚜렷한 모빌, 장난감, 초점책 등을 보여주며 말을 건네는 놀이입니다.

어떤 부분을 발달시키나요?

감각 중 80%는 눈을 통해 입력되므로 시각은 매우 중요한 감각입니다. 그러나 출생 직후에는 시신경 및 눈의 불완전한 발달로 초점을 맞추거나 색깔을 변별하는 것이 어렵습니다. 시기에 맞는 적절한 시각 자극물로 아이에게 자극을 주어 시각 발달 및 주의집중력을 키워줄 수 있습니다.

무엇이 필요한가요?

흑백 모빌이나 장난감(0~2개월), 색 대비가 뚜렷한 색깔 모빌이나 장난감(3~4개월), 주의를 집중시키는 용도로 사용할 딸랑이, 종 등의 소리 나는 물체.

미리 생각해요

모빌은 미리 만들거나 구매해 준비합니다.

A Attention – 주의집중하기

부모	(아이를 편안히 눕히거나 품에 안은 다음, 종소리나 간단히 만든 노랫말로 놀이의 시작을 알리는 일관적인 소리를 들려준다)
아이	(반응하지 않는다)
부모	어? 엄마랑 놀이하는 시간이네? 오늘은 엄마가 재미있는 걸 보여줄게. (아이의 눈에서 20~25cm 정도 거리에서 모빌을 흔들어주며) 짠! 이게 뭐지?
아이	(모빌을 바라본다)
부모	주하 모빌 봤어? 신기하지? 이건 모빌이야, 모빌. 어떤 친구들 있는지 만나볼까?

M Making a response – 반응 형성하기

부모	(나비 모양을 손으로 흔들어주며) 안녕, 주하야! 나는 나비야. 훨훨~ 나비가 주하한테 간다. (나비 부분을 흔들며 아이 가까이 가져간다)
아이	(모빌을 쳐다본다)
부모	(모빌을 부모 등 뒤로 숨기며) 어? 나비 없어졌네? 어디 갔지?
아이	(반응하지 않는다)
부모	어디 갔지? 어디 갔지? (찾는 시늉을 한다) 바로 바로~ (다시 모빌을 보여주며) 짠! 여기 있었네. (모빌을 아이 쪽으로 가깝게 내려주며) 나비 안녕~ 주하도 한번 만져봐. (아이의 손을 잡아 모빌을 만져보게 한다) 그래, 나비~ 나비 안녕.
아이	(모빌을 쳐다본다)
부모	(모빌을 위 아래로 움직여주며) 나비가 위로 위로 올라갔다 아래 아래 내려갔다 (모빌을 아이 얼굴에 대주며) 주하 얼굴에도 앉았네.

O Opportunity – 기회 주기

위 활동을 통해 아이에게 다음과 같은 반응이 나타나도록 기회를 만들어준다.

❶ 제시된 모빌, 장난감, 초점책 등을 쳐다보도록 기회를 만들어준다.

(방법) 아이의 시야에 들어오게 보여주고 흔들어준다.

❷ 제시물에 변화가 있을 때 아이가 주의를 집중하거나 변화를 감지하여 몸을 움찔하거나 눈을 깜빡이는 등 약간의 움직임이라도 보이게 기회를 만들어준다.

(방법) 모빌, 장난감, 초점책 등을 움직여주고 숨기며 변화를 준다.

Ⓡ Responsive Action – 반응해주기

❶
| Ⓞ단계 ❶번에서 아이가 적절히 반응할 경우 | 아이 행동을 말로 표현해주며 제시물을 아이 가까이에 가져간다.
예 "주하 나비 봤어? 맞아. 나비가 가까이 왔네." |
| Ⓞ단계 ❶번에서 아이가 도움이 필요할 경우 | 주의를 집중할 수 있는 딸랑이, 종 등의 소리를 제시물과 함께 들려준다. |

❷
| Ⓞ단계 ❷번에서 아이가 적절히 반응할 경우 | 아이의 행동을 말로 표현하며 반응해준다.
예 "모빌이 없어져서 놀랐어? 여기 있지." |
| Ⓞ단계 ❷번에서 아이가 도움이 필요할 경우 | 부모가 아이 손을 잡아 제시물을 만져보게 도와주고 제시물을 흔들어주는 등 움직임에 변화를 준다. |

 응용 모빌뿐 아니라 아이의 시각발달에 도움을 줄 수 있는 초점책이나 색 대비가 뚜렷한 인형 등을 이용해 같은 방법으로 놀이할 수 있다.

주의 하세요

아이의 시각발달을 고려하여 0~2개월까지는 흑백 모빌로 진행하고 3개월부터 색 대비가 뚜렷한 색깔 모빌을 추가합니다.

 **말/언어 촉진**포인트

• 아이와 눈 마주치기.
• 아이가 모빌을 쳐다보는지 확인한 후 천천히 이동시켜주기.
• 사물의 움직임에 변화 주기.

 언어발달 이야기

이 시기 언어촉진의 기본은 주어진 자극에 반응하게 함으로써 상호작용의 원리를 익히는 것입니다. 아이가 모빌 등의 장난감을 바라보고 움직임에 반응하면 다시 보호자가 긍정적으로 반응해주어 아이의 행동이 강화되도록 도와줍니다.

교감능력을 여는

🔊 **주물주물 쭉쭉**

어떤 놀이인가요?

아이의 신체 부위를 부드럽게 마사지하며 상호교감을 나누는 놀이입니다.

어떤 부분을 발달시키나요?

부모와의 신체적 접촉은 아이에게 정서적 안정감을 주고 자기조절력 형성을 돕습니다. 더불어 신체적 접촉과 함께 이루어지는 눈맞춤, 제스처 등의 비구어적인 소통을 통해 상대와 의사소통하려는 의도를 만들어나갑니다.

무엇이 필요한가요?

아기용 로션.

미리 생각해요

아이를 눕힐 편안한 장소와 조용하고 안정적인 느낌의 음악을 준비합니다. 위생을 위해 손은 미리 깨끗이 닦습니다.

어떻게 **놀이**하나요?

A **Attention – 주의집중하기**

부모   (놀이 시작을 알리는 일관적인 소리를 들려준다) 주하야~ 오늘은 쭉쭉이 놀이하자. (각 신체 부위를 만져주며) 아빠가 주하 얼굴, 어깨, 팔, 다리, 발 쭉쭉 마사지해줄게.

아이   (우연히 아빠와 눈을 맞춘다)

부모   어이구, 우리 주하 아빠 봤어? 아빠가 주물주물 문질문질 마사지해줄게.

M **Making a response – 반응 형성하기**

부모   (손에 로션을 발라서 다리를 부드럽게 위에서 아래로 쓰다듬으며) 주하 다리. 보들보들 주하 다리. (노래하듯) 아빠 손이 내려갑니다. (아이와 눈을 맞추고 부드럽게 질문한다) 주하야, 기분 어때?

아이   (아빠를 쳐다본다)

부모   아빠가 살살 마사지해주니 좋지? 보들보들 주하 다리. 이번엔 다리 쭉쭉한다. 다리야 길어져라. 쭈욱~ 쭈욱~ 주하 다리 쭉쭉 길어진다. 시원해?

아이   (몸을 살짝 움직인다)

부모   주하 시원하구나. 기분 좋네! (아이의 손을 잡아 아빠의 손과 마주치며 하이파이브한다) 아빠랑 짠! 기분 좋아 짠! 아빠가 또 주물주물 문질문질해줄게. 이번엔 어디를 주물주물 해볼까?

★ 위와 같이 아이의 신체 부위를 만지고 간질이고 주무르며 아이와 소통을 시도한다. 아이의 작은 반응에도 의미를 부여한다.

O **Opportunity – 기회 주기**

위 활동을 통해 아이에게 다음과 같은 반응이 나타나도록 기회를 만들어준다.

❶ 부모의 이야기나 물음에 아이가 잠깐이라도 부모와 눈을 맞추도록 기회를 만들어준다.

방법   이름을 부르거나 질문하거나 이야기할 때 아이 눈을 응시한다.

❷ 상호제스처를 인식할 수 있는 기회를 만들어준다.

(방법) 부모가 아이 손을 잡고 마주쳐 하이파이브한다.

Ⓡ **Responsive Action – 반응해주기**

❶ 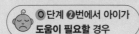 **O단계 ❶번에서 아이가 적절히 반응할 경우**

우연한 시도일지라도 아이가 눈맞춤을 하면 크게 칭찬해주고 아이의 행동을 말로 표현해준 후 아이의 시선을 따라간다.

O단계 ❶번에서 아이가 도움이 필요할 경우

종이나 딸랑이 등 소리 자극을 이용해 아이가 눈으로 소리를 따라가면 부모는 바로 아이의 시선에 따라 눈을 맞춘다.

❷ **O단계 ❷번에서 아이가 적절히 반응할 경우**

아이가 조금이라도 움직임을 보이면 쓰다듬으며 크게 칭찬해준다.

O단계 ❷번에서 아이가 도움이 필요할 경우

움직임이 전혀 없다면 부모가 직접 아이 손을 잡아 손바닥에 맞추며 '짠' 하고 말해준다.

 보드라운 천, 공, 인형, 풍선, 젖병, 종이 등 여러 가지 재료를 이용해 신체에 다양한 감각자극을 주는 것으로 확장할 수 있다.

주의
하세요

　너무 빨리 진행하거나 아이에게 강한 자극이 가해지지 않도록 주의합니다. 아이가 불편해하는 곳은 없는지 유심히 반응을 살피고 교감하며 진행합니다.

 **말/언어**
촉진포인트

• 아이가 긍정적인 감정을 느낄 수 있도록 밝고 호의적인 비구어적 표현(몸짓, 시선, 표정, 음성 등) 사용하기.
• 아이와 눈 맞추기.
• 아이의 표정과 움직임 변화에 말로 반응해주기.

 언어발달
이야기

　아이에게 말을 건넬 때는 '천천히 말하기', '말뭉치 단위로 쉬면서 말하기', '다양한 음역대의 억양으로 생동감 있게 말하기' 등을 적용한 패런티즈(Parentese, 아기에게 사용하는 부모 말)를 사용하여 아이가 더욱 집중할 수 있도록 합니다.

내 몸이야

간질 보들 통통

어떤 놀이인가요?

아이의 신체 부위에 여러 가지 재료로 다양한 촉각 자극을 제공하면서 말을 건네는 놀이입니다.

어떤 부분을 발달시키나요?

아직 자신의 신체 부위가 자신에게 속했음을 인지하지 못하는 시기입니다. 신체 여러 부위에 다양한 촉각 자극을 주어 아이가 신체에 대한 인식을 가지도록 돕습니다.

무엇이 필요한가요?

부채, 빨대, 깃털(부드러운 가제수건으로 대체 가능), 말랑말랑한 공, 소리 나는 종 혹은 딸랑이.

미리 생각해요

아이가 새로운 자극에 피곤해하지 않도록 아이 컨디션이 좋을 때 활동합니다.

A Attention - 주의집중하기

부모	(놀이 시작을 알리는 일관적인 소리를 들려준다) 엄마랑 같이 놀이하는 시간이네? 오늘은 어떤 친구들을 만나볼까? (가제수건을 보여주며) 어? 주하 손수건이네?
아이	(다른 곳을 본다)
부모	(종을 딸랑거리며) 주하야 여기 봐봐. 주하 손수건 있네?
아이	(소리를 듣고 엄마 쪽을 쳐다본다)
부모	그래. 여기야. (손수건을 아이 얼굴 위에서 떨어뜨려 살며시 아이의 얼굴을 덮도록 한다) 이게 뭐지? 주하 손수건. 주하 냄새 나네. 이번엔 손수건이 어디로 가볼까?
아이	(손수건이 닿는 감촉에 몸을 움찔한다)

M Making a response - 반응 형성하기

부모	(가제수건으로 아이 다리를 훑어주는 동시에 눈을 보고 이야기를 건넨다) 다리. 손수건이 주하 다리로 갔네. 보들보들 부드러워.
아이	(다리를 움찔거린다)
부모	응, 주하가 다리 움직였어? 보들보들해서 다리 움직였구나. 잘했어. 이번엔 어디로 가볼까? 주하 손으로 가보자. (가제수건으로 손을 훑어준다)

★ 위와 같이 신체 부위에 다양한 재료로 자극을 준다. 부채로 바람을 불어주며 '시원시원해', 공을 튀기며 '통통', 깃털이나 가제수건으로 훑어주며 '보들보들', '간질간질' 등의 의성어·의태어를 들려준다.

O Opportunity - 기회 주기

위 활동을 통해 아이에게 다음과 같은 반응이 나타나도록 기회를 만들어준다.

❶ 부모가 말할 때 아이가 짧게라도 눈을 맞추도록 기회를 만들어준다.

(방법) 목소리의 강약을 조절하거나 종소리 등을 이용해 주의를 집중시킨다.

❷ 아이가 촉각 자극에 소리를 내거나 몸을 움직이도록 기회를 만들어준다.

(방법) 약한 촉각 자극에서 시작하여 강약을 조절하면서 다양한 세기를 경험하게 해준다.

ⓡ Responsive Action - 반응해주기

❶

◎단계 ❶번에서 아이가 **적절히 반응할 경우**	아이 행동을 말로 표현해주며 크게 칭찬하고 토닥여준다. ⑩ "엄마 봤어? 어이구 잘했네. 엄마가 또 통통 해줄게."
◎단계 ❶번에서 아이가 **도움이 필요할 경우**	재료들로 아이 얼굴에 촉각 자극을 주면서 가까이 다가가 자연스럽게 부모와 눈을 맞추게 한 후 아이 시선을 따라간다.

❷

◎단계 ❷번에서 아이가 **적절히 반응할 경우**	아이 행동을 말로 설명해주며 해당 신체 부위를 만져준다.
◎단계 ❷번에서 아이가 **도움이 필요할 경우**	재료를 통해 촉각 자극을 주는 동시에 해당 부위에 뽀뽀하거나 간지럼을 태운다.

응용 재료를 통해 촉각 자극을 주면서 해당 신체 부위를 마사지하거나 운동시키는 활동으로 응용할 수 있다.

주의 하세요 　처음부터 너무 센 자극을 아이에게 가하면 놀랄 수 있으니 점진적으로 자극의 세기를 조절합니다.

말/언어 촉진포인트
• 적절한 의성어·의태어 충분히 들려주기.
• 아이와 눈 맞추기.
• 아이의 표정 및 움직임의 변화에 기민하게 반응하기.

시각, 청각, 촉각 자극을 동시에
🔊 들어봐

 **어떤 놀이인가요?**

아이에게 다양한 일상의 환경음을 들려주며 이야기를 건네고 관련된 감각을 자극하는 놀이입니다.

 **어떤 부분을 발달시키나요?**

청각신경은 태어나기 전부터 발달하므로 갓 태어난 아이도 소리를 들을 수 있습니다. 생애 초기에는 발달이 미숙하기 때문에 제한적인 감각으로 세상을 알아가는데 이 시기에 중요한 감각 중 하나가 청각입니다. 생애 초기의 청각 자극은 주변에서 많은 일이 일어나고 있음을 느끼게 해줍니다. 또 청각 자극이 다양한 경험과 연결되면서 청각적 변별능력을 발달시킵니다. 더불어 말소리 처리 민감도를 높이는 데도 도움이 됩니다.

 무엇이 필요한가요?

바스락거리는 나뭇잎이나 귀뚜라미, 또는 바람이나 빗소리와 같은 자연의 소리, 나뭇잎, 부드러운 천, 스포이트 물방울 등 소리와 관련된 촉각 자극물.

 미리 생각해요

실제 소리를 들려주면 좋겠지만 그렇지 못할 경우에는 미리 녹음한 소리나 휴대전화 앱을 이용합니다.

어떻게 **놀이**하나요?

A Attention – 주의집중하기

부모 (아이를 편안히 눕히거나 품에 안는다. 종소리나 간단히 만든 노랫말 등으로 놀이의 시작을 알리는 일관적인 소리를 들려준다)

아이 (아빠를 잠깐씩 바라본다)

부모 어? 아빠랑 놀이하는 시간이네? 오늘은 아빠가 재미있는 소리 들려줄게. 잘 들어봐.

아이 (아빠를 잠깐씩 바라본다)

M Making a response – 반응 형성하기

부모 (휴대전화 앱을 통해 '바람 소리'를 들려주며) 휘잉 휘잉~ 바람 소리네. (아이와 눈을 맞추며 아이 볼에 입으로 바람을 불어준다) 호~ 호~ 바람 느껴져? 아~ 시원해.

아이 (볼에 바람이 닿자 몸을 움직인다)

부모 그래, 호호 바람 불었지? 아~ 시원하다. 이번엔 똑똑똑 물방울 소리 들어볼까? (물방울 떨어지는 소리를 들려준다) 똑, 똑, 똑, 물방울이 떨어지네? 똑, 똑, 똑, 주하도 물방울 한번 느껴볼까? (스포이트로 아이의 팔에 물을 한 방울씩 떨어뜨린다) 똑, 똑, 똑, 물방울 떨어지네? 아이 차가워!

아이 (물방울이 닿자 몸을 움직인다)

★ 위와 같이 다양한 소리를 들려주고 제시한 것처럼 입으로 바람을 불어주거나 물방울을 떨어뜨리는 촉각·시각적 힌트를 함께 제공하며 소리를 이야기해준다. 이야기할 때는 아이와 눈을 맞춘다.

O Opportunity – 기회 주기

위 활동을 통해 아이에게 다음과 같은 반응이 나타나도록 기회를 만들어준다.

❶ 소리가 들릴 때 아이가 몸을 움직이거나 귀를 기울이는 행동을 하도록 기회를 만들어준다.

방법 소리를 들려주고 멈추기를 적절히 반복하거나, 소리를 들려줄 때 "무슨 소리지?" 등 주의를 집중시키는 말소리를 더해준다.

❷ 아이가 부모와 눈을 마주칠 수 있도록 기회를 만들어준다.

방법 아이를 바라보며 이야기하고 아이의 시선을 따라간다.

Ⓡ Responsive Action – 반응해주기

❶ 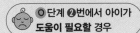 **◎단계 ❶번에서 아이가 적절히 반응할 경우**

아이가 몸을 움직이면 아이를 부드럽게 쓰다듬으며 칭찬하고, 아이의 행동을 말로 설명해준다.

예 "주하가 바람 휘잉 불어서 눈 감았어? 잘했어."

◎단계 ❶번에서 아이가 도움이 필요할 경우

아이의 귀에 대고 해당 소리를 말소리(의성·의태어)로 속삭여주고 관련된 촉각 자극을 제공해준다.

예 "바람소리 난다." → 아이의 팔에 살짝 바람을 분다.

만약 아이가 운다면 아이의 감정을 먼저 읽어주고 아이를 안고 달랜 뒤 나중에 다른 소리로 다시 시도한다. 칭찬해주며 아이의 행동을 말로 설명해준다.

예 "주하가 아빠 봤어? 어이구, 이쁘다~ 잘했어."

❷ **◎단계 ❷번에서 아이가 적절히 반응할 경우**

◎단계 ❷번에서 아이가 도움이 필요할 경우

조용한 상태에서 소리를 다시 들려주어 부모에게 주의를 집중시킨 후 부모가 아이 시선을 따라간다.

응용 고양이, 강아지, 돼지, 소, 오리 등 다양한 동물 소리를 들려주며 해당 동물의 사진이나 인형을 보여준다.

주의
하세요

소리를 처음부터 너무 크게 들려주면 아이가 놀랄 수 있습니다. 음량을 다양하게 조절하며 들려주세요. 아이가 특정 소리에 울음을 터뜨리거나 불편한 반응을 보이면 즉시 중단하세요. 아이를 달래준 뒤 다른 소리로 다시 시도합니다.

말/언어
촉진포인트

• 다양한 환경음을 들려주고 관련된 의성어·의태어 들려주기.
• 아이가 느낄 만한 감정을 말로 표현해주기.
• 시각, 청각, 촉각을 함께 느끼게 해주기.

청각 변별력을 높이는

🔊 우리 가족 소리

어떤 놀이인가요?

　직접적으로, 또는 간접적으로 녹음된 친숙한 가족의 목소리를 아이에게 들려준 후 해당 가족의 얼굴 사진을 보여주는 놀이입니다.

어떤 부분을 발달시키나요?

　아직 상대방에 대한 인식이 명확하지 않은 시기이지만, 반복적인 시청각 노출을 통해 사람의 얼굴과 그 의미를 꾸준히 익힐 수 있습니다. 이를 바탕으로 이후 상대를 인식하고 호명할 수 있게 됩니다. 더불어 사람들의 다양한 음성을 들으면서 음성 및 말소리에 대한 청지각적 변별력을 발달시킬 수 있습니다.

무엇이 필요한가요?

　가족 구성원의 영상이나 녹음된 음성, 사진.

미리 생각해요

　실제 가족 구성원들이 함께 진행하면 가장 좋지만 간접적으로 진행할 경우라면, 가족 구성원의 얼굴이 크게 담긴 사진 및 음성 파일을 미리 준비합니다. 다양한 표정의 얼굴이라면 더욱 좋습니다.

어떻게 **놀이**하나요?

A) Attention – 주의집중하기

엄마	(아이와 눈을 맞추며 놀이 시작을 알리는 일관적인 소리를 들려준다) 주하야, 오늘 가족들 만나보자. 누가 우리 주하 보러 왔나 보자. 잘 들어봐. (조용한 상태에서 아빠의 음성파일을 들려준다)
아빠 음성파일	주하야 안녕~ 아빠야. 빠빠빠빠빠빠 아빠*. 사랑해 주하.
아이	(소리가 나자 잠깐 눈을 깜빡인다)

> • 가족을 표현할 때는 끝소리를 리듬감 있게 반복하여 들려주면 좋다.
> 예 지지 하부지, 나나 누나, 빠빠 오빠, 니니 할머니 등.

M) Making a response – 반응 형성하기

엄마	주하야 누구야? (아빠 사진을 보여주며) 짠! 아빠네! 아빠가 (낮은 목소리로) '주하야' 했지? 이번엔 또 누가 주하를 부를까? (할머니 음성파일을 들려준다)
할머니 음성파일	주하야 안녕~ 할머니야. 니니 할머니. 사랑해 주하.
엄마	이번엔 누구지? (할머니 사진을 보여주며) 짠! 할머니네! 할머니가 (할머니 목소리를 흉내 내며) '주하야' 했지?

★ 위와 같이 여러 가족 구성원의 음성을 들려주고 사진을 보여주어 아이가 목소리와 사람을 매칭하도록 도와준다.

O) Opportunity – 기회 주기

위 활동을 통해 아이에게 다음과 같은 반응이 나타나도록 기회를 만들어준다.

❶ 가족들 말소리에 눈을 깜빡이거나 응시하거나 몸을 움직이는 등 소리에 집중하는 기회를 만들어준다.

방법 조용한 상태에서 가족들의 소리를 들려준다.

❷ 가족들 얼굴이 나타났을 때 잠깐이라도 얼굴을 응시하도록 기회를 만들어준다.

사진이 아닌 실제 사람이라면 눈을 맞추게 도와준다.

(방법) 처음에는 음성만 들려준다. 다음으로 아이 시야에 사진을 제시하며 동시에 음성을 들려준 뒤, 10초가량 이야기하며 보여준다.

Ⓡ Responsive Action – 반응해주기

❶

○단계 ❶번에서 아이가 **적절히 반응할 경우**

아이 반응을 말로 표현하고 부모의 행동을 말로 설명해준다.

📖 "주하가 소리 들었어? 아빠가 주하야~ 불렀네?"

○단계 ❶번에서 아이가 **도움이 필요할 경우**

아이를 쓰다듬어주며 부드러운 목소리로 해당 가족의 호칭을 말해준다.

📖 "아빠네 아빠. 아빠가 주하야~ 했네."

❷

○단계 ❷번에서 아이가 **적절히 반응할 경우**

사진을 아이 얼굴에 포개어 뽀뽀하는 시늉을 한다.

📖 "그래, 아빠 봤어? 뽀뽀."

○단계 ❷번에서 아이가 **도움이 필요할 경우**

아이의 시야로 사진을 움직여주어 사진을 잠깐이라도 보게 한다.

응용 얼굴을 응시하는 시간이 늘어나면, 얼굴을 보고 인사하는 활동으로 확장할 수 있다.

주의
하세요

　미디어의 빛 자극은 아직 어린 아이에게 자극적일 수 있으므로 되도록 사진이나 실제 상황으로 진행합니다.

말/언어
촉진포인트

- 각 가족 구성원의 음성을 얼굴(사진)과 매칭하여 들려주기.
- 아이가 얼굴(사진)을 응시하도록 기다려주기.
- 다양한 표정의 얼굴이나 사진 보여주기.

언어발달
이야기

　부드럽고 밝은 말투로 아이에게 이야기하는 것은 상대 및 의사소통에 대한 긍정적인 인식을 갖게 해 언어발달을 촉진시킵니다. 더불어 다양한 표정을 보여주는 것은 상대에 대한 인식 및 정서발달에 긍정적 영향을 미쳐 이후 화용언어 사용 및 사회성 발달에 도움을 줍니다.

구강운동근육의 발달

🔊 아오이 메롱

어떤 놀이인가요?

아이에게 다양한 입 모양을 보여주거나 부모가 직접 아이의 구강 움직임을 도와주는 놀이입니다. 아직 아이가 정확하게 모방하기는 어렵다는 걸 감안하고 놀이합니다.

어떤 부분을 발달시키나요?

부모를 바라보고 진행하는 활동이므로 아이가 주의를 집중하게 되고, 구강 주변 근육을 움직임으로써 구강 모방력과 소근육 운동능력을 발달시킵니다.

무엇이 필요한가요?

손거울.

미리 생각해요

아이를 부모 무릎에 눕히거나 앉혀 서로 얼굴을 마주 보는 상태에서 손을 깨끗이 씻고 시작합니다.

어떻게 **놀이**하나요?

A Attention - 주의집중하기

부모 (아이와 마주본 상태에서 놀이 시작을 알리는 일관적인 소리를 들려준다) 주하야~ 엄마 봐봐. (혀를 '메롱' 내밀며) 오늘은 엄마랑 이렇게 (입 모양을 과장해 보여주며) 아 오 이 메~롱 할 거야.

아이 (아이가 엄마를 쳐다본다)

M Making a response - 반응 형성하기

부모 엄마는 맘마 먹을 때 아~ 해. (입을 크게 벌리며 '아' 하는 모습을 보여준다. 이때 두 손도 쫙 펼쳐 개방감을 준다. 이후 아이 반응을 살핀다)

아이 (엄마를 쳐다본다)

부모 주하도 하고 싶어? (손으로 아이 턱을 눌러 입술이 벌어지게 만든다) '아' 이렇게 하면 돼. 주하도 '아' 하고 냠냠 먹지? 어이구 '아' 잘했다! 이번엔 (혀를 내밀며) '메롱' 해볼까? 엄마 메~롱.

아이 (엄마를 쳐다본다)

부모 주하도 하고 싶어? 엄마가 도와줄게. (한쪽 손으로 아이의 턱을 눌러 입이 벌어지게 한 뒤, 가제수건으로 다른 손 검지를 감싸 아이 혀를 자극한다) 어이구, 주하도 혀 메롱 나왔네? 이게 주하 혀야.

★ 위와 같이 구강 움직임을 아이에게 보여주고 아이가 실제로 해볼 수 있게 손으로 구강 주변 근육을 자극한다. 양 입술 끝을 올려 '이', 양 볼을 눌러주어 '오' 하는 구강 움직임을 유도한다.

O Opportunity - 기회 주기

위 활동을 통해 아이에게 다음과 같은 반응이 나타나도록 기회를 만들어준다.

❶ 부모가 구강 주변 근육의 움직임을 보여줄 때 아이도 주의집중해서 볼 수 있게

한다.

(방법) 입 모양을 과장하여 크게 보여주면서 해당 말소리를 함께 들려준다.

❷ 아이가 부모를 쳐다보며 우연이라도 구강 주변의 움직임을 일으키도록 기회를 만들어준다.

(방법) 입 모양과 비슷한 손동작을 함께 보여주며 입 모양을 과장해 보여준다.

(예) 손을 쫙 펴며 '아', 손가락을 세로로 보여주며 '이', 손가락을 가로로 보여주며 '오' 등.

R Responsive Action – 반응해주기

❶ 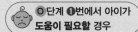 ○단계 ❶번에서 아이가 **적절히 반응할 경우**

중간중간 아이를 쓰다듬으며 잘 집중하고 있음을 칭찬한다.

(예) "그래, 주하가 잘 쳐다봤네. 또 잘 봐."

○단계 ❶번에서 아이가 **도움이 필요할 경우**

딸랑이나 종을 이용해 소리를 들려주고 주의를 집중하게 도와준다.

❷ 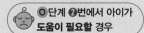 ○단계 ❷번에서 아이가 **적절히 반응할 경우**

아이의 작은 움직임에도 크게 칭찬해주고, 아이의 행동을 부모가 따라 하며 말로도 표현해준다.

(예) "우아, 이렇게 '아' 했어? 맞아, 엄마도 '아' 했지?"

○단계 ❷번에서 아이가 **도움이 필요할 경우**

손으로 아이의 입술, 혀 등을 직접 자극해 해당 말소리와 연결되는 구강 모양을 만들어준다.

(예) 입술을 벌려주거나 눌러주며 혀를 자극한다.

 응용

구강 쪽 움직임뿐 아니라 다양한 표정을 보여주며 눈이나 볼 등의 얼굴 근육도 함께 움직여줄 수 있다.

주의
하세요

아이의 구강 주변을 실제로 만지며 진행하므로 손을 깨끗이 닦고 청결한 상태에서 진행합니다.

말/언어
촉진포인트

• 입 모양을 과장하여 움직여 많이 보여주기.
• 아이의 입 주변을 살살 만져주며 마사지해주기.
• 아이의 작은 움직임도 크게 칭찬해주기.

언어발달
이야기

아이가 부모의 입 모양을 따라 하려는 시도는 말을 배우기에 앞서 이루어져야 할 매우 중요한 과정입니다. 모방하려는 의도는 상대와 소통하려는 의도로 연결되고, 이는 말소리와 구강운동을 계속적으로 연결시키며 알고 있는 소리를 표현할 수 있게 합니다. 더불어 구강 주변 근육의 움직임을 통해 혀, 입술, 턱 등 소근육의 움직임을 조절하는 기회가 됩니다.

모방력을 배우는

📢 거울놀이

어떤 놀이인가요?

아이 이름을 부르며 거울을 보여주고, 거울을 좌우로 움직여 아이가 거울에 비친 자신의 모습을 따라 시선을 움직이도록 도와주는 놀이입니다.

어떤 부분을 발달시키나요?

아직 자신을 인식하지 못하는 시기이지만, 꾸준히 활동을 반복하며 자기인식의 기반을 만들어주고, 거울신경세포를 자극하여 모방력을 키워줍니다. 모방력의 발달은 곧 상호작용 및 의사소통 발달로 이어집니다.

무엇이 필요한가요?

손거울, 소리 나는 종이나 딸랑이.

미리 **생각**해요

아이를 부모 무릎에 비스듬히 눕혀 부모 눈을 보는 것으로 시작합니다. 앉을 수 있는 아이라면 부모와 마주 앉아 눈을 맞춥니다.

어떻게 **놀이**하나요?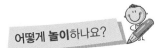

A | **Attention - 주의집중하기**

부모 (아이와 눈을 맞추며 놀이 시작을 알리는 일관적인 소리를 들려준다) 주하야~ 주하가 아빠 봤어? 맞아, 아빠지?

아이 (아빠를 바라본다)

M | **Making a response - 반응 형성하기**

부모 (아이가 아빠를 바라보고 있는 상태에서 슬쩍 거울을 아이에게 보여준다) 어! 아빠 얼굴 없네? 이게 누구지? 아! 주하네. (손가락으로 아이 눈, 코, 입을 가리키며) 주하 얼굴이야. 눈도 있고 코도 있고 입도 있고, 주하 얼굴이네. 안녕?

아이 (거울 속 자신을 바라본다)

부모 (아이 반응을 살핀 후 다시 거울을 치워 아빠를 보여준다) 다시 아빠 짠! 또 아빠 없어진다. (거울로 아이를 비춘다. 아이가 유심히 거울을 본다면 충분히 기다려준다)

이번에는 주하가 움직인대. 따라가보자. (거울을 좌우로 움직여 아이가 눈으로 거울을 따라가도록 이끌어준다. 잘 따라가지 못할 경우 아이의 고개를 거울 쪽으로 살짝 밀어준다)

O | **Opportunity - 기회 주기**

위 활동을 통해 아이에게 다음과 같은 반응이 나타나도록 기회를 만들어준다.

❶ 거울에 비친 자신을 보고 소리를 내거나 표정을 짓는 등 변화를 표현하도록 기회를 만들어준다.

(방법) 아이가 부모를 보고 있는 상태에서 거울로 아이를 비춰 변화를 감지하게 한다.

❷ 거울의 움직임에 따라 눈이 따라가도록 기회를 만들어준다.

(방법) 아이가 거울을 보고 있는 상태에서 거울을 좌우로 움직인다.

❶ | ◯단계 ❶번에서 아이가 적절히 반응할 경우 | 아이 반응에 수긍하며, 아이 이름을 불러준다.
예 "맞아. 주하야. 주하 봤어? 김주하."

◯단계 ❶번에서 아이가 도움이 필요할 경우 | 딸랑이 등 소리 나는 장난감을 흔들어 거울 쪽으로 주의를 집중시킨다. 그럼에도 다른 곳을 쳐다보는 등 집중이 어렵다면 부모와 눈 맞추는 활동을 충분히 더 연습한다.

❷ | ◯단계 ❷번에서 아이가 적절히 반응할 경우 | 아이 이름을 부르며 거울을 지속적으로 움직여준다.

◯단계 ❷번에서 아이가 도움이 필요할 경우 | 거울이 움직이는 방향으로 아이의 고개를 조금씩 움직여준다.

응용 거울을 위 아래로 움직여 크기와 높이의 다양성을 느끼게 해준다.

주의 하세요 　너무 오랜 시간 거울에 노출되는 것은 아이에게 피로감을 줄 수 있기에 아이 반응을 살피며 활동 시간을 조정합니다.

말/언어 촉진포인트
- 아이 이름 많이 불러주기.
- 거울의 움직임에 따라 시선도 움직이도록 도와주기.
- 아이의 눈, 코, 입을 가리키며 해당 명칭 알려주기.

언어발달 이야기 　어릴 때부터 아이 이름을 많이 불러주는 것은 아이가 자신에 대한 인식을 갖는 데 도움을 줍니다. 더불어 아이가 자신의 이름을 부르는 것에 반응하게 해 상호작용 및 의사소통 능력을 증진시킵니다.

자기조절력 키워주는

📣 짐볼 타기

 **어떤 놀이인가요?**

아이를 짐볼 위에 엎드려 놓거나 부모가 아기띠를 한 상태로 짐볼에 앉아 아이 몸을 통통 움직이게 해주는 놀이입니다.

 **어떤 부분을 발달시키나요?**

짐볼을 사용한 터미타임(Tummy Time, 아이가 배를 바닥에 대고 엎드려 있는 시간)을 통해 구르고 기고 목을 가누는 등의 대근육 발달 및 조절능력을 기를 수 있습니다. 또한 '움직임-아이의 반응-양육자의 반응'과 연결되며 양육자와 상호작용 및 원인과 결과에 대한 인지 기반을 형성하는 데 도움을 줍니다.

 **무엇이 필요한가요?**

짐볼, 아기띠.

 미리 생각해요

짐볼 활동을 바로 시작하지 않고 아이를 안고 충분히 움직여준 뒤 자연스럽게 진행하여 아이가 놀라지 않도록 합니다.

A Attention - 주의집중하기

★ 커다란 거울이 있다면 거울 앞에 앉아 아이가 부모와 자신의 모습을 보도록 한다.

부모　(아기띠로 아이를 안고 짐볼을 앞에 위치한 뒤, 놀이 시작을 알리는 일관적인 소리를 들려준다) 주하야, 공이다 공. 큰 공. 이거 봐봐. 엄청 크다. 한번 만져볼까? (아이의 손을 짐볼에 대준다) 이번엔 엄마가 통통 튀겨볼게. (공을 튀기며) 공 통통통.

아이　(짐볼이나 앞에 있는 거울을 바라본다)

M Making a response - 반응 형성하기

부모　주하야 이번엔 우리 큰 공에 앉아볼까? (아기띠로 아이를 안은 채 짐볼에 앉아 몸을 통통 튀게 한다) 엄마랑 **통통**하자. (리듬감 있게 의태어를 들려준다) **통통통통통~** 어때 주하야?

아이　(팔이 올라가는 등 움직임을 보인다)

부모　그래, 재밌지? (짐볼에 앉아 통통 튀며) **통통통통** 하늘로 높이높이 올라가자 **통통**. (통통 튀다가 잠시 멈추고 아이가 반응을 보일 때까지 기다린다)

아이　(살짝 몸을 움직인다)

부모　재밌었어? 재밌어서 움직였어? 또 **통통**할까? (아이가 조금이라도 움직이거나 표정을 지으면 다시 통통 튀게 해준다)

부모　이번엔 우리 큰 공에서 흔들흔들 해볼까? 엄마가 주하 내려줄게 공에 타봐. (아이를 짐볼에 앉힌다. 아이가 떨어지지 않게 엄마는 아이 허리를 꼭 잡는다)

부모　(아이를 잘 잡고 짐볼 위에서 양옆으로 흔들어준다) 흔들흔들~ 큰 공 배를 타고 어디로 갈까? 할머니한테 갈까? 아빠한테 갈까? (흔들어주다 잠깐 멈추고 아이의 반응을 기다린다)

아이　(움직이거나 소리를 낸다)

부모　응, 알았어! 다시 흔들흔들 배 타고 가자.

부모　이번엔 주하 엎드려서 가볼까? (아이를 짐볼에 엎드려 눕히고 잘 잡아준다) 흔들흔들~ 뻐끔뻐끔 물고기 사는 바다에 가자.

아이	(짜증낸다)
부모	힘들었어? 알았어. 그럼 다시 앉자.

★ 위와 같이 부모가 아이를 안고 짐볼에 앉거나 아이를 직접 짐볼에 앉히거나 엎드리게 한 후 짐볼의 움직임을 느끼게 한다. 아이가 소리 내거나 움직이는 등 좋아하는 반응을 보이면 중간중간 멈춰 아이가 또 하고 싶다는 신호를 보내도록 유도한다.

O Opportunity – 기회 주기

위 활동을 통해 아이에게 다음과 같은 반응이 나타나도록 기회를 만들어준다.

❶ 부모가 공을 튀길 때 부모와 함께 공을 쳐다보도록 기회를 만들어준다.

(방법) 박수 소리를 들려주거나 아이 이름을 부르며 부모 쪽을 쳐다보게 한다.

❷ 아이를 짐볼에 앉혀 놓고 부모의 얼굴을 쳐다보도록 기회를 만들어준다.

(방법) 혀를 내밀거나 입술을 부르르 떠는 등 재미있는 구강 움직임과 표정을 보여주어 아이의 시선을 집중시킨다. 혹은 아이의 이름을 부른다.

❸ 짐볼의 움직임이 멈추면 또 하고 싶다는 의미로 몸을 움직이거나 소리를 내도록 기회를 만들어준다.

(방법) 아이를 안고 짐볼 위에서 통통 해주다 잠깐 멈추고 기다린다.

R Responsive Action – 반응해주기

❶

O단계 ❶번에서 아이가 **적절히 반응할 경우**	아이 행동을 말로 표현해주며 공을 다시 튀겨준다. 예 "통통하는 거 재밌어? 엄마가 또 해줄게."
O단계 ❶번에서 아이가 **도움이 필요할 경우**	공을 만져볼 수 있게 아이 손을 공에 대주거나 아이 손으로 공을 밀어 움직임을 보게 한다.

❷ 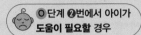 따뜻한 음성으로 행동이나 감정을 말로 표현해준다.

⟨예⟩ "주하가 엄마 봤어? 우리 통통하고 있지? 정말 재밌다!"

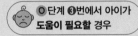 부모가 아이 시선을 따라가 눈을 맞추거나 딸랑이 등의 소리를 들려주어 부모를 볼 수 있게 한다.

❸ 아이 반응에 응답해주며 짐볼을 다시 튀게 해준다.

⟨예⟩ "통통 재밌었어? 그래 또 하자. 통통."

짐볼로 할 수 있는 다른 활동을 시도한다.

⟨예⟩ 짐볼 밀기, 부모가 짐볼에 앉아 뛰는 모습 보여주기 등.

 아이가 어느 정도 짐볼에서 터미타임을 할 수 있다면, 부모가 짐볼을 잘 잡고 숨었다가 아이의 얼굴을 보는 까꿍놀이를 한다.

주의
하세요

- 아이가 짐볼 운동을 무서워하거나 불편해하는 사인을 보내면 즉시 다른 활동으로 바꿉니다.
- 짐볼에서 아이가 떨어지지 않도록 주의를 기울입니다.
- 아이 컨디션에 따라 생후 2~3주 후부터 1~5분 사이로 잠깐씩 활동이 가능합니다.

말/언어
촉진포인트

- 아이가 좋아하는 활동을 잠깐 멈추어 아이가 행동을 '요구' 하게 하기.
- 아이와 눈 맞추기.
- 의성어·의태어 충분히 들려주기.

언어발달
이야기

　언어표현 이전 시기로, 아이는 본인의 요구를 자기도 모르게 몸짓이나 음성으로 표현합니다. 이때 양육자가 반복적으로 기민하게 반응해줌으로써 의식화되지 않은 아이 행동을 의도성 있는 행동으로 발전시켜줄 수 있습니다. 의도를 갖는 행동이 많아지면 자연스럽게 구어 및 비구어 표현이 늘어나게 되며, 이는 상호작용 및 언어발달로 연결됩니다.

오감 쑥쑥

🔊 풍선놀이

 **어떤 놀이**인가요?

　아이를 마주 보며 다양한 모양 및 색깔의 풍선을 불어주고 불었던 풍선의 바람을 빼며 바람을 느끼게 해주는 놀이입니다. 또 풍선을 위에서 떨어뜨리고 흔들고 움직여주며 아이의 시선이 풍선을 따라가도록 합니다.

 **어떤 부분을 발달**시키나요?

　아이에게 풍선을 불어 물체의 변화를 눈앞에서 경험하게 해주면 주의집중에 도움이 되고, 여러 방향으로 움직이는 풍선을 보며 시각 추적도 연습할 수 있습니다. 더불어 풍선의 바람을 느끼며 다양한 모양과 크기, 색깔을 눈으로 보고, 바람 빠지는 소리를 듣는 등 다양한 감각발달에 도움이 됩니다.

 **무엇이 필요**한가요?

　다양한 색깔의 풍선.

 미리 생각해요

　아이를 편안한 상태로 눕히고 진행하거나, 100일 이상의 아이라면 잠깐 앉혀놓고 놀이해도 무방합니다. 풍선은 미리 불어놓지 않아도 됩니다. 아이가 보는 앞에서 입이나 펌프로 풍선을 불어 점점 커지는 모습을 보여줌으로써 행동에 따른 결과를 익히게 합니다.

어떻게 **놀이**하나요?

A Attention – 주의집중하기

부모 (놀이 시작을 알리는 일관적인 소리를 들려준다) 주하야 오늘 엄마랑 풍선놀이 해보자. 엄마가 풍선 크~게 불어줄게, 봐봐. (아이를 바라보며 풍선을 점점 크게 불면서 아이가 쳐다보고 있는지 살핀다)

아이 (커지는 풍선을 바라본다)

M Making a response – 반응 형성하기

부모 (풍선을 크게 불어 아이 앞에서 흔들며) 우아, 풍선 크다. 봐봐, 주하야. 풍선. 빨간 풍선. (풍선으로 아이 배를 두드려주며) **통통통~** (신체 전반을 두드려주며 리듬감 있게 의성어를 들려준다) 머리머리 **통통통~** 다리다리 **통통~** 배배 **통통~**. (강약을 조절하며 여러 세기로 두드려준다)

부모 이번에는 풍선이 주하한테 '통' 하고 떨어진다. 풍선 한번 느껴봐. (풍선을 위에서 떨어뜨려 아이 몸에 닿게 한다)*

> • 4개월가량 된 아이라면 손을 뻗을 수 있으므로 풍선을 잡게 해줘도 좋다.

부모 (아이 시야에 풍선을 위치하고 좌우로 살랑살랑 움직인다) 바람 아저씨가 왔대. 그래서 풍선이 옆으로 가네. 주하야, 풍선 여기 있어. 따라와. (아이가 눈으로 풍선을 따라가는지 확인한다)

부모 이번엔 바람 아저씨가 주하한테 간대. 바람 아저씨 만나봐. (바람이 들어있는 풍선 매듭을 풀어 아이가 놀라지 않을 만한 거리에서 아이에게 갖다대 바람이 나오는 것을 느끼게 해준다) 우아~ 시원한 바람. 바람 아저씨 안녕.

O Opportunity – 기회 주기

위 활동을 통해 아이에게 다음과 같은 반응이 나타나도록 기회를 만들어준다.

❶ 풍선을 보며 주의를 집중하는 상황을 만들어준다.

(방법) 눈앞에서 풍선을 불어주거나, 풍선 매듭을 풀며 바람 소리를 듣게 한다.

❷ 웃거나 소리를 내거나 몸을 움직이는 등의 행동을 하게 상황을 만들어준다.

(방법) 풍선을 신체에 통통 닿게 해주거나, 풍선에서 나오는 바람을 느끼게 해준다.

❸ 풍선이 있는 쪽으로 시선이 따라가게 상황을 만들어준다.

(방법) 풍선을 좌우로 움직인다.

R Responsive Action – 반응해주기

❶
(O단계 ❶번에서 아이가 적절히 반응할 경우)
아이가 움직임을 보이면 행동을 말로 설명해주며 칭찬한다.

(예) "풍선 봤어? 잘했어. 정말 커졌지?"

(O단계 ❶번에서 아이가 도움이 필요할 경우)
아이가 움직임이 전혀 없으면 풍선을 불어 아이 이마를 살짝 두드리며 자극한다.

❷
(O단계 ❷번에서 아이가 적절히 반응할 경우)
아이의 행동을 말로 표현해주며 칭찬한다.

(예) "주하 재밌어? 팔 움직였네? 엄마가 통통통 했지?"

(O단계 ❷번에서 아이가 도움이 필요할 경우)
부모와 몸을 밀착시켜 쓰다듬어주거나 살살 간질여준 후 다시 시도해본다.

❸
(O단계 ❸번에서 아이가 적절히 반응할 경우)
아이 행동을 칭찬해주며 풍선으로 아이의 몸을 가볍게 두드려준다.

(예) "우아~ 주하 풍선 봤어? 맞아, 여기 있어."

(O단계 ❸번에서 아이가 도움이 필요할 경우)
아이가 바라보는 위치에 풍선을 제시하거나, 말소리나 종소리 등 청각자극을 활용하여 주의를 집중시킨 후 바라보게 한다.

(응용) 아이가 손을 뻗는 행동을 한다면 풍선을 잡아보게 유도한다.

**주의
하세요**

풍선을 너무 크게 불거나, 바람을 뺄 때 바람이 너무 세게 나오면 아이가 놀랄 수 있으므로 적절히 조절합니다.

**말/언어
촉진포인트**

• 풍선의 움직임에 따라 시선을 움직이게 도와주기.
• 활동 중간중간 아이와 눈 마주치기.
• 풍선으로 아이 몸을 자극하여 촉각적 감각도 함께 느끼게 해주기.

본격적으로
세상과 소통해요

4~8개월

이 시기의 아이는 구강에 집중되었던 관심을 외부로 전환하며
본격적으로 세상과 소통을 시작합니다.
팔을 뻗어 물건을 취하려는 의도성이 생기고 손으로 물건들을 탐색하려는
움직임이 활발해지며 옹알이가 많아집니다.
이 시기에는 상황, 말투, 제스처, 표정 등의 비구어적 단서를 통해 상황을 이해하는 법을
익히므로 적절한 제스처나 표정을 많이 보여주세요. 또한 적극적으로 외부 자극에
반응하도록 다양한 감각 장난감(인형, 공, 끈, 풍선 등)을 사용하면 좋습니다.

시각과 운동의 협응력

 # 잡아잡아

 **어떤 놀이인가요?**

아이 앞에 부모의 손가락, 인형, 줄 등을 늘어뜨려 움직임을 살펴보고 잡아보게 하는 놀이입니다.

 **어떤 부분을 발달시키나요?**

생후 4~5개월부터는 외부의 사물이나 현상에 관심을 가지며, 흥미로운 것에 손을 뻗는 행동이 나타납니다. 즉 외부에 영향을 미치려는 의도성이 출현하는 시기입니다. 이 놀이는 아이 눈앞에 흥미로운 것들을 제시함으로써 초기 의도성을 발달시키고, 동시에 눈앞의 것을 잡으려는 주의집중력, 시각과 운동의 협응력, 시각추적력을 키워나가도록 돕습니다.

 **무엇이 필요한가요?**

부모의 손가락, 다양한 재질의 끈, 손가락 인형 등 아이가 흥미로워 할 물건.

 미리 생각해요

평소 아이와 마사지하는 시간에 팔을 위로 올리거나 앞쪽으로 살짝 당기는 등 운동감각을 익힐 수 있는 활동을 해주면 좋습니다.

A   Attention – 주의집중하기

부모	(놀이 시작을 알리는 일관적인 소리를 들려준다) 주하야, 오늘은 잡아잡아 놀이하자. (팔을 주무르고 위쪽, 앞쪽으로 뻗도록 해주며) 팔을 쭉~ 뻗어서 한번 잡아보는 거야.
아이	(부모를 쳐다본다)

M   Making a response – 반응 형성하기

부모	(아이 눈높이에 맞춰 열 손가락을 비가 내리는 형상처럼 리드미컬하게 움직인다) 주하야, 아빠 손이야. 비오는 거 같네. 보슬보슬 비. 아빠 손 한번 잡아볼까?
아이	(움직이는 손가락을 바라보며 몸을 움찔거린다)
부모	아빠가 살짝 도와줄게. 손잡아. (한 손으로 아이 손을 잡아 아빠의 움직이는 손을 잡아보게 한다) 어이구! 주하가 손잡았네! 잘했어. 또 잡아.
아이	(조금씩 손을 뻗어 눈앞에서 움직이는 아빠의 손가락을 잡으려 한다)
부모	(아이가 손을 뻗으려는 행동을 보이면, 바로 움직이던 손을 내려 아이 손에 닿게 한다) 어이구! 또 잡았네. 잘했어! 이번엔 아빠 손 왔다갔다 할 거야. 잘 보고 잡아봐. (손을 상하좌우로 서서히 움직인다)
아이	(움직임을 보고 눈을 따라가며 팔을 뻗으려 한다)
부모	(움직임을 잠깐 멈추고 아이가 손을 잡을 수 있게 기다린다) 손잡아? 그래? 잡아잡아. 아빠 기다릴게.

★ 위와 같이 아이 시야에서 손가락을 움직여주고 여러 방향으로 서서히 움직이면서 아이가 시각적으로 추적하고 잡아볼 수 있게 한다.

O   Opportunity – 기회 주기

위 활동을 통해 아이에게 다음과 같은 반응이 나타나도록 기회를 만들어준다.

❶ 눈앞에 보이는 사물에 집중하고 손을 뻗어 잡으려는 행동을 하도록 기회를 만들어준다.

> **방법** 손가락을 비롯해 아이가 흥미로워하는 사물을 여러 방면으로 움직여주며 부모가 잡는 시늉을 보인다.
>
> ❷ 눈앞에 보이는 사물의 움직임에 따라 시각 추적을 하도록 기회를 만들어준다.
> **방법** 손가락을 비롯한 사물을 상하좌우로 움직인다.

R **Responsive Action – 반응해주기**

❶
◎단계 ❶번에서 아이가 **적절히 반응할 경우**	손을 뻗으려 할 때 제시물을 아이가 바로 취할 수 있도록 도와주고 칭찬해준다. **예** "우아! 주하가 잡았다!"
◎단계 ❶번에서 아이가 **도움이 필요할 경우**	부모가 아이 팔을 잡고 살짝 당겨 해당 제시물을 잡게 도와준다.

❷
◎단계 ❷번에서 아이가 **적절히 반응할 경우**	아이에게 중간중간 제시물을 터치해주며 잘 쳐다봤다고 칭찬해준다.
◎단계 ❷번에서 아이가 **도움이 필요할 경우**	딸랑이 등 소리 나는 물체로 아이의 주의를 집중시킨 후 부모가 아이 시선을 따라 제시물을 움직여준다.

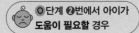 **응용** 손가락뿐 아니라 다양한 감각도구 및 장난감으로 제시물을 확장하여 아이가 손을 뻗으면 취할 수 있게 하면서 촉각 반응을 제공한다.

 주의 하세요 손가락을 아이의 시야 위쪽, 즉 이마 위쪽에서 진행하지 않도록 주의합니다. 아이의 시야에 제시물을 맞추어 진행합니다.

 말/언어 촉진포인트
- 활동 중간중간 아이와 눈 맞추기.
- 아이가 손을 뻗어 잡으면 크게 반응해주기.
- 의성어와 의태어를 많이 들려주기.

자석놀이

어떤 놀이인가요?

냉장고나 자석칠판 앞에 아이와 앉아 모양 자석을 붙였다 떼었다 하는 놀이입니다.

어떤 부분을 발달시키나요?

생후 4~5개월부터는 팔을 뻗을 수 있게 되면서 의도성을 표현하기 시작합니다. 자석을 이용해 붙였다 떼었다를 반복하며 팔을 뻗고 구부리고 잡고 놓는 행동을 함으로써 운동발달, 외부 자극에 대한 반응, 상호작용의 바탕이 되는 인식을 키우는 데 도움이 됩니다.

무엇이 필요한가요?

냉장고나 자석칠판 등 자석을 붙일 수 있는 판, 삼키지 못할 만한 크기의 다양한 모양 자석.

미리 생각해요

물체를 향해 팔을 뻗는 행동에 익숙해지도록 평소에 아이에게 눈앞에 있는 물건을 잡아보게 하거나 팔을 살짝 잡아당기는 마사지를 해주면 좋습니다.

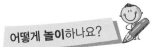

어떻게 **놀이**하나요?

A Attention – 주의집중하기

★ 냉장고 앞에 다양한 색깔의 큰 자석을 늘어놓고 아이를 앞에 앉힌다.

부모	(놀이 시작을 알리는 일관적인 소리를 들려준다) 주하야, 오늘은 붙여붙여 하자. (속이 뚫린 네모 자석을 아이에게 보여주고 냉장고에 자석을 붙이며) 붙여~. (자석을 떼는 모습을 보여주며) 떼어~ (다시 자석을 붙이고 떼며) 붙여~ 떼어~.
아이	(부모가 하는 것을 보고 손을 움직인다)

M Making a response – 반응 형성하기

부모	주하도 하고 싶어? 엄마가 네모 줄게. 붙여붙여. (아이 손에 자석을 건넨다)
아이	(자석을 만지지만 아직 소근육이 정교하지 못하여 잘 잡지 못하거나 떨어뜨린다)
부모	(자석을 들어 아이에게 보여주며) 네모 자석 쿵 떨어졌네. 줄까?
아이	(손을 뻗친다)
부모	주세요? (아이의 두 손을 포개주며) 주하가 '주세요' 하는 거야.
아이	(아직 제스처의 의미를 모르므로 손을 뻗는다)
부모	(아이에게 자석을 주며) 여기 있어. 엄마랑 같이 붙여. (자석을 잡은 아이 손을 냉장고 쪽으로 뻗어 자석을 붙이게 도와준다)
아이	(자석을 냉장고에 붙인다)
부모	붙여~. 주하가 붙였네! 잘했어 엄마 짠! (아이가 손을 마주칠 수 있도록 아이 쪽으로 손바닥을 내민다)
아이	(엄마의 손을 치지 않고 자석을 찾는다)
부모	(아이의 손을 잡고 엄마의 손과 마주친다) 짠! 잘했어 주하야. 또 붙여보자.

★ 위와 같은 방법으로 자석을 붙이는 활동을 해본다.

부모	주하야, 이번에는 자석 떼어보자. 떼어떼어.
아이	(엄마 말에 주의를 기울이지 않고 바닥의 자석을 잡으려 한다)
부모	(아이가 자석을 하나 잡게 도와준 후 같이 칠판에 붙인다. 이후 아이의 손을 잡아 떼어내게

도와준다) 떼어~.

아이 (엄마와 함께 자석을 떼어낸다)

부모 우아! 주하가 뗐어! 잘했어. 엄마 짠! (손을 마주칠 수 있게 손바닥을 내밀고 아이의 손을 잡아 쳐준다)

★ 위와 같이 자석을 붙이고 떼는 활동을 해보고, 활동한 후에는 잘했다는 상호제스처로 마무리한다.

O Opportunity - 기회 주기

위 활동을 통해 아이에게 다음과 같은 반응이 나타나도록 기회를 만들어준다.

❶ 팔을 뻗어 자석을 붙이고 떼는 기회를 만들어준다.

(방법) 부모가 먼저 자석을 붙이는 모습을 보여준 후 아이에게 자석을 건넨다.

❷ 자석을 달라고 요구하는 제스처를 표현하도록 기회를 만들어준다.

(방법) 손을 포개어 '주세요' 제스처를 보여준다.

❸ 붙이거나 뗀 후 잘했다는 의미로 부모와 손바닥을 마주치는 상호제스처를 하는 기회를 만들어준다.

(방법) 아이가 손을 마주칠 수 있도록 부모의 손바닥을 내민다.

R Responsive Action - 반응해주기

❶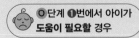
O단계 ❶번에서 아이가 **적절히 반응할 경우**

아이의 행동을 말로 설명해주고 크게 칭찬해준다.
(예) "우아! 주하가 붙여붙여 했어! 잘했네. 착 붙었네."

O단계 ❶번에서 아이가 **도움이 필요할 경우**

부모가 붙이고 떼는 모습을 반복하여 보여주고, 그래도 어려워한다면 아이 손에 자석을 쥐어주고 아이 팔을 살짝 당겨 냉장고에 자석을 붙여준다.

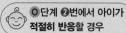
❷ 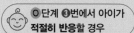 **◐단계 ❷번에서 아이가 적절히 반응할 경우** 아이 요구에 즉각적으로 반응하고 행동을 말로 설명해주며 크게 칭찬한다.

⑩ "자 여기 있어. 주하가 '주세요' 했어? 잘했네."

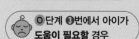 **◐단계 ❷번에서 아이가 도움이 필요할 경우** 부모가 직접 아이 손을 포개어 '주세요' 제스처를 만들어준다.

❸ **◐단계 ❸번에서 아이가 적절히 반응할 경우** 크게 칭찬해준다.

⑩ "그래 정말 잘했어. 짠짠짠!"

◐단계 ❸번에서 아이가 도움이 필요할 경우 아이의 한 손을 잡고 부모 손에 직접 마주치며 '짠'이라고 말해준다.

 응용 붙이고 떼는 데 익숙해졌다면, 다소 잡기 어려운 얇은 자석을 이용한다. 가족들이나 아이가 좋아하는 장난감 사진을 이용하여 사진 붙이기 놀이로 진행할 수도 있다.

 주의 하세요 자석이 너무 작으면 잡기 힘들 뿐 아니라 삼킬 위험이 있으므로 충분히 큰 자석으로 진행합니다.

 말/언어 촉진포인트
- 행동할 때 '붙여', '떼어' 등의 동사 표현 들려주기.
- '짠', '건배', '최고' 등의 상호제스처 사용하기.
- '주세요' 등의 요구하기 제스처 보여주기.

청각적 변별력 키워주는
소리 찾기

 **어떤 놀이인가요?**

책이나 박스 등으로 아이를 둘러쌀 공간을 만듭니다. 부모가 공간 바깥쪽에서 동물 소리를 내어 아이가 소리 쪽으로 몸을 움직이게 하는 놀이입니다. 아이가 소리를 찾으려는 움직임을 보이면 해당 동물 인형이나 사진을 보여주며 반응을 이끌어냅니다.

 **어떤 부분을 발달시키나요?**

소리만 듣고 눈앞에 없는 것을 찾으려는 활동으로, 대상영속성을 발달시키는 동시에 소리를 듣고 대상을 연상하면서 기억력, 청각적 변별능력, 주의집중력, 언어이해 및 표현능력의 발달을 돕습니다.

 무엇이 필요한가요?

아이를 둘러쌀 수 있는 책이나 박스, 동물 인형이나 동물 사진, 딸랑이, 동물 소리 파일(부모 음성으로 대체 가능).

 미리 생각해요

책이나 박스로 아이를 둘러쌉니다. 박스라면 구멍을 뚫어놓습니다. 너무 좁게 둘러싸면 아이가 움직이며 벽을 무너뜨리기 쉬우니 충분한 공간을 확보합니다.

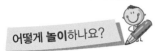

어떻게 **놀이**하나요?

A Attention - 주의집중하기

★ 책이나 박스로 원형의 공간을 만들어 아이를 그 속에 두고 부모는 공간 밖에 위치한다. 아이는 엎드려 다른 곳을 보고 있는 상황이다.

부모 (놀이 시작을 알리는 일관적인 소리를 들려준다) 주하야~ 주하야~. (아이가 움직이지 않는다면 딸랑이를 흔들어주거나 공간 속으로 들어가 아이의 눈높이에서 주의를 집중시킨다) 주하야, 엄마 없어진다. 엄마 찾아봐. (다시 공간 밖으로 나간다)

아이 (여기저기 쳐다본다)

M Making a response - 반응 형성하기

부모 (아이가 엄마 모습을 볼 수 없게 공간 밖에서 몸을 웅크린다) 주하야, 엄마 여기 있어. (박스를 똑똑 두드린다)

아이 (소리가 나는 방향으로 몸을 움직인다)

부모 (살짝 얼굴을 비추었다 다시 쏙 모습을 감춘다) 엄마 여기!

아이 (엄마를 보고 움직여 가까이 온다)

부모 까꿍! 엄마 여기 있었지! (아이와 눈을 맞추고 꼭 안아준다)

아이 (꺄르르 웃는다)

부모 (강아지 인형을 아이에게 보여주며) 주하야, 이번엔 멍멍이가 쏙 숨는대. 주하가 멍멍이 찾아봐. (아이를 다시 공간 속에 두고 강아지 인형을 갖고 나온다)

부모 (몸을 웅크리고 강아지 소리를 낸다) 멍멍! 멍멍!

아이 (소리를 듣고 움직임을 보인다)

부모 (아이가 볼 수 있게 공간 위쪽이나 박스 구멍으로 강아지 인형을 살짝 보여줬다 숨긴다) 멍멍! 멍멍!

아이 (강아지 인형을 보고 인형이 있는 방향으로 움직인다)

부모 (강아지 인형을 아이 앞에 보여주며) 짠! 멍멍이 짠! 나왔네.

★ 위와 같이 다양한 동물의 의성어와 의태어를 들려주며 아이가 소리를 찾아올 수 있도록 놀이한다.

O Opportunity – 기회 주기

위 활동을 통해 아이에게 다음과 같은 반응이 나타나도록 기회를 만들어준다.

❶ 주변의 소리를 듣고 이에 반응하는 소리를 내거나 움직임을 보이도록 기회를 만들어준다.

(방법) 공간 밖에서 부모나 동물의 소리를 들려준다.

❷ 부모나 동물 인형이 보였을 때 응시하며 쳐다보도록 기회를 만들어준다.

(방법) 박스에 뚫어놓은 구멍이나 박스 위로 잠깐씩 동물 인형이나 부모의 얼굴을 내밀어준다.

❸ 부모나 동물 인형이 나타났을 때 소리를 내거나 팔을 뻗는 등 움직임을 보이며 '즐거움'을 표현하도록 기회를 만들어준다.

(방법) 부모가 모습을 나타낼 때 긍정적이고 환한 목소리로 '짠', '여기 있지' 등의 표현을 해준다.

R Responsive Action – 반응해주기

❶ 😊 **O단계 ❶번에서 아이가 적절히 반응할 경우**

아이 행동을 말로 표현해주고 칭찬하며 부모나 동물 인형을 살짝 더 보여준다.

(예) "그래! 이쪽에 멍멍이 있지? 짠! 얼른 와."

😟 **O단계 ❶번에서 아이가 도움이 필요할 경우**

큰소리로 아이를 부르고 그래도 반응이 없을 경우에는 아이가 있는 공간으로 들어간다.

(예) (큰 소리로) "주하야! 여기 엄마 있어. 여기 여기!"

→ (아이 곁으로 다가가) "엄마 여기 짠 왔지!"

❷ 😊 **O단계 ❷번에서 아이가 적절히 반응할 경우**

아이 행동을 말로 표현해주며 가까이 오도록 격려한다.

(예) "주하가 엄마 찾았네? 그래, 엄마한테 와."

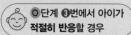 딸랑이나 종 등의 소리를 들려주어 소리를 찾아 부모나 동물 인형을 볼 수 있도록 한다.

❸ 안아주고 뽀뽀해주며 칭찬해주고, 상호제스처를 취한다.

예 "엄마 찾았어! (아이와 손을 맞추며) 짠! 잘했어!"

 부모가 나타났음을 알리고 아이를 안아 간질이거나 쓰다듬어준다. 아이를 무릎에 앉히고 아이 손을 잡아 부모 얼굴을 가렸다 보였다 하는 행동을 지속하며 찾는 놀이를 진행한다.

 누르면 소리가 나는 삑삑이 공을 몇 개 준비하여 소리를 들려주고 박스에 뚫린 구멍에 넣는 행위를 반복하는 놀이로 확장할 수 있다. 구멍으로 넣어 아이가 다음 반응을 예상할 수 있도록 한다.

주의하세요

아이가 무서워 하는 특정 소리는 미리 파악하여 피합니다.

말/언어 촉진포인트

• 의성어·의태어 들려주기.
• 아이가 움직이거나 소리를 내면 바로 나타나 반응해주기.
• 다양한 곳으로 움직여 아이가 소리를 찾도록 하기.

몸으로 상호작용 배우는

공 주고받기

**어떤
놀이**인가요?

아이가 우연히 혹은 의도적으로 떨어뜨린 공을 서로 주고받으며 상호작용하는 놀이입니다.

어떤 **부분을
발달**시키나요?

이 시기 아이는 외부 물체의 움직임에 관심을 갖고 점차 의도성을 발달시킵니다. 아이가 우연히 떨어뜨린 공을 부모가 받아 의미를 부여해줌으로써 상호작용의 의도를 만들어주고 원인과 결과, 즉 인과성을 익히게 도와줍니다. 더불어 팔과 손을 움직이며 대·소근육 운동성을 키우고, 시각과 운동의 협응능력을 키울 수 있습니다.

**무엇이
필요**한가요?

공.

**미리
생각**해요

아이가 공의 움직임에 흥미를 느끼도록 던지고 굴리고 떨어뜨리는 모습을 평소에 많이 보여줍니다.

어떻게 **놀이**하나요?

A Attention – 주의집중하기

부모 (아이가 거실에서 기어 다니고 있는 상태에서 부모가 소프트볼을 아래로 떨어뜨리며 놀이 시작을 알리는 일관적인 소리를 들려준다) 주하야, 공이 데구루루 갔네? 또 공이 통통통 간다. (공을 떨어뜨린다)

아이 (공을 쳐다보거나 기어간다)

M Making a response – 반응 형성하기

부모 주하가 공 잡아볼래? (아이에게 공을 쥐어준다)

아이 (공을 놓친다)

부모 (아이가 놓친 공을 바로 받아) 잡았다! (공을 잡아 아이에게 공을 보여주며) 엄마가 공 잡았다. 이번엔 주하 잡아! (아이가 공을 쳐다보는지 확인하고 공을 던지는 척하며 아이 손에 쥐어준다) 우아! 주하가 공 잡았네! 공 잡았어! (하이파이브를 유도하며) 엄마 짠!

★ 위와 같이 아이가 공을 우연히 놓치거나 떨어뜨릴 때를 예상했다가 공을 적절히 잡아 다시 아이에게 주는 행동을 반복하며 상호작용한다.

O Opportunity – 기회 주기

위 활동을 통해 아이에게 다음과 같은 반응이 나타나도록 기회를 만들어준다.

❶ 부모의 활동을 보고 주의를 집중할 수 있는 기회를 만들어준다.
(방법) 아이 앞에서 공을 던지거나 떨어뜨리는 등의 움직임을 보여준다.

❷ 처음에는 자기도 모르게 우연히 공을 떨어뜨렸더라도 반복적인 놀이를 통해 의도를 가지고 공을 떨어뜨리거나 던지도록 기회를 만들어준다.
(방법) 아이 주변에 공을 놓아두거나 아이 손에 공을 쥐어준다.

❸ 부모와 손을 맞추어 하이파이브 할 수 있는 기회를 만들어준다.
(방법) 아이에게 손을 내밀며 '짠' 하고 말하며 기다린다.

❶ ◎단계 ❶번에서 아이가 **적절히 반응할 경우** — 아이 행동을 크게 칭찬해주며 해당 행동을 한 번 더 보여준다.

🗨 "엄마 봤어? 잘했어! 공 또 떨어뜨린다. 봐봐."

◎단계 ❶번에서 아이가 **도움이 필요할 경우** — 삑삑 소리가 나는 공이나 불빛이 반짝이는 공으로 대체하여 시도한다. 그래도 반응이 없을 경우에는 아이에게 공을 쥐어주거나 셔츠 속에 공을 넣어 만져보게 한다.

❷ ◎단계 ❷번에서 아이가 **적절히 반응할 경우** — 아이가 떨어뜨린 공을 바로 잡아 부모가 받았음을 인식시킨 후 아이에게 다시 건네준다.

🗨 "공 던졌어? 엄마가 짠 받았지! 또 던져봐."

◎단계 ❷번에서 아이가 **도움이 필요할 경우** — 부모가 공을 잡고 느린 움직임으로 아이 손에 쥐어주되, 아이가 공을 쳐다보며 시선을 따라가고 있는지 확인한다. 아이가 손에서 공을 놓치더라도 다시 부모가 받아 천천히 아이에게 건네준다.

❸ ◎단계 ❸번에서 아이가 **적절히 반응할 경우** — 아이의 시도를 칭찬해주며 부모가 아이 손을 잡고 '짝' 소리가 나게 다시 한 번 쳐준다.

🗨 "그래, 짠 했어! 잘했어."

◎단계 ❸번에서 아이가 **도움이 필요할 경우** — 아이를 부르고 아이 손을 잡아 부모 손과 마주치며 '짠'이라고 말해준다.

응용 공 주고받기와 비슷하게 아이가 떨어뜨린 공을 미리 준비한 통에 받아 보여준 뒤 쏟는 놀이로 응용할 수 있다. 이후 실제로 공 주고받기, 굴리고 받기 등을 시도할 수 있다.

주의
하세요

너무 무겁거나 표면이 딱딱한 공은 아이에게 거부감을 주거나 위험할 수 있으므로 부드럽고 말랑말랑한 공을 이용합니다.

말/언어
촉진포인트

• 아이가 우연히 떨어뜨린 공을 받아 의미 부여해주기.
• 아이에게 공을 건네며 의미 부여해주기.
• 손을 마주치는 등의 상호제스처 사용하기.

언어발달
이야기

'언어소통'이라 함은 '언어'라는 양식을 사용하여 신호를 주고받는 것입니다. 언어표현이 어려운 어린 시기에는 공 주고받기, 눈빛 교환하기, 하이파이브 등의 비언어적 주고받기를 통해 상대를 의식하고 신호를 교환하는 행위가 익숙해지도록 도와줍니다.

대상영속성 알려주는

풍선 까꿍

어떤 놀이인가요?

부모의 얼굴을 풍선으로 가리고 아이가 손을 뻗어 풍선을 잡으면 '까꿍' 하며 부모 얼굴을 보여주는 놀이입니다.

어떤 부분을 발달시키나요?

생후 7~8개월부터 아이는 대상이 눈앞에서 없어지더라도 계속 존재한다는 사실을 아는 '대상영속성' 개념을 발달시킵니다. 존재하던 상태에서 없어지거나 없던 상태에서 나타나는 '까꿍놀이'는 대상영속성을 발달시키기에 좋은 놀이입니다. 커졌다 작아졌다 변화무쌍한 풍선이라는 재료로 까꿍놀이를 진행하면 주의를 집중시키기 좋을 뿐만 아니라, 눈맞춤 및 인과성 이해에도 도움을 줍니다.

무엇이 필요한가요?

풍선, 딸랑이 등 주의를 집중시킬 물건.

미리 생각해요

0~4개월의 풍선놀이와 연결해 진행할 수 있습니다. 풍선은 미리 불어놓지 않아도 됩니다. 아이가 보는 앞에서 입이나 펌프로 풍선을 불어 주의를 집중시킨 뒤 놀이를 진행합니다.

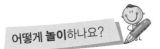

어떻게 **놀이**하나요?

A Attention – 주의집중하기

부모	(아이와 눈을 맞추며 놀이 시작을 알리는 일관적인 소리를 들려준다) 주하야, 오늘은 어떤 놀이를 해볼까? (불지 않은 풍선을 아이에게 보여준다) 주하야, 이거 봐봐. 풍선이야. 풍선이 이제 이만큼 (손 동작하며) 커진다. 봐봐. (아이 앞에서 풍선을 분다)
아이	(커지는 풍선을 바라본다)

M Making a response – 반응 형성하기

부모	(아이 앞에서 풍선을 흔들어주며) 주하야, 풍선 짠 나타났네! 잡아봐. (부모가 아이 손을 잡아 풍선을 충분히 만져보게 한다. 이후 풍선을 치우고 부모의 얼굴을 보여준다) 주하야, 아빠 여기 있다.
아이	(아빠의 얼굴을 바라본다)
부모	이번에는 아빠 뿅 없어진다. (풍선으로 얼굴을 가린 후) 아빠 없다.
아이	(앞에 있는 풍선을 바라본다)
부모	(가린 풍선을 내리며) 까꿍! 아빠 여기 있네! 다시 한 번 해볼까? (풍선으로 얼굴을 가리고 아이 반응을 살피다가 약간의 움직임이라도 있으면 얼굴을 보여준다) 아빠 여기 있지!

★ 위와 같이 풍선으로 얼굴을 가렸다 다시 나타났다를 반복한다. 중간중간 풍선을 좌우로 움직여 아이가 시선을 따라갈 수 있도록 놀이한다.

O Opportunity – 기회 주기

위 활동을 통해 아이에게 다음과 같은 반응이 나타나도록 기회를 만들어준다.

❶ 부모의 얼굴을 보기 위해 풍선 쪽으로 손을 뻗거나 움직임을 보이도록 기회를 만들어준다.

방법 아이와 눈을 맞춘 상태에서 반투명한 색깔 풍선으로 얼굴을 가린다.

❷ 풍선 뒤에서 부모가 나타났을 때 눈을 맞추어 웃거나 소리 내도록 기회를 만들어준다.

(방법) 풍선으로 부모의 얼굴을 가린 상태에서 '짠!', '얍!', '까꿍' 등의 의태어를 사용하며 얼굴을 보여준다.

ⓡ Responsive Action - 반응해주기

❶ 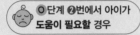 O단계 ❶번에서 아이가 **적절히 반응할 경우**

아이가 움직임을 보인 즉시 '까꿍', '짠' 하는 의성어를 말하며 가려졌던 부모의 얼굴을 보여주고 칭찬해준다.
예 "주하가 아빠 찾았네. 잘했어!"

O단계 ❶번에서 아이가 **도움이 필요할 경우**

아이를 부르며 부모 얼굴을 보여주었다 풍선으로 가렸다를 반복하며 아이 반응을 살핀다.

❷ O단계 ❷번에서 아이가 **적절히 반응할 경우**

아이 상태를 말로 표현해주며 안아주거나 뽀뽀해준다.
예 "아빠 짠 나타나서 재밌어?", "아빠 보고 싶었어?"

O단계 ❷번에서 아이가 **도움이 필요할 경우**

부모 얼굴이 나타날 때 아이를 간질이거나, 딸랑이나 종처럼 소리가 나는 물건을 풍선으로 가렸다가 다시 보여주며 소리를 들려준다.

 (응용) 풍선을 움직여 시선 따라가게 하기, 풍선으로 신체 자극하기, 풍선 바람 느끼게 해주기 등 아이가 지루해하지 않도록 다양한 활동을 구성할 수 있다. (47쪽 풍선놀이 참고)

**주의
하세요**

　영속성의 초기발달이 이루어지는 시기이므로, 풍선을 다소 작게 불어 부모의 얼굴이 부분적으로 보이도록 합니다.

**말/언어
촉진포인트**

• 부모 얼굴이 나타날 때 의태어 들려주기.
• 부모 얼굴이 나타날 때 아이와 눈 맞추기.

의성어 의태어 쏙쏙

🔊 동물들 안녕?

 어떤 놀이인가요?   동물 인형을 들고 아이에게 인사하고 각 동물의 의성어·의태어를 들려주는 놀이입니다.

 **어떤 부분을 발달**시키나요?   동물 인형의 인사를 통해 의사소통 초기 기능 중 '인사하기'의 상호작용 기술을 익힐 수 있고, 다양한 의성어·의태어를 경험하며 초기 언어이해 및 표현능력을 발달시킬 수 있습니다.

 무엇이 필요한가요?   동물 인형.

 미리 생각해요   이 시기의 아이들은 탐색을 위해 대상을 입에 넣는 행동을 하니 미리 인형을 깨끗이 세탁해 놓습니다.

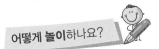

4~8개월

어떻게 **놀이**하나요?

A Attention – 주의집중하기

부모	(아이와 눈을 맞추며 놀이 시작을 알리는 일관적인 소리를 들려준다) 주하야, 오늘은 어떤 놀이해볼까? (동물 인형으로 아이에게 다가가며) 동물 친구들이 주하랑 놀고 싶대. 음메랑 멍멍이랑 <u>꼬꼬</u> 만나볼까? (동물 의성어를 실감나게 들려주며 아이에게 다가간다)
아이	(동물 인형을 쳐다본다)

M Making a response – 반응 형성하기

★ 부모가 해당 동물의 역할을 맡아 의성어를 들려주며 흉내 낸다.
★ 동물 인형이 차례로 와서 아이에게 인사하고 뽀뽀해준다.

소	(소 인형을 흔들어주며) 음메~ 주하야, 안녕? 나는 음메소야. 주하 좋아. 안아줄게. (소 인형으로 아이를 안는 시늉을 해준다)
부모	주하야, 음메소가 인사하네? 우리도 안녕해주자. (손을 흔들며) 음메소야 안녕~ 안아줄게. (소 인형을 안아준다) 이따 또 만나. 잘 가 <u>빠빠</u>~. (손 흔든다)
강아지	(강아지 인형을 흔들어주며) 멍멍~ 주하야, 안녕? 나는 멍멍개야. (강아지 인형으로 아이를 쓰다듬으며) 아, 주하 이쁘다.
부모	주하야, 멍멍개가 인사하네? 우리도 안녕해주자. (손 흔들며) 멍멍개 안녕? 이뻐해줄게. (개 인형을 쓰다듬어준다) 이따 또 만나. 잘 가 <u>빠빠</u>~. (손을 흔든다)
닭	(닭 인형을 흔들어주며) 꼬끼오 <u>꼬꼬</u>~ 주하야, 안녕? 나는 <u>꼬꼬닭</u>이야. (닭 인형으로 아이에게 <u>뽀뽀</u>해주며) 내가 <u>뽀뽀</u>해줄게.
부모	주하야, <u>꼬꼬닭</u>이 인사하네? 우리도 인사해주자. (손을 흔든다) <u>꼬꼬닭</u> 안녕? <u>뽀뽀</u>해줄게. (닭 인형에게 <u>뽀뽀</u>한다) 이따 또 만나. 잘 가 안녕. (손을 흔든다)

O Opportunity – 기회 주기

위 활동을 통해 아이에게 다음과 같은 반응이 나타나도록 기회를 만들어준다.

❶ 아이가 의성어·의태어를 듣고 약간의 움직임 또는 소리로라도 반응하도록 기회를 만들어준다.

방법 동물 인형을 아이 가까이에 가져가며 동물 소리에 해당하는 의성어·의태어를 들려준다.

❷ 아이가 '안녕', '빠빠' 인사하는 모습을 보고 약간의 움직임 또는 소리로라도 반응하도록 기회를 만들어준다.

방법 동물 인형의 손을 흔들어주며 '안녕', '빠빠' 하고 인사한다.

R Responsive Action – 반응해주기

❶ **O단계 ❶번에서 아이가 적절히 반응할 경우**
아이 반응을 수긍해주고 의도성 있는 발화 형태로 바꾸어주며 칭찬한다.
⟪예⟫ "맞아! 음메소가 음메 했지. 잘했네!"

O단계 ❶번에서 아이가 도움이 필요할 경우
부모의 입 모양을 크게 보여주면서 의성어를 천천히 들려준다.

❷ **O단계 ❷번에서 아이가 적절히 반응할 경우**
아이가 우연히 움직였더라도 의도성이 있는 것처럼 말해주고 해당 행동을 도와준다.
⟪예⟫ "인사도 잘하는구나! 맞아. 손 흔들어줘. 엄마가 도와줄게."

O단계 ❷번에서 아이가 도움이 필요할 경우
부모가 아이 손을 잡아 직접 흔들어주며 '안녕' 하고 인사한다.

 응용 인사에서 더 나아가 하이파이브, 안아주기, 뽀뽀하기 등으로 확장할 수 있다.

주의
하세요

- 아이가 특별히 무서워하는 동물이 있다면 제외합니다.
- 실물 인형 외에 손가락 인형이나 동물 모형을 프린트해서 흔들어주며 활동할 수도 있습니다. 단 촉감이나 움직임을 느끼도록 하기 위해, 아이가 어린 경우나 활동 초기에는 동물과 비슷한 인형을 사용하는 것이 효과적입니다.

말/언어
촉진포인트

- 인형이 하는 행동을 모방하도록 도와주기.
- 동작어를 들려줄 때는 제스처 함께 사용하기.
- 동물 어휘와 해당 의성어 충분히 들려주기.

언어발달
이야기

　동작 모방이 충분히 이루어져야 이후에 언어 모방도 수월하게 이루어집니다. 동작어를 들려주고 이에 따른 동작을 보여주며 아이가 따라 하게 해줍니다.

옹알이가 풍부해지는

🔊 말소리 놀이

어떤 놀이인가요?

아이와 마주 앉아 아이 얼굴을 바라본 상태에서 입 모양을 과장되게 변화시킵니다. 다양한 모음을 들려주고 아이가 입을 움직이도록 도와주는 놀이입니다.

어떤 **부분을 발달**시키나요?

생후 4~5개월부터 투레질 등의 음성놀이가 나타나며 6~7개월에는 단음절로 된 말소리 같은 옹알이를 합니다. 이 시기의 아이는 부모를 따라 구강근육을 움직이며 모방력, 언어 표현력, 전반적인 구강운동을 발달시킵니다.

무엇이 필요한가요?

거울, 아이가 좋아하는 간식.

미리 생각해요

아이를 눕히거나 앉혀 부모와 눈을 마주보게 합니다.

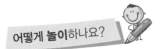

어떻게 **놀이**하나요?

A **Attention - 주의집중하기**

★ 아이와 부모가 마주 보는 상태에서 진행한다.

부모	(놀이 시작을 알리는 일관적인 소리를 들려준다. 아빠 입술, 아이 입술을 번갈아 만지며) 주하야, 오늘은 아빠랑 말소리 놀이해보자. 아빠는 이렇게 할 수 있다. (아빠가 입술을 부르르 떤다)
아이	(아빠의 입을 본다)
부모	주하도 할 수 있어? 아빠가 거울 보여줄게. 주하도 해봐. (아이가 자신의 모습을 볼 수 있게 손거울을 보여준다)
아이	(아빠가 보여주는 거울을 본다)

M **Making a response - 반응 형성하기**

부모	이번엔 아빠랑 같이 입 움직여보자. 아~. (아이를 바라보며 입을 크게 벌린다. 두 손도 쫙 벌려 보여주며 시각적 힌트를 제공한다)
아이	(아빠를 바라본다)
부모	(다시 한 번 위의 움직임을 반복한다) 아~. (아이가 입 벌리기를 시도하지 못한다면 아이가 좋아하는 까까를 앞에 보여주며 자연스럽게 입을 벌리게 유도한 후 까까를 먹여준다. 다시 부모의 입 모양을 보며 따라 하게 한다)
부모	주하야, 이번엔 기다란 혀 보여줄게. 잘 봐봐. (혀를 내밀며 소리낸다) 에~.
아이	(혀를 내밀지 못하고 부모를 보고만 있다)
부모	주하야, 여기 까까. (아이가 좋아하는 간식을 이용해 혀를 살살 만져 내밀게 유도한 후 먹여준다)
부모	주하야, 이번에 또 아빠 봐봐. 이~. (검지를 입술 양옆에 대고 입술이 옆으로 벌어짐을 보여준다) 이~. (아이가 아빠를 보고만 있다면 손으로 아이의 입술을 양옆으로 늘여준다)
부모	주하야, 이번에 또 아빠 봐봐. (손으로 동그라미를 만들며) 우~. (아이가 아빠를 보고만 있다면 아이의 입술을 동그랗게 오므려 모양을 만들어준다)
부모	주하야, 이번엔 뽀뽀. ('우' 하고 입술을 모은 상태에서 위아래 입술을 부딪치는 동시에 엄지와 검지를 부딪치는 모습을 보여주어 접촉되고 있음을 인식시킨다. 아이가 아

부모	빠를 보고만 있다면 아빠 손으로 아이 입술을 모아 부딪쳐준다)
	주하야, 이번엔 엄맘마마 해볼까? 엄~맘마마마마.(이때 아이 목 부분을 부드럽게
	마사지하듯 만져주면 음성을 내는 것이 수월해진다. 아이가 소리를 내면 아빠는 손으
	로 위 아래 입술을 부딪쳐준다)

★ 위와 같이 아이는 의도가 없더라도 부모가 적극적으로 개입하여 입 모양을 만들어주
어 아이가 입 주변 여러 근육에 자극을 받아 다양한 소리를 내도록 도와준다.

O Opportunity – 기회 주기

위 활동을 통해 아이에게 다음과 같은 반응이 나타나도록 기회를 만들어준다.

❶ 부모의 얼굴을 유심히 쳐다보는 기회를 만들어준다.

방법 과장된 표정과 구강운동을 보여준다.

❷ 부모를 보고 약간이라도 구강운동을 시도해보거나 소리를 따라 하려는 의도를
가지도록 기회를 만들어준다.

방법 과장된 구강운동을 보여주고 동시에 손으로도 입 모양과 비슷한 시각적 힌트를 준다.

R Responsive Action – 반응해주기

❶

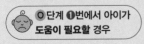

**O단계 ❶번에서 아이가
적절히 반응할 경우**

활동 중간중간 칭찬해주며 적극적으로 입 모양을 보
여준다.

예 "어이구, 주하가 아빠 잘 보고 있네. 잘했어! 또 아빠 봐봐."

**O단계 ❶번에서 아이가
도움이 필요할 경우**

아이가 좋아하는 장난감을 보여주며 아이가 자연스
럽게 장난감과 부모를 쳐다보게 한다. 아이가 부모를
쳐다보는 순간 감탄사를 사용하여 크게 반응하고 쓰
다듬으며 칭찬해준다.

예 "우아~ 주하가 아빠 봤어? 아 이뻐."

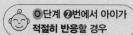 크게 칭찬하며 거울로 부모와 아이 자신의 모습을 번갈아 보게 한다.

예 "아빠랑 똑같이 했네? 주하 모습 봐봐. 잘했어."

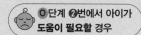 아이와 눈을 맞추며 집중할 수 있게 한다. 아이와 눈을 맞추었다면 손으로 아이 입을 만져 해당 입 모양을 만들 수 있도록 돕는다.

 모음 및 입술소리 수준에서 잘 반응한다면 혀를 움직이며 내는 소리를 시도해 본다.

예 혀를 밖으로 내었다 들이며 소리내는 '에어에어', 혀를 입천장에 붙여 소리내는 '난나', '따따' 등.

 주의 하세요

　활동을 처음 시도하는 경우라면 주의집중 및 모방이 되지 않는 것이 당연합니다. 꾸준하게, 자주 시도하여 조금씩 변화를 이끌어냅니다.

 말/언어 **촉진포인트**

- 과장된 입 모양과 표정을 보여주며 소리내주기.
- 입 모양과 함께 손가락으로 시각적 힌트 더해주기.
- 아이가 조금의 반응이라도 보인다면 크게 칭찬해주기.

 언어발달 이야기

　옹알이나 구어모방이 적절히 산출되고 이후 의미 있는 언어로 연결되기 위해서는 음성 자체가 많이 산출되어야 합니다. 아이는 주로 생리적인 요구가 있을 때 자연스럽게 소리를 내므로(웃기, 울기, 기침하기 등) 간질이거나 재미있는 자극을 주어 많이 웃고 소리낼 수 있게 도와줍니다.

가족 호칭 이해하는

📢 아빠 숨었다!

 **어떤 놀이**인가요?

크게 프린트된 가족 구성원들의 사진을 상자 뒤나 이불 아래 숨겨 놓고 찾는 놀이입니다.

 **어떤 부분을 발달**시키나요?

친숙한 가족들의 사진을 보며 이름을 들려주고, 숨겼다 찾는 활동을 통해 대상영속성을 발달시킬 수 있습니다. 가족 구성원의 호칭을 들으며 언어이해 및 표현능력, 기억력, 상호작용능력 발달을 돕습니다.

 **무엇이 필요**한가요?

사진이 가려질 만한 크기의 상자나 이불, 가족 구성원의 사진.

 미리 생각해요

아빠, 엄마, 형제자매, 할머니, 할아버지 등의 사진을 A4정도의 크기로 크게 프린트하여 코팅해놓으면 좋습니다.

어떻게 **놀이**하나요?

A Attention – 주의집중하기

★ 아이가 거실에서 놀고 있고 부모는 약간 떨어져 있는 상황이다.

부모	(놀이 시작을 알리는 일관적인 소리를 들려준다) 주하야, 오늘은 아빠랑 할머니랑 할아버지랑 이모 찾아보자. (다소 멀리서 크게 프린트된 가족들 사진을 아이에게 보여주며) 주하야, 여기 아빠 있네? (아빠 목소리를 흉내 내며) 주하야 이리 와.
아이	(기어 오지 않고 관심 없는 듯하다)
부모	(아이에게 다가가 바로 앞에서 아빠 사진을 보여주며 아빠 목소리로) 주하야~.
아이	(만지려 한다)

M Making a response – 반응 형성하기

부모	응, 아빠지 아빠? 아빠 이제 없어진다. (아빠 목소리를 흉내 내며) 주하 빠빠~ (아빠 사진을 상자 아래나 뒤에 숨긴다)
아이	(별다른 반응을 보이지 않는다)
부모	어? 아빠 없어졌네? 어디 갔지? (동작을 크게 하여 아빠를 찾는 과장된 제스처를 보인다) 아빠~ 어디 있어요? (사진을 살짝 노출시켜 아이가 인지하게 한다)
아이	(아빠 사진을 잡는다)
부모	우아! 아빠 찾았다! 여기 숨어 있었네. 상자에. 잘 찾았어!

★ 위와 같은 방법으로 가족 구성원의 사진을 상자나 이불에 숨기고 아이에게 살짝 노출시켜 찾도록 이끌어준다.

O Opportunity – 기회 주기

위 활동을 통해 아이에게 다음과 같은 반응이 나타나도록 기회를 만들어준다.

❶ 가족들 사진을 보고 잡으려 하거나 옹알이를 하는 등 알고 있다는 반응을 하도록 기회를 만들어준다.

(방법) 사진에 해당하는 사람 목소리를 흉내 내며 사진을 아이 가까이에 보여준다.

❷ 가족들 사진이 시야에서 사라졌을 때 찾는 듯한 반응을 하도록 기회를 만들어준다.

(방법) 사진을 아이 눈앞에 보여주다가 갑자기 감추고, '아빠, 어디 있지?' 하며 찾는 시늉을 한다.

❸ 사진이 부분적으로 살짝 보였을 때 손을 뻗어 찾도록 기회를 만들어준다.

(방법) 사진이 살짝 보이도록 숨기며, 부모가 먼저 찾는 모습을 충분히 보여준다.

ℝ Responsive Action – 반응해주기

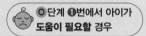

❶ **◎단계 ❶번에서 아이가 적절히 반응할 경우**

부모는 사진 속 대상이 되어 인사를 건네거나 아이의 기분 및 상태를 말로 표현해준다.

예 (아빠 흉내 내며) "주하 안녕~ 아빠 봐서 기분 좋구나!"

◎단계 ❶번에서 아이가 도움이 필요할 경우

사진 속 대상이 되어 사진을 아이 가까이 보여주며 인사한다. 또 아이 손을 직접 잡아 흔들어주며 '아빠 안녕' 하고 말해준다.

❷ **◎단계 ❷번에서 아이가 적절히 반응할 경우**

상황을 말로 표현해주며 찾는 시늉을 한다.

예 "어? 없어졌네? 아빠 어디 갔지? 찾아."

◎단계 ❷번에서 아이가 도움이 필요할 경우

다시 한 번 사진을 보여주고 빠르게 숨긴다. 상황을 짧게 이야기한 후 아이가 보는 앞에서 사진을 바로 찾아 보여준다.

예 (사진 보여주며) "여기 아빠 있다." → (사진을 재빠르게 상자 뒤에 숨기며) "어디 갔지?" → (사진을 아이가 보는 앞에서 꺼내며) "짠! 아빠 여기 있어.")

❸ **◎단계 ❸번에서 아이가 적절히 반응할 경우**

아이 행동을 말로 표현해주며 크게 칭찬한다.

예 "주하가 찾았네! 맞아, 거기 아빠 있다. 잘 찾았어!"

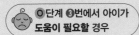

**○단계 ❸번에서 아이가
도움이 필요할 경우**

부분적으로 살짝 보이는 사진에 주의를 집중할 수 있도록 한 뒤, 숨겨진 사진을 서서히 꺼내며 아이가 부모의 모습을 지켜볼 수 있게 한다. 그 후 아이에게 손을 뻗는 등의 반응을 이끌어낸다.

📣 "여기 아빠 있다. 조금씩 나오네? 주하가 아빠 잡아."

응용

가족들 사진을 찾은 뒤 손을 흔들며 인사하는 행동으로 응용할 수 있다.

**주의
하세요**

사진을 보여주었다 숨겨도 크게 반응이 없다면 대상영속성 단계에 진입하지 않았거나 이제 막 출현하는 시기일 수 있습니다. 좀 더 요구 의지가 큰 대상을 가지고 활동하는 것이 좋습니다. 아이가 좋아하는 간식이나 장난감 등으로 먼저 충분히 연습합니다.

**말/언어
촉진포인트**

• 사진 속 대상을 흉내 내며 아이를 부르고 인사하기.

• 사진 속 대상의 호칭 알려주기.

• 사진을 찾을 때 함께 대상의 호칭을 부르며 찾는 시늉하기.

• 사진을 찾았을 때 감탄사 등을 사용하여 크게 반응하기.

📣 "와! 찾았다!", "여기 있네!" 등.

제스처를 따라 해요

8~12개월

이 시기의 아이는 친숙한 일상 도구를 사용하고 이해하는 말들이 많아져 간단한 지시수행이 가능해집니다. 모방력이 발전하면서 다양한 제스처로 의도를 표현하며 점차 한 낱말 수준의 단어로 표현양식을 변화시켜 나갑니다. 이 시기에는 빗, 안경, 칫솔, 숟가락 등 일상에서 친숙하게 사용하는 도구들을 적절히 사용할 수 있도록 기회를 주세요. 또한 다양한 주변 사물의 이름을 들려주며 '주세요', '똑똑', '도리도리' 등과 같은 의미 있는 제스처를 따라 할 수 있도록 도와주는 것이 중요합니다.

표현력과 상징능력 높이는

빵빵 빠빠이

어떤 놀이인가요?

부모와 아이가 서로 자동차 장난감을 밀거나 잡는 놀이입니다.

어떤 부분을 발달시키나요?

자동차 장난감을 상대방에게 밀고 다시 받으며 상호작용 능력과 인과성을 키울 수 있습니다. 또 아이를 보며 초기 말소리인 '빵빵', '빠빠'를 들려주며 언어이해 및 표현발달을 도울 수 있습니다. 또한 이 시기에는 도구의 기능에 대한 인지가 생기므로 사물의 속성 및 조작을 이해하고 운동을 조절하는 데에도 도움이 됩니다.

무엇이 필요한가요?

자동차 장난감(너무 작은 사이즈보다 아이가 좋아하는 간식을 넣거나 태울 수 있는 사이즈가 더 활용하기 좋습니다).

미리 생각해요

평소에 자동차 장난감으로 아이 몸을 탐색하는 놀이를 하거나, 부모가 자동차 장난감을 밀어주며 자동차가 움직이는 모습을 많이 보여줍니다.

A Attention – 주의집중하기

부모 (놀이 시작을 알리는 일관적인 소리를 들려준다) 주하야, 오늘은 아빠랑 빵빵 놀이하자. (아이에게 자동차 장난감을 보여주며) 여기 빵빵 있네? 빵빵 간다. 빵빵 빠빠이~. (자동차를 밀어 움직임을 보여준다)

아이 (앞으로 움직이는 자동차 장난감을 바라본다)

M Making a response – 반응 형성하기

부모 주하가 빵빵 가는 거 봤어? 빵빵이가 저기 가네. 주하가 빵빵한테 기어가볼까? (아이를 자동차 장난감이 있는 곳으로 인도한다)

아이 (자동차 장난감을 만진다)

부모 맞아. 그렇게 밀면 돼. (아이 손을 잡아 자동차 장난감을 조금 더 세게 민다.)

부모 (재빨리 자동차 장난감이 움직이는 방향으로 가서 잡는다) 짠! 아빠가 자동차 잡았다! (아이가 좋아하는 간식을 보여주며) 주하야 까까 보여? (간식을 자동차 장난감 속에 넣거나 위에 올려놓는다) 까까 빵빵 탔다. 이번엔 주하한테 보내줄게. 까까 먹어. (자동차 장난감을 아이에게 굴린다)

아이 (자동차 장난감을 잡고 까까를 꺼내먹는다)*

부모 어이구! 주하가 빵빵 잡았네! 빵빵에 까까 있었지? 냠냠. 주하야, 이번엔 빵빵 아빠한테 주세요. (손을 포개어 내밀어 '주세요' 제스처를 취한다)

> • 대상영속성이 충분히 발달하지 않은 경우라면 크게 반응하지 않을 수 있다. 그럴 경우 간식이 자동차 장난감 속에 있다는 것을 중간중간 말해준다.

아이 (자동차 장난감을 아무 방향으로 민다)

부모 (재빨리 자동차 장난감이 움직이는 방향으로 자리를 옮겨 자동차 장난감을 잡는다) 짠! 아빠가 자동차 잡았다! 주하야, 이번엔 아빠한테 자동차 밀어. 아빠 여기 있다! (자동차 장난감을 아이에게 굴린다) 주하야, 여기여기! 여기로 밀어!

아이 (부모를 바라보고 자동차 장난감을 밀지만 정확한 방향으로 움직이게 하기는 어렵다)

부모 (자동차 장난감을 잡으며) 우아! 잘했다! 빵빵이 잡았어. 아빠가 잡았어!

★ 위와 같이 상대방에게 자동차 장난감을 밀고 또 상대가 밀어 보낸 자동차 장난감을 받을 수 있도록 활동한다. 처음에는 미는 것 자체를 목표로 정하고 점차 목표물을 향해 움직임을 가할 수 있도록 발전시킨다.

O Opportunity - 기회 주기

위 활동을 통해 아이에게 다음과 같은 반응이 나타나도록 기회를 만들어준다.

❶ 자동차 장난감을 부모에게 밀 수 있도록 기회를 만들어준다.

방법 자동차 장난감을 미는 연습을 충분히 한 다음, 아이 앞에 자동차 장난감을 놓고 아이의 맞은편에서 보내라는 신호를 한다.

예 '주세요' 제스처.

❷ 부모가 자동차 장난감을 밀어 보낼 때 아이가 자동차 장난감을 잡을 수 있도록 기회를 만들어준다.

방법 자동차 장난감에 아이가 좋아하는 간식을 태워서 아이 방향으로 밀어 보낸다.

R Responsive Action - 반응해주기

❶

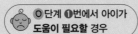

O단계 ❶번에서 아이가 적절히 반응할 경우

아이가 보낸 자동차 장난감을 바로 잡아 흔들어 보여주며 잘했다고 칭찬한 뒤 자동차 장난감에 아이가 좋아하는 간식을 넣어 다시 아이에게 보낸다.

O단계 ❶번에서 아이가 도움이 필요할 경우

상자나 장난감 볼링공 등을 아이 반대편에 놓는다. 부모는 아이와 같은 편에 앉아 아이와 함께 자동차 장난감을 밀어 상자에 넣거나 볼링공에 맞추도록 하며 아이 움직임을 도와준다.

❷

O단계 ❷번에서 아이가 적절히 반응할 경우

적극적인 음성과 제스처로 칭찬하며 아이에게 다가가 안아주거나 하이파이브한다.

O단계 ❷번에서 아이가 도움이 필요할 경우

바로 아이에게 다가가 자동차 장난감이 있는 방향으로 몸을 움직여 함께 잡은 뒤 칭찬하고 안아준다.

응용 자동차 장난감을 보낼 때 '빠빠', 자동차 장난감이 올 때 '안녕' 하고 인사하는 놀이를 추가할 수 있다.

주의
하세요

위의 놀이를 처음 진행할 때 많은 아이가 '자동차 주세요'라는 신호에 적절히 반응하지 못합니다. 주의가 분산되거나 아직 상황적·언어적 이해가 원활하지 않기 때문이므로 동일한 활동을 반복해줍니다.

말/언어
촉진포인트

• 아이에게 자동차 장난감을 보내라고 요구할 때 '주세요' 제스처나 '이리 와' 제스처 사용하기.

• 아이가 보낸 자동차 장난감을 잘 잡았을 땐 "잡아, 잡았다!" 구어 표현 들려주기.

• 아이가 잘 반응했을 경우 빨리 가서 칭찬하며 안아주거나 하이파이브하기.

• 아이 얼굴을 보며 '빵빵'이나 '빠빠'라는 말을 들려주어 모방 유도하기.

대근육 조절능력 키우는

터널놀이

어떤 놀이인가요?

    길쭉한 원형 통로 모양의 유아용 터널 속에서 '부모가 아이 쫓아가기', '아이가 장난감 쫓아가기', '양쪽에서 서로 만나기' 등의 상호활동을 진행합니다.

어떤 부분을 발달시키나요?

    시야가 제한된 터널이라는 반밀폐된 공간에서의 활동을 통해 상대방과 눈맞춤, 상대방 인식 등 상호작용 기능을 향상시킬 수 있으며, 터널 안과 밖의 상황을 함께 경험하며 대상영속성을 키울 수 있습니다. 더불어 빠르게 기는 상황을 연출하여 대근육 조절에도 도움을 줄 수 있습니다.

무엇이 필요한가요?

    유아용 터널(대형 이불로 대체 가능).

미리 생각해요

    터널을 미리 뒤집어 안쪽의 먼지를 제거하고, 이불이라면 깨끗이 세탁해 준비합니다.

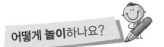

A Attention – 주의집중하기

부모 (놀이 시작을 알리는 일관적인 소리를 들려준다) 주하야, 오늘은 터널에서 엄마랑 신나게 놀자! (앞에 있는 터널을 가리키며) 여기 터널 있네, 터널. (아이를 터널 한쪽 끝에 위치하고 부모는 맞은편 끝에 위치한 뒤 부모가 터널로 들어가려는 시늉을 하며) 주하야, 엄마 터널로 들어가서 주하 만나러 갈게. 기다려. (터널로 들어가 기어가며) 주하야, 엄마 지금 간다. 주하한테 간다.

아이 (터널 안을 보며 소리낸다) 맘맘맘마.

부모 (터널 끝까지 기어와) 짠! 엄마 뿅 나타났네. 터널로 왔어. 터널.

아이 (엄마를 쳐다보고 웃는다)

M Making a response – 반응 형성하기

서로를 쫓는 활동

부모 (아이와 눈을 맞추며) 엄마 터널로 들어갈게. 주하 따라와. 엄마 간다.

아이 (엄마가 가는 모습을 보고 터널로 들어간다) 맘맘맘마~.

부모 (뒤를 쳐다보며) 응, 주하가 엄마 불렀어? 엄마 따라오고 있어? (손짓하며) 얼른 와. (터널을 빠져나와) 도착! 주하도 도착! 잘했어. 엄마랑 짠! (하이파이브를 시도한다)

아이 (엄마와 손을 맞춘다)

부모 이번에는 엄마가 주하 잡으러 간다. 주하 먼저 가. 출발! (아이를 터널 쪽으로 밀어 놓고 아이를 따라간다)

아이 (엄마가 쫓아오자 앞으로 기어간다)

부모 주하 잡으러 가자! 빨리 가~ 빨리빨리!

아이 (소리를 지르며 기어간다)

부모 (터널 끝 부분에서 아이의 발을 잡으며) 잡아잡아 잡았다! 우리 주하 잡았다!

아이 (소리 지르며 꺄르르 웃는다)

부모 (터널 밖으로 나와) 엄마가 주하 꽉 잡았지? 엄마가 꼭 안아줄게. (아이를 안아준다)

서로에게 기어와 만나는 활동

부모 (아이와 부모가 터널 양쪽 끝에 위치한 상태에서 터널 안으로 아이를 보며) 주하야, 엄마 봐봐. 엄마 여기 있지? 엄마가 주하한테 갈게. 기다려! 엄마 간다. (터널을 통해 아이와 눈을 맞추며 아이가 있는 방향으로 기어간다) 주하야, 엄마 가고 있어. 주하한테 가고 있어. (아이에게 도착하여) 엄마 짠! 주하한테 도착! (아이를 안아준다)

O   Opportunity – 기회 주기

위 활동을 통해 아이에게 다음과 같은 반응이 나타나도록 기회를 만들어준다.

❶ 터널 속에서 부모와 눈을 맞추고 즐거워하며 부모 쪽으로 다가오도록 기회를 만들어준다.

(방법) 아이를 터널 한쪽 입구에 위치하고 부모는 다른 쪽 입구에서 아이를 보며 손짓한다.

❷ 터널 속에서 앞서가는 부모를 쫓아오도록 기회를 만들어준다.

(방법) 부모가 아이보다 앞서 가되, 중간중간 아이를 부르며 뒤돌아본다.

❸ 터널 속에서 부모가 쫓아올 때 빠르게 기어가도록 기회를 만들어준다.

(방법) 아이가 터널 속에 먼저 들어가게 한 뒤 아이를 부르며 쫓아가되, 중간중간 잡는 시늉을 한다.

R   Responsive Action – 반응해주기

❶ 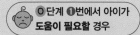 **O단계 ❶번에서 아이가 적절히 반응할 경우** 아이의 행동을 말로 표현해주고 아이를 안아주며 크게 칭찬한다.

(예) "주하가 엄마 봤어? 어이구 잘했다."

O단계 ❶번에서 아이가 도움이 필요할 경우 아이가 좋아하는 간식이나 인형을 보여주며 터널을 지나오게 유도한다.

❷	❍단계 ❷번에서 아이가 적절히 반응할 경우	터널에서 빠져나와 아이를 안아주며 잘 왔다고 칭찬 해준다.
	❍단계 ❷번에서 아이가 도움이 필요할 경우	부모가 아이를 따라가 안아준다.
❸	❍단계 ❸번에서 아이가 적절히 반응할 경우	아이를 부르면서 따라가되 터널 밖으로 나와서는 꼭 안아주며 '잡았다!' 하고 이야기해준다.
	❍단계 ❸번에서 아이가 도움이 필요할 경우	아이 뒤에서 엉덩이를 밀어주며 함께 터널을 빠져나 갈 수 있도록 도와준다. '빨리', '가' 등의 단어를 들려 주며 활동한다.

 응용 터널 밖에서 아이가 좋아하는 장난감을 갖고 놀다가 터널 속에 숨겨 아이가 찾
게 하는 활동으로 확장할 수 있다.

 주의
하세요   밀폐된 공간을 무서워하는 아이라면 억지로 터널에 들어가
지 않습니다.

 **말/언어**
촉진포인트
• 터널 속에서 아이와 눈 맞추기.
• '가,' '잡아', '빨리', '천천히' 등의 초기 어휘를 들려주며 행동
  으로 함께 보여주기.
• 터널 밖에 있다가 터널 안으로 숨어, 아이가 대상영속성 개
  념을 잘 배울 수 있게 하기.

인사하는 연습하자

대문놀이

어떤 놀이인가요?

문짝 장난감을 사용하여 다양한 동작을 시행해보고 관련 어휘를 익히는 놀이입니다.

어떤 부분을 발달시키나요?

소근육과 인지능력이 발달하면서 누르고 빼고 돌리고 여닫는 등 사물을 조작하는 활동을 즐기는 시기입니다. 문짝 장난감은 아이로 하여금 다양한 사물을 조작해보게 함으로써 도구 사용의 인식을 발달시키고, 동작과 관련된 표현을 익히게 하여 언어이해 및 표현능력을 키워줍니다. 문짝을 열어 부모와 눈을 맞추는 활동을 통해 상호작용을 촉진하고 '인사하기'와 같은 초기 의사소통 기능을 발달시키는 데에도 도움을 줍니다.

무엇이 필요한가요?

아이가 드나들 수 있는 문짝 장난감, 아이가 좋아하는 인형이나 장난감.

미리 생각해요

아이가 좋아하는 인형이나 장난감을 문짝 반대편에 두어 문을 열었을 때 보이도록 합니다.

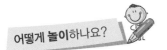
A Attention - 주의집중하기

부모	(놀이 시작을 알리는 일관적인 소리를 들려준다) 주하야, 오늘은 문 딩동하고 들어가보자. 뭐가 있을까?
부모	(문짝 맞은편에 아이와 같은 방향으로 앉아서) 주하야, 이게 뭐지? 대문이네? 커다란 대문. 오늘은 대문 놀이하자. 어? 여기 창문도 있고 버튼도 있네. 아빠가 한번 눌러볼게. (문짝에 달린 다양한 버튼을 눌러 소리를 내며 아이의 반응을 살핀다)

M Making a response - 반응 형성하기

★ 부모가 토끼 인형과 자동차 장난감 역할을 맡는다.

부모	주하야, 여기는 누가 살까? 똑똑 해보자. (문을 두드리며) 똑똑~ 주하도 똑똑 해봐. (아이의 손을 오므려준 뒤 문을 두드리도록 도와준다)
아이	(문을 두드린다)
부모	(문을 열며) 열어열어, 문 열어. (문을 열면 아이가 좋아하는 인형이 있다)
토끼	어! 주하 안녕?
부모	(손 흔들며) 주하도 '안녕' 해. 모모 안녕!
아이	(손짓한다)
부모	잘했어. 아빠 집에 들어간다. 주하도 들어와. (문으로 기어 들어가서 아이에게 손짓한다)
아이	(아빠를 따라 들어간다)
부모	주하 들어왔네! 문 닫아. (문 닫는 것을 보여준 뒤 아이에게도 기회를 준다)
아이	(아빠의 도움을 받아 문을 닫는다)
부모	어? 여기 창문도 있네? 창문 열어보자. 열어열어, 창문 열어. (창문을 열고 미리 준비한 인형이나 장난감을 창문 맞은편에서 보여주며 인사한다)
자동차	주하 안녕?
부모	어! 빵빵이네? 빵빵 안녕?
아이	(손으로 인사한다)

부모	주하가 인사 잘했어. 이제 닫아닫아, 창문 닫아. (창문을 닫는다) 이번엔 불 켜보자. 불 켜. (전등 버튼을 눌러 불을 켠다) 어! 불 켜졌다. 이번엔 불 꺼. (버튼을 눌러 불을 끈다) 이번엔 주하가 해봐.
아이	(아빠의 도움을 받아 버튼을 누른다)
부모	그래, 불 켜졌다 꺼졌다 했지? (모양 블록을 넣어 맞추는 부분으로 주의를 돌리며) 어? 여기 모양들도 있네? 세모 쏙 넣어. 네모 쏙 넣어. 동글이 쏙 넣어.●

> ● 아직 도형을 이해하기에는 매우 이르므로(평균 만3세에 습득) '쏙 넣어' 등 동작어에 반응하는 것에 초점을 맞춘다.

아이	(아빠의 도움을 받아 도형을 넣는다)
부모	잘했어. 동글이, 세모, 네모 쏙 넣었네. (전화 버튼 누르기 부분이 있다면) 주하야~ 여기 띠띠띠띠 전화도 있네? (버튼을 누르며) 띠띠띠띠 눌러, 눌러눌러. (전화하는 시늉하며) 여보세요?

★ 위와 같이 동사를 들려주며 대상을 함께 조작하고 모방하도록 돕는다.

Opportunity – 기회 주기

위 활동을 통해 아이에게 다음과 같은 반응이 나타나도록 기회를 만들어준다.

❶ 인형에게 손을 흔들며 인사하는 시늉을 하도록 기회를 만들어준다.
　(방법) 부모가 인형 역할을 맡아 '안녕' 하며 아이에게 손을 흔들어준다.

❷ 부모의 행동을 보고 따라 하거나 동작어 표현을 듣고 적절히 행동하도록 기회를 만들어준다.
　(방법) 문 두드리기, 초인종 누르기, 버튼 누르기, 블록 넣기 등의 행동을 먼저 보여주며 '똑똑', '열어', '닫아', '눌러', '넣어', '빼', '안녕' 등의 단어를 들려준다.

❸ '엄마' 혹은 '아빠'라는 말소리를 비슷하게 표현하며 부모 쪽으로 기어오도록 기회를 만들어준다.

방법 부모가 문짝을 중심으로 아이와 반대편에 위치한 뒤 아이에게 손을 흔들어주거나 손을 내밀어 아이가 부모 쪽으로 오도록 한다. 중간중간 아이 얼굴을 보며 "엄마지? 엄맘맘마~" 등의 말을 해주어 말소리를 유도한다.

R Responsive Action - 반응해주기

❶ 단계 ❶번에서 아이가 적절히 반응할 경우
인형의 손을 다시 한 번 흔들어 주며 "○○야 안녕!" 하고 크게 말해준다.

단계 ❶번에서 아이가 도움이 필요할 경우
부모가 아이 손을 직접 잡고 흔들어주며 "안녕~" 하는 인사말을 들려준다.

❷ 단계 ❷번에서 아이가 적절히 반응할 경우
아이 행동을 말로 표현해주며 부모도 한 번 더 그 행동을 보여준다.
예 "주하가 딩동 눌렀어? 아빠도 딩동."

단계 ❷번에서 아이가 도움이 필요할 경우
부모의 행동을 충분히 따라 하도록 보여주고, 그럼에도 어려움이 있다면 아이 손을 잡고 해당 행동을 도와준다.

❸ 단계 ❸번에서 아이가 적절히 반응할 경우
아이 행동을 말로 표현해주고 팔을 벌려 아이를 안아주며 칭찬한다.
예 "엄마한테 기어 왔어? 엄맘맘마 했어? 잘했어."

단계 ❸번에서 아이가 도움이 필요할 경우
아이가 좋아하는 과자나 인형을 준비하여 문 쪽에서 흔들어주며 움직임을 유도한 뒤 반응을 보일 경우 칭찬해준다. '엄마'와 비슷한 말소리를 이끌어내기 위해서 아이가 엄마 얼굴을 보게 한 뒤, 손으로 윗입술과 아랫입술을 살짝 다물어주며 '음마~' 소리를 들려준다.

 응용 문을 중심으로 아이와 부모가 반대편에 위치해 '까꿍놀이'로 확장할 수 있다.

주의
하세요

아이마다 어휘를 산출하는 시기는 차이가 있으므로 '엄마' 등의 의미 있는 첫 낱말이 나오지 않는다고 걱정할 필요는 없습니다. 말을 따라 하기 전에 상대의 말을 듣고 지시에 따르며 행동을 모방하게 해주는 것이 중요합니다.

말/언어
촉진포인트

• 부모의 행동을 보고 따라 하도록 도와주기.
• 행동할 때 관련 동사 표현 함께 들려주기(짧고 명료하게).
• 아이와 눈 맞추기.
• 입술을 부딪치며 '음마' 소리를 내게 도와주기.

언어발달
이야기

아이가 언어는 잘 이해하는데 왜 표현이 빨리 나오지 않을까 걱정하는 부모가 많습니다. 이는 언어이해를 담당하는 뇌 부위(측두엽)에 비해 언어표현을 담당하는 뇌 부위(전두엽)가 뒤늦게 천천히 발달하기 때문입니다. 아이가 말로 표현하는 것에 어려움을 느낀다면, 우선 이해를 잘하고 있는지 확인이 필요합니다.

기억력과 모방력 향상되는

똑같이 두드려!

 **어떤 놀이**인가요?

아이와 부모가 번갈아가며 무언가(북, 양동이, 실로폰 등)를 두드리는 놀이입니다. 아이가 두드린 숫자만큼 부모도 똑같이 두드리고, 부모가 두드린 숫자만큼 아이도 똑같이 두드리게 도와줍니다.

 **어떤 부분을 발달**시키나요?

부모와 번갈아가며 북을 두드리는 활동을 통해 화용능력의 바탕이 되는 공동주의집중(Joint Attention)과 차례 지키기(Turn Taking)를 익히게 됩니다. 더불어 상대가 두드린 개수를 청각적으로 기억하여 다시 쳐보는 활동을 통해, 분절된 말소리의 인식력, 청각적 변별력 등을 키우는 데 도움을 얻게 됩니다.

 무엇이 필요한가요?

북, 냄비, 바닥, 실로폰 등 아이가 신나게 두드릴 수 있는 것은 모두 가능합니다.

 **미리 생각**해요

아이가 두드리기 좋아하는 물건을 미리 알고 준비합니다.

어떻게 **놀이**하나요?

A Attention – 주의집중하기

부모   (놀이 시작을 알리는 일관적인 소리를 들려준다) 주하야, 오늘은 신나게(젓가락으로 냄비
를 두드리며) 땡땡땡 하자. (아이가 관심을 가질 수 있도록 젓가락으로 냄비를 리듬감 있게
두드린다) 어! 주하가 좋아하는 소리다! 땡땡땡.

아이   (소리를 듣고 부모에게 다가간다)

M Making a response – 반응 형성하기

아이   (부모가 갖고 있는 젓가락을 뺏어 냄비를 두드리려 한다)

부모   (손을 포개어 내미는 '주세요' 제스처를 보여주며) 주하야, '주세요' 해야지.

아이   (정확히 손을 포개지는 못하나 부모를 따라 손을 내민다)

부모   잘했어. 자, 여기 주하 젓가락.

아이   (냄비를 2번 두드린다) 땡땡.

부모   (아이와 똑같이 냄비를 2번 두드린다) 땡땡.

아이   (냄비를 3번 두드린다) 땡땡땡.

부모   (아이와 똑같이 냄비를 3번 두드린다) 땡땡땡.

부모   (냄비를 2번 두드린다) 땡땡.

함께   (이후 아이가 냄비를 두드리기 전에 부모는 아이 손을 잡고 냄비를 2번 두드린다) 땡땡.

부모   우아! 똑같이 잘했네. 엄마랑 똑같이 땡땡 했어.

> • 부모가 두드린 뒤 다시 아
> 이에게 기회를 주어 똑같이 두
> 드리도록 해본다. 물론 처음부터
> 똑같이 따라 하기는 어렵다.

★ 위와 같이 처음에는 아이가 두드리는 개수만큼 부모도 따라 두드려주고, 아이가 차례
를 잘 지키게 되면 부모가 먼저 시작하고 아이로 하여금 부모와 똑같이 두드려보게
한다.

O Opportunity – 기회 주기

위 활동을 통해 아이에게 다음과 같은 반응이 나타나도록 기회를 만들어준다.

❶ 아이가 차례 지키기를 이해하고 부모 차례에는 기다리도록 기회를 만들어준다.

방법 아이가 두드린 다음, 부모가 한 손으로 아이 손을 잡아 행동을 잠시 멈추게 하고, 다른 손으로 부모를 가리키고 아이 눈을 보며 '엄마 차례야' 하고 말해준다. 부모가 두드린 다음에는 아이 눈을 보며 '주하 차례야'라고 말해주고 두드리게 한다.

❷ 부모가 두드리는 개수대로 따라 두드리도록 기회를 만들어준다

방법 한 번 두드리는 것으로 시작해 아이가 따라 할 수 있는지 확인하며 개수를 늘린다.

R Responsive Action - 반응해주기

❶ 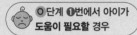 **ⓞ단계 ❶번에서 아이가 적절히 반응할 경우**

아이 행동을 말로 표현해주고 칭찬한다.

㉑ "잘 기다렸네! 고마워. 지금 엄마 차례지? 엄마 하고 주하 해."

ⓞ단계 ❶번에서 아이가 도움이 필요할 경우

아이 손으로 부모를 만지게 하며 부모 차례임을 알려준다.

㉑ "주하야, 기다려." → (아이 손으로 부모를 만지게 하며) "지금 엄마 차례. 엄마 하고." → (아이 손으로 자신을 만지게 하며) "주하 차례."

❷ 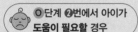 **ⓞ단계 ❷번에서 아이가 적절히 반응할 경우**

크게 칭찬해주며 다시 아이가 두드린 만큼 두드린다.

㉑ "우아! 엄마랑 똑같이 땡땡 했네! 잘했어. 엄마도 땡땡!"

ⓞ단계 ❷번에서 아이가 도움이 필요할 경우

아이가 스스로 충분히 놀면서 두드리게 한 후 다시 시도한다. 다시 시도할 때는 아이에게 잘 들어보라고 이야기해주고, 부모가 먼저 두드린 다음에 아이 손을 잡고 똑같이 두드리게 도와준다.

㉑ "주하야, 이번엔 엄마 차례야. 잘 들어봐."

 응용 부모가 두드리는 개수만큼 똑같이 두드리는 행동모방이 된다면, 음성도 똑같이 따라 하도록 격려한다.

㉑ 부모가 '맘마' 하면 아이도 '맘마'.

주의
하세요

아이가 두드리는 활동을 좋아한다면 차례를 지키지 않고 무조건 자신이 하려는 행동을 보이며 부모의 행동에도 크게 반응하지 않을 수 있습니다. 강압적으로 행동을 변화시키기보다 아이 리듬에 맞추어 아이 행동을 충분히 따라 하도록 합니다.

말/언어
촉진포인트

- 아이에게 차례와 기다림 알려주기.
- 아이가 두드리는 개수만큼 똑같이 따라 두드리기.
- 활동하며 눈 맞추기.

언어발달
이야기

'의사소통'을 한다는 것은 신호를 '주고받는 것'입니다. '말'이라는 양식을 사용했을 때는 '구어적 의사소통'이 되는 것이고, '몸짓', '음성', '눈짓' 등을 사용했을 때는 '비구어적 의사소통'이 되는 것입니다. 언어 이전의 유아기에 몸짓으로 하는 비구어적 의사소통이 충분히 이루어져야, 이후 언어로 하는 의사소통도 수월하게 이루어질 수 있습니다.

제스처로 의도 표현하기

까까 줘?

 어떤 놀이인가요?

투명한 통에 아이가 좋아하는 과자를 넣고 아이가 제스처로 요구 의도를 표현하도록 이끄는 놀이입니다.

 **어떤 부분을 발달**시키나요?

상대방에게 원하는 것을 '요구'하는 것은 가장 초보적이며 일찍부터 발달하는 의사소통 행동입니다. 원하는 것을 얻기 위해 상대를 불러 주의를 집중시키고, 음성만 사용하던 소통 표현에서 제스처나 구어 표현으로 발전시킴으로써 자신의 의도를 적절히 표현하게 됩니다. 이러한 과정은 이후에 사회성으로 연결되는 상호작용 능력의 발달을 돕습니다.

 무엇이 필요한가요?

투명한 통, 아이가 좋아하는 간식.

 미리 생각해요

간식을 요구하는 제스처 및 단어표현을 촉진하도록 아이 손으로는 열리지 않는 투명한 통에 간식을 넣어둡니다.

어떻게 **놀이**하나요?

A Attention – 주의집중하기

부모	(투명한 통에 든 간식을 흔들어주며) 주하야~ 여기 까까! 까까 있네. 주하가 좋아하는 까까.
아이	(좋아하는 간식을 보고 다가온다)

M Making a response – 반응 형성하기

부모	주하 까까 냠냠해? 까까 냠냠하러 왔어?
아이	(부모가 들고 있는 간식 통에 손을 뻗으며 음성을 낸다)
부모	(두 손을 포개 모아 내미는 '주세요' 제스처를 보여주며) 줘? 줘~.
아이	(계속 간식 통으로 손을 뻗는다)
부모	(부모가 직접 아이 두손을 포개 모아주며) 줘~. (아이에게 간식 통을 건넨다)
아이	(간식 통을 흔든다. 스스로 꺼내지 못해서 통을 흔들다 짜증 섞인 음성을 낸다)
부모	(간식 통을 두드리는 모습을 보여준다) 똑똑~ 똑똑똑. (두드린 후 간식 통을 열어 간식을 꺼내 아이에게 준다. 다시 뚜껑을 닫는다)
아이	(간식을 맛있게 먹는다)
부모	까까 맛있다~. 우아 맛있어! (아이에게 두 손바닥을 보이며 아이가 손바닥을 마주칠 수 있도록 유도한다) 아빠랑 짠짠~.
아이	(가만히 있는다)
부모	(아빠 손을 직접 아이 손에 마주치며) 짠짠~.
아이	(간식 하나를 먹고 또 간식 통을 요구한다)

★ 위와 같이 요구하기 제스처, 두드리기 제스처 등을 표현하도록 한다.

O Opportunity – 기회 주기

위 활동을 통해 아이에게 다음과 같은 반응이 나타나도록 기회를 만들어준다.

❶ 간식을 달라는 의미로 '주세요' 제스처를 하도록 기회를 만들어준다.

방법 부모가 간식을 가지고 있는 상황에서 아이에게 손을 포개 내미는 제스처를 보여주며 '줘?' '주세요?' 하고 말한 뒤 따라 하게 한다.

❷ 간식통 뚜껑을 열어달라는 의미로 '똑똑' 제스처를 하도록 기회를 만들어준다.

방법 부모가 통을 두드리는 모습을 보여주고 '똑똑' 소리를 들려주어 따라 하게 한다.

❸ 성취하거나 잘했다는 의미로 손바닥을 마주쳐 '짠' 제스처를 하게 기회를 만들어준다.

방법 아이가 간식을 얻거나 뚜껑을 열었을 때 잘했다고 칭찬해주며 '짠' 하고 손바닥을 아이 앞에 갖다 대어 아이로 하여금 손을 마주치게 한다.

R Responsive Action – 반응해주기

❶ **◎단계 ❶번에서 아이가 적절히 반응할 경우**
즉시 아이가 요구한 것을 주며 아이 행동을 말로 표현해준다.
예 "주하가 줘 했어? 여기 까까."

◎단계 ❶번에서 아이가 도움이 필요할 경우
아이 손을 직접 포개어 '주세요' 제스처를 만들어 준 다음 '줘' 혹은 '주세요'라는 말을 들려준다.

❷ **◎단계 ❷번에서 아이가 적절히 반응할 경우**
즉시 간식 통 뚜껑을 열어주며 아이 행동을 말로 표현해준다.
예 "똑똑했어? 뚜껑 열어~ 짠! 까까 나왔네."

◎단계 ❷번에서 아이가 도움이 필요할 경우
아이 손을 주먹 모양으로 만들어주고 간식 통을 두드리도록 도와주며 '똑똑' 하고 말해준다.

❸ **◎단계 ❸번에서 아이가 적절히 반응할 경우**
아이 행동을 말로 표현해주고 즉시 칭찬한다.
예 "그래그래 간식 받아서 짠했지? 잘했어."

◎단계 ❸번에서 아이가 도움이 필요할 경우
직접 아이 손과 부모 손을 마주쳐주며 '짠'이라고 말해준다.

간식뿐 아니라 아이가 원하는 것이라면 어떤 것이든 적용하여 위의 제스처를 유도할 수 있다.

주의 하세요

한 번의 시도로 제스처 표현이 일반화되지 않음을 인지하고, 평소 생활 속에서 아이에게 제스처를 자주 보여주고 따라하게 도와줍니다. 구어 표현 모방이 약간씩 되는 아이라면 '줘' 정도로 표현하도록 유도할 수 있으나, 말소리 모방이 원활하지 않은 아이라면 행동모방이 충분히 나타나도록 돕습니다.

말/언어 촉진포인트

- '주세요' 제스처 보여주며 말 표현 함께 들려주기.
- 아이의 작은 시도에도 적극적으로 반응하기.
- 상호제스처 사용하기.
- 같은 말소리에 대한 제스처가 계속 변하면 아이가 혼동스러울 수 있으므로 말소리에 대해 일관적인 제스처 사용하기.

혀근육 조절력 키우는

메롱메롱 혓바닥 접시

어떤 놀이인가요?

아이와 마주 앉아 아이 얼굴을 바라본 상태에서 메롱하듯 혀를 내밀었다 넣었다 하는 행동을 보여주고 아이가 부모를 따라 혀를 움직일 수 있도록 하는 놀이입니다. 함께 거울을 보며 놀이하면 더욱 좋습니다.

어떤 부분을 발달시키나요?

점차 첫 단어를 표현하려고 다양한 옹알이를 하는 시기이므로 스스로 구강 주변 근육을 움직여 많은 말소리를 내보고 경험하게 하는 것이 좋습니다. 혀의 운동을 조절하는 것은 전반적인 구강운동 기능을 향상시키는 데 좋은 방법입니다. 더불어 부모의 혀 운동을 보고 따라 하려는 행동은 모방능력, 공동주의집중력을 높일 수 있습니다.

무엇이 필요한가요?

거울, 아이가 좋아하는 간식.

미리 생각해요

부모와 마주 보는 위치에 아이를 앉혀 부모의 입 모양을 잘 관찰할 수 있도록 합니다.

어떻게 **놀이**하나요?

A Attention – 주의집중하기

★ 아이와 부모가 나란히 앉아 큰 거울을 마주 본 상태에서 진행한다.

부모	(놀이 시작을 알리는 일관적인 소리를 들려준다) 주하야, 커다란 거울이네? 오늘은 거울 보면서 엄마랑 메롱메롱 해보자. (거울을 보고 혀를 내밀며) 주하야, 엄마 혓바닥이 쭈욱 나왔네?
아이	(거울 속 엄마를 쳐다본다)
부모	(아이가 좋아하는 간식을 보여주며) 어? 여기 주하 까까 있네?
아이	(간식을 보고 엄마에게 주의를 집중한다)

M Making a response – 반응 형성하기

부모	응. 주하 좋아하는 까까지? 엄마 까까 먹는다? 봐봐~. (혀를 내밀고 과자를 혀 위에 얹어 아이에게 잠시 보여준 뒤 먹는다) 냠냠 맛있다. (까까를 아이에게 보여주며) 주하도 먹여줄게. (아이와 눈을 맞추고 혀를 내밀어 보여주며) 혓바닥 접시에 올려줄게 에~.
아이	(입을 벌리지만 혀를 내밀지 못한다)
부모	까까 들어간다. 주하야 이쪽이야. (간식을 거울 쪽으로 위치해 아이가 거울을 보도록 유도한다)
아이	(거울 앞에서 입을 벌려 자신의 모습을 비의도적으로 보게 된다)
부모	(간식으로 아이 혀를 뒤에서 앞으로 살살 자극한 다음 과자를 입에 넣어준다) 냠냠 맛있다.
아이	(간식을 다 먹은 뒤 또 먹기 위해 손을 내민다)
부모	응, 주하가 또 까까 먹고 싶었어? 그럼 혓바닥 접시 에~. (혀 내미는 모습을 보여준다)
아이	(혀가 나오진 않더라도 입안의 혀가 살짝 움직인다)
부모	그래그래! 정말 잘했어! (간식으로 아이 혀를 긁어주고 거울로 보게 하며) 여기 있지, 주하 혓바닥.

★ 위와 같이 아이가 부모와 같이 거울을 보고 혀를 살짝이라도 움직여 간식을 먹도록 도와준다. 혀를 앞으로 쭉 내밀 수 있다면 좋겠지만, 어려운 경우가 많으므로 아이가 할 수 있는 범위에서 시도한다.

Opportunity – 기회 주기

위 활동을 통해 아이에게 다음과 같은 반응이 나타나도록 기회를 만들어준다.

❶ 혀를 내밀거나 움직이도록 기회를 만들어준다.

(방법) 부모가 혀를 내미는 모습을 보여주고 중간중간 아이가 거울로 자신을 볼 수 있도록 한다.

❷ 거울을 보고 다양한 표정을 짓거나 입 모양을 변화할 수 있도록 기회를 만들어 준다.

(방법) 아이와 같은 방향에서 함께 거울을 보며 거울 속 아이와 눈을 맞추고 다양한 표정을 짓거나 과장된 입·혀 운동을 보여준다.

R **Responsive Action – 반응해주기**

❶ 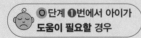 O단계 ❶번에서 아이가 **적절히 반응할 경우**

활동 중간마다 크게 칭찬해주며 간식을 이용해 혀를 앞으로 조금씩 더 내밀어보도록 도와준다.

(예) "혓바닥 잘 움직였네! 이번엔 까까가 조금 더 멀리 갔다. 여기까지 혓바닥 접시 쭉~ 와봐."

O단계 ❶번에서 아이가 **도움이 필요할 경우**

부모를 보며 살짝이라도 구강 주변을 움직인다면 크게 칭찬해주고, 간식으로 아이 입술 주변과 혀를 긁어준다.

❷ 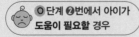 O단계 ❷번에서 아이가 **적절히 반응할 경우**

크게 칭찬하며 아이 표정이나 입 모양을 따라 해준다.

O단계 ❷번에서 아이가 **도움이 필요할 경우**

거울 앞에서 아이 눈을 가리며 까꿍놀이를 해주어 아이가 거울에 비친 자신의 모습에 관심을 갖고 집중하게 도와준다.

응용 아이가 혀를 조금씩 움직일 수 있다면 내밀기, 좌우로 움직이기, 혀를 입천장에 붙여 '쯔쯔', '똑딱' 소리를 내어본다.

주의
하세요

활동을 처음 시도하는 경우라면 한 번에 혀를 내밀 수 없는 것이 당연합니다. 아이가 할 수 있는 범위에서 충분히 즐겁게 활동하고 조금씩 난이도를 높여 변화를 이끌어줍니다.

말/언어
촉진포인트

• 혀 내밀고 들이기, 좌우로 움직이기 등 혀의 운동 모습 보여주기.
• 아이와 거울 보며 다양한 표정 및 구강운동 시도해보기.
• 아이의 작은 시도에도 크게 반응해주기.
• 아이의 혀나 입술, 구강 안을 간식으로 살살 긁어주기.

언어발달
이야기

혀는 예민하고 섬세한 감각·운동 기관으로, 뇌의 대뇌피질 지도(호먼큘러스, homunculus)에서 큰 운동 범위를 차지합니다. 어려서부터 잘 먹고(빨고), 구강을 탐색하고, 놀이하며 혀를 움직이는 것은 이후 구강근육을 움직여 적절한 '말'을 산출하는 데 꼭 필요한 과정입니다.

사회성 발달 기초놀이

 인사하기

어떤 놀이인가요?

아이가 좋아하는 인형을 모아놓고 차례로 인사해보는 놀이입니다.

어떤 부분을 발달시키나요?

인사하기는 타인을 인식하고 상호반응하는 사회성 발달로 이어지는 중요하고 기초적인 초기 의사소통 기능입니다. 상대를 쳐다보고 의도적으로 친밀감을 표현하면서 타인인식, 눈맞춤, 공동주의집중, 의도성 표현 등을 자연스럽게 증진할 수 있습니다.

무엇이 필요한가요?

아이가 좋아하는 인형들.

미리 생각해요

평소 누군가가 집에서 나가거나 들어올 때 아이가 손을 흔들어 인사하게 도와줍니다.

어떻게 **놀이**하나요?

A Attention - 주의집중하기

★ 아이 앞에 아이가 좋아하는 인형들을 줄 세우거나 늘어놓은 상태에서 시작한다.

부모	(놀이 시작을 알리는 일관적인 소리를 들려준다) 주하야, 오늘은 친구들한테 안녕 해주자. 주하가 좋아하는 친구들 여기 많이 있네?
아이	(인형을 잡으러 다가온다)

M Making a response - 반응 형성하기

★ 부모가 토끼 인형 역할을 맡는다.

아이	주하가 좋아하는 친구들이지? 제일 앞에 토끼 친구 있네?
토끼	(토끼의 손 부분을 흔들어주며) 주하야, 안녕안녕?
아이	(토끼를 잡으려 한다)
부모	주하야, 토끼한테 인사해주자. 아빠 하는 거 잘 봐봐. (손을 흔들면서) 토끼 안녕? 이렇게 하면 돼.
아이	(소리를 내며 토끼를 잡으려 한다)
부모	(아이 손을 잡고 토끼에게 흔들어주며) 안녕? 토끼 안녕~.
토끼	그래, 주하야 안녕. 주하 좋아. 사랑해. (인형으로 아이를 안아준다)

★ 위와 같이 부모가 다양한 인형 역할을 맡으며 인사하는 모습을 보여주고 아이가 이에 반응해 인사하게 이끈다.

O Opportunity - 기회 주기

위 활동을 통해 아이에게 다음과 같은 반응이 나타나도록 기회를 만들어준다.

❶ 인형에게 손을 흔들어 인사하도록 기회를 만들어준다.

방법 부모가 인형 역할을 맡아 아이에게 먼저 반갑게 인사해주고, 부모도 인형에게 손을 흔들며 인사하는 제스처를 보여준다.

❷ 인형에게 인사할 때 '안녕'과 비슷한 소리를 내도록 기회를 만들어준다.

방법 아이의 얼굴을 보고 '안녕'이라는 입 모양을 보여주고 말소리를 들려주며 손을 흔든다.

R ⏺ **Responsive Action - 반응해주기**

❶ ◉단계 ❶번에서 아이가 **적절히 반응할 경우**

놀이상황에서 인형이 아이에게 즉각적으로 칭찬해주며 안아준다.

예 "그래, 안녕~. 인사 잘했어! 내가 안아줄게."

◉단계 ❶번에서 아이가 **도움이 필요할 경우**

부모가 인형을 향해 손을 흔들며 '안녕' 인사하는 것을 보여준 다음, 그럼에도 움직임을 어려워할 경우 직접 아이 손을 잡아 인형에게 흔들며 '안녕' 하고 말해준다.

❷ ◉단계 ❷번에서 아이가 **적절히 반응할 경우**

인형이 즉각적으로 아이 반응을 수긍하고 칭찬해준다.

예 "그래, 안녕! 안녕 했어? 안녕안녕."

◉단계 ❷번에서 아이가 **도움이 필요할 경우**

아이와 눈을 맞춘 상태에서 입 모양을 크게 강조하여 보여주며 '안녕' 하고 말해준다. 그래도 반응을 이끌수 없다면 손으로 아이 입술을 벌려주며 '아~' 소리를 낼 수 있게 도와준다.

응용 손을 흔들어 인사하는 것이 빈번하고 자연스러워졌다면 고개를 숙여 인사하는 제스처도 함께 시도한다.

**주의
하세요**

　　제스처와 말소리가 함께 표현되면 좋겠지만, 처음에는 그렇지 못한 경우가 많으니 '안녕' 제스처 만이라도 충분히 산출되도록 돕습니다.

**말/언어
촉진포인트**

• 부모가 실감나게 인형 역할을 맡아 '안녕' 해주기.
• 아이의 작은 움직임에도 크게 창찬해주기.
• '안녕' 하는 말소리를 들려줄 때 입 모양 보여주기.

운동력, 모방력 쑥쑥

날 따라 해봐요!

 행동을 보여주며 구어 지시를 내려 동작을 따라 해보도록 이끄는 놀이입니다.

 언어이해, 모방력, 기억력이 발달하면서 간단한 지시를 이해하고 그에 맞는 제스처를 취할 수 있는 시기입니다. 부모를 보고 동작을 따라 하며 공동주의집중력, 모방력, 언어이해력, 대·소근육 조절력 등을 발달시킬 수 있습니다.

 동작을 함께 따라 할 인형.

 평소에 아이 행동을 부모가 따라 해주며 아이가 볼 수 있도록 격려합니다.

어떻게 **놀이**하나요?

A Attention – 주의집중하기

부모   (아이 주변에서 아이가 좋아하는 인형을 가지고 노래를 부르며 동작 따라 하기를 시도한다)
       곰돌아~ 엄마랑 재미있는 거 하자. '날 따라 해봐요' 놀이야. (노래를 부르며) 날 따라
       해봐요 이렇게. (동작을 하며) 손 들어! (곰 인형의 두 팔을 잡아 올려준다) 오 그래! 잘했
       어. 이번엔 날 따라 해봐요 이렇게. (동작을 하며) 폴짝 뛰어! (곰 인형을 들어 뛰는 시늉
       을 해준다) 잘했어!

아이   (인형의 모습을 보고 다가오거나, 자기 자리에서 인형과 같은 동작을 따라 한다)

M Making a response – 반응 형성하기

★ 부모가 곰 인형 역할을 맡는다.

부모   주하도 하고 싶어? 그럼 엄마랑 곰돌이랑 같이하자. 따라 하는 거야. (노래를 부르며)
       날 따라 해봐요 이렇게. (동작을 하며) 박수 쳐!

아이   (가만히 있는다)

곰   (부모가 곰 인형 역할을 해주며 박수치는 모습을 보여준다) 주하야, 이렇게 하면 돼. 박
       수 쳐.

아이   (곰 인형을 보고 박수 친다)

곰   맞아맞아. 주하 박수 친다. 잘했어! 나랑 짠 하자. (곰 인형의 손을 아이 방향으로 내밀어
       준다)

부모   (아이의 손을 잡아 곰돌이 손과 마주치게 도와주며) 짠!

★ 위와 같이 아이가 부모나 인형을 보고 함께 따라 하도록 다양한 동작 지시를 내려준다.
    ⑩ 손 들어, 손 내려, 눈 감아, 일어나, 앉아, 박수 쳐, 발 굴러, 경례, 빠빠이, 아 이뻐, 치카치
       카, 곤지곤지, 잼잼, 만세, 점프 등.

Opportunity – 기회 주기

위 활동을 통해 아이에게 다음과 같은 반응이 나타나도록 기회를 만들어준다.

❶ 부모나 인형의 행동을 따라 하도록 기회를 만들어준다.

(방법) 아이가 보는 앞에서 구어 지시와 함께 동작을 보여준다.

❷ 상대와 '짠' 하고 손을 맞추는 상호제스처를 하도록 기회를 만들어준다.

(방법) 동작 수행 후 칭찬하며 아이에게 손바닥을 내밀어 '짠' 마주친다.

R **Responsive Action – 반응해주기**

❶ **O단계 ❶번에서 아이가 적절히 반응할 경우**

크게 칭찬해주며 아이 행동을 다시 말로 표현해준다.
예 "우아, 주하 정말 잘 따라 하네! 주하가 치카치카 했어?"
→ (부모도 행동을 다시 보여주며) "치카치카~."

O단계 ❶번에서 아이가 도움이 필요할 경우

아이 신체를 직접 움직여 목표 행동을 하도록 도와준다.
예 아이의 두 손을 잡고 "아 이뻐~"라고 말하며 부모의 얼굴을 쓰다듬도록 해준다.

❷ **O단계 ❷번에서 아이가 적절히 반응할 경우**

쓰다듬으며 칭찬해주고 해당 행동을 다시 한 번 시도한다.
예 "그래그래. 잘 따라 했지? 짠짠짠."

O단계 ❷번에서 아이가 도움이 필요할 경우

아이 손을 직접 잡고 부모나 인형 손에 마주치며 "짠" 외친다.

 아이가 행동모방을 잘하는 경우, 구어 지시만 들려주고 아이가 해당 행동을 할 수 있게 응용해본다.

주의 하세요

　놀이 시에만 하는 것이 아니라, 아이가 일상생활에서도 해당 제스처를 상황에 맞게 많이 쓸 수 있도록 격려합니다.

말/언어 촉진포인트

• 과장된 동작으로 모방 유도하기.
• 동작과 함께 짧고 간단하게 동작 지시 들려주기.
• 아이의 작은 반응에도 크게 칭찬해주기.

단어를 이해하고
표현을 연습해요

12~18개월

이 시기의 아이는 상대방과 소통하기 위해 제스처, 구어, 말소리 등
다양한 방법을 시도하고 연습합니다.
점차 상징 개념을 익히고 소통 의도가 발전하면서 몸짓을 이용한 표현이 늘어나고,
표현하는 단어들도 많아집니다. 이 시기에는 동작 지시를 많이 들려주고 시행하도록,
주변 사물들의 이름을 들려주고 따라 하도록 기회를 주는 것이 중요합니다.

주의집중력이 발달되는

🔈 얼굴 스티커 놀이

어떤 놀이인가요?

부모나 인형 얼굴에 스티커를 붙여놓고 아이가 떼어보게 하는 놀이입니다. 여러 신체 부위로 확장하여 진행할 수 있습니다.

어떤 부분을 발달시키나요?

부모나 인형 얼굴에 붙은 스티커를 떼며, 익숙하지 않은 자극을 인지하고 제거하며 변별기술을 배울 수 있습니다. 또한 미세하게 손가락을 움직이며 소근육 운동능력과 시각·운동 협응력을 발달시킬 수 있습니다. 더불어 기초적인 신체 부위를 인식하고 관련 어휘를 익히며 주의집중력을 발달시키는 데 도움을 줍니다.

무엇이 필요한가요?

스티커(친숙한 사물, 동물, 음식 등), 인형, 거울.

미리 생각해요

평소에 잡기 쉬운 입체 자석으로 붙이고 떼기 놀이를 해보면 좋습니다.

A Attention - 주의집중하기

부모	(스티커를 아이 눈앞에 보여주며) 주하야, 이게 뭐지? 스티커네. (아빠 눈에 스티커를 붙이며) 엥? 아빠 눈 없네?
아이	(아빠 눈에 붙은 스티커를 보며 주의를 집중시킨다. 별 반응이 없다면 스티커를 아이 몸에 살짝 붙였다 떼어본다)

M Modeling - 시연하기

부모	아빠 눈이 어디 갔지?
아이	아빠. (아빠 눈에 있는 스티커를 잡으려 한다)
부모	그래, 아빠 눈 없지? 주하가 떼어봐. (아이 쪽으로 얼굴을 기울여준다)
아이	(스티커를 잘 떼지 못한다)
부모	(스티커 끝을 살짝 떼 아이가 떼기 쉽게 도와준다)
아이	(아빠 눈의 스티커를 뗀다) 아빠.
부모	우아! 주하가 스티커 떼었어? 잘했어. 아빠 눈 찾았네! 아빠랑 짠! (하이파이브를 시도한다) 이번에는 토끼 인형 모모 코 없어진대. (토끼 인형 코에 스티커를 붙여놓고) 모모 코 없다. 코에 딸기가 붙었네. (아빠가 스티커 떼는 모습을 보이며) 딸기 떼어. 코 나왔네. 코 있다! 주하도 떼어봐.

★ 위와 같이 얼굴에 붙은 스티커를 떼도록 해보고 거울을 보면서도 진행한다.

　📖 (아빠 얼굴에 스티커를 붙여놓고 함께 거울을 보며) "이번엔 아빠 눈 없네. 눈에 딸기 붙었네." → (아빠가 눈에 있는 스티커를 떼며) "딸기 떼어. 눈 있다!"

O Opportunity - 기회 주기

위 활동을 통해 아이에게 다음과 같은 반응이 나타나도록 기회를 만들어준다.

❶ 얼굴에 붙은 스티커를 떼보는 기회를 만들어준다.

> **방법** 눈에 잘 띄는 스티커를 부모나 인형의 얼굴에 붙이고 아이를 보며 손가락으로 가리킨다.

❷ 눈, 코, 입, 귀 등 기초적인 신체 부위를 찾도록 기회를 만들어준다.

> **방법** 얼굴 여러 부위에 스티커를 붙이고 "OO 어디 있지?" 하며 해당 신체 부위를 찾도록 유도한다.
>
> > **예** "눈 어디 있지? 눈 없네?"

❸ 부모와 손을 맞춰 하이파이브하도록 기회를 만들어준다.

> **방법** 아이가 스티커를 떼면 크게 칭찬해주며 부모 손바닥을 아이에게 내밀어 마주치게 도와준다.

ℝ Responsive Action – 반응해주기

❶ **○단계 ❶번에서 아이가 적절히 반응할 경우**

적극적으로 칭찬해주며 해당 신체 부위를 말해준다.
> **예** "우아! 주하가 잘 떼었네. 눈 나왔네? 눈!"

○단계 ❶번에서 아이가 도움이 필요할 경우

부모가 아이 손을 잡아 얼굴에 붙은 스티커를 만지게 하고, 함께 떼며 칭찬해준다.
> **예** "여기 스티커가 붙어있었네. 주하가 떼었어. 잘했어!"

❷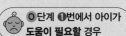

아이 행동을 말로 설명해주고 칭찬한다.
> **예** "그래! 여기가 코지? 주하 코도 여기 있고. 잘했어!"

○단계 ❷번에서 아이가 도움이 필요할 경우

지시와 다른 부위를 찾았다면 시도를 칭찬해주고, 손가락으로 해당 부위를 가리켜 아이가 정확한 부위를 찾을 수 있도록 돕는다. 아이가 무반응하다면 아이의 신체 부위에 스티커를 붙이고 떼며 이름을 말해준다.
> **예** "여기가 눈이지? 주하 눈 없다. 눈 짠 나타났네."

❸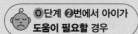

잘했다고 칭찬해주며 하이파이브를 한 번 더 반복한다.

○단계 ❸번에서 아이가 도움이 필요할 경우

부모가 직접 아이 손을 잡아 부모 손에 마주치며 '짠' 하고 말해준다.

응용

떼는 행동을 잘하거나 붙이기에도 관심이 있다면 지시에 따라 떼고 붙이기로 연결할 수 있다. 📖 "눈에 붙여. 입 떼어."
이후 눈, 코, 입 모양의 스티커로 얼굴 만들기 활동도 할 수 있다.

주의
하세요

너무 끈끈한 스티커는 아이 피부를 상하게 할 수 있으니 접착력이 약한 스티커로 합니다. 초반에는 아이가 작은 스티커를 떼는 데 어려움이 있으므로 두껍고 큰 엠보싱 스티커를 이용하면 좋습니다.

말/언어
촉진포인트

• 아이가 스티커를 떼려고 부모 얼굴을 볼 때 눈 맞추기.
• '떼어', '붙여', '있다', '없다' 등의 동작어 및 상태어, 신체 부위 이름 알려주기.
• 아이가 스티커를 잘 떼면 적극적으로 칭찬해주며 상호제스처 사용하기.
• 한 사람은 붙이고 한 사람은 떼며 신체적 상호작용하기.

기억하고 제스처로 연결하는

어디 있게?

어떤 놀이인가요?

아이가 좋아하는 핑거 간식을 부모의 두 손 중 한 손에 감추고 두 주먹을 아이에게 내밀어 스낵이 어디 있는지 찾게 하는 놀이입니다.

어떤 부분을 발달시키나요?

원하는 것을 얻기 위해 부모의 손놀림에 집중하고, 본 것을 기억해 '여기' 하고 포인팅하며 상호작용, 시각기억, 언어표현 및 이해, 제스처 표현 등의 발달을 도울 수 있습니다. 또한 사물의 영속성에 대한 이해를 완성시킵니다.

무엇이 필요한가요?

핑거스낵, 아이가 좋아하는 작은 물건.

미리 생각해요

간식 먹는 시간에 자연스럽게 해보면 좋습니다.

어떻게 **놀이**하나요?

A Attention – 주의집중하기

★ 간식 시간에 아이가 좋아하는 떡뻥 과자를 잠깐 보여주고 감춘다.

부모 주하야, 뭐게? 냠냠하는 건데?

아이 (엄마를 슬쩍 쳐다본다)

부모 (스낵을 보여주며) 짠! 까까네. 주하가 좋아하는 까까.

아이 (먹으려고 다가온다)

부모 까까가 뿅 없어지니까 어디 있는지 찾아봐.

M Modeling – 시연하기

부모 (아이가 집중하는 상황에서 까까를 이 손 저 손 옮겨 숨기며) 까까가 어디로 갈까? 어디
     어디? (까까를 한 손에 숨기고 주먹을 쥔 두 손을 아이에게 내밀며) 까까 어디 있게?

아이 (엄마의 두 손을 다 펴려 한다)

부모 (엄마가 과자를 쥐지 않은 손으로, 손가락 포인팅하는 것을 보여주며) 손가락 만들어서 뿅
     눌러봐.

아이 (여전히 손바닥으로 엄마 손을 펴려 한다)

부모 (과자를 쥐지 않은 손으로 아이 손을 오므려 잡고 검지손가락을 펴주어 엄마 손을 포인팅할
     수 있게 해주며) 여기.

부모 (까까가 든 주먹을 펴며) 짠! 주하가 손가락으로 쿡 눌렀더니 까까가 뿅 나왔네? 까까
     있다! 까까 먹어.

★ 아이가 맞추든 못 맞추든 상관없다. 아이가 스낵이 없는 쪽을 골랐다면 "까까 없네?
  다시 골라봐"라고 이야기하며 다시 기회를 준다.

O Opportunity – 기회 주기

위 활동을 통해 아이에게 다음과 같은 반응이 나타나도록 기회를 만들어준다.

❶ 검지로 포인팅하여 '고르기'를 하도록 기회를 만들어준다.

(방법) 과자를 한 손에 숨긴 뒤, 두 주먹을 아이에게 제시한다.

❷ 포인팅하며 고를 때 "여기!"라고 말하도록 기회를 만들어준다.

(방법) 두 주먹을 아이에게 제시한 상태에서 한 손씩 아이 앞으로 내밀며 "여기? 아니면, 여기?" 하고 물어본다.

❸ 고른 쪽에 과자가 없을 땐 "없다!", 있을 땐 "찾았다!", "있다!"라고 말하도록 기회를 만들어준다.

(방법) 아이가 한 손을 선택하면 손을 펴며 "어?" 등의 감탄사를 들려주고 그다음 말 표현을 이끌어낸다.

R Responsive Action – 반응해주기

❶ **O단계 ❶번에서 아이가 적절히 반응할 경우**

아이 행동을 말로 표현해주고 칭찬하며 바로 스낵을 건넨다.

O단계 ❶번에서 아이가 도움이 필요할 경우

부모가 과자를 숨기지 않은 손으로 포인팅하는 모습을 보여주어 따라 할 수 있게 해보고, 그럼에도 어려워할 경우에는 아이 손을 잡아 직접 포인팅의 형태로 만들어준다.

❷ **O단계 ❷번에서 아이가 적절히 반응할 경우**

아이를 칭찬하며 아이가 한 말에 의미를 더하여 들려준다.

예 "여기 찾았어? 잘했어! 그래, 여기 있어. 찾았다!"

O단계 ❷번에서 아이가 도움이 필요할 경우

아이에게 입 모양을 과장하여 보여주며 '여기'라는 말을 들려준다. 그럼에도 어려움이 있다면 뒷소리 '기'라는 음성만이라도 표현하도록 도와준다.

❸ **O단계 ❸번에서 아이가 적절히 반응할 경우**

아이 반응에 수긍하고 아이가 한 말에 의미를 더하여 들려준다.

예 "'없다' 했어? 그래, 없다. 까까 없다. 어디 있지? 볼러보자."

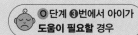

◎ 단계 ❸번에서 아이가 **도움이 필요할 경우**	상황에 맞는 표현을 들려주며 제스처를 취한다. 예 손을 흔들며 '없다', '없네'를 들려준다.

응용

- 처음에는 두 손을 이용하여 2개의 선택권을 제공하다가, 아이가 익숙해지고 잘하면 컵 등을 이용하여 3개 이상으로 진행할 수 있다.
- '여기'와 같은 대용어가 잘 나오는 아이라면 '손에', '손 안에' 등으로 의미를 확대하여 시행할 수 있다.

주의 하세요

- 숨기는 대상은 아이가 좋아하고 관심 있는 대상으로 합니다.
- 이 놀이의 목표는 대상을 '정확하게 찾는 것'이 아니라, 제스처나 구어 표현을 이끌어내는 것입니다. 찾기 성공 여부와 상관없이 적극적으로 긍정적 강화를 해줍니다.

말/언어 촉진포인트

- 포인팅 제스처를 많이 보여주고 손 모양 만들어주기.
- '여기', '있다', '없다' 등의 구어 표현을 사용하도록 도와주기.
- 2개의 선택지 중 하나를 고르도록 도와주기.

언어발달 이야기

검지를 펴서 가리키는 제스처 '포인팅'은 언어로 충분한 의사표현이 되지 않는 어린 시기에 나타나는 의미 있는 의사소통 행동입니다. 가르치지 않아도 자연스럽게 나타나는 행동으로 여럿 중 하나를 선택할 때는 물론 본인이 원하는 것, 궁금한 것, 알고 있는 것을 표현하는 등 포인팅을 통해 다양한 의사소통 의도를 표현합니다. 표현 어휘가 급격히 늘어나는 시기에는 포인팅을 줄이고 해당 어휘를 알려주는 것이 좋으나, 언어표현이 전혀 나오지 않거나, 50단어 이하로 나타나는 경우라면 포인팅을 활용해 적극적으로 의사표현을 할 수 있도록 돕는 것이 좋습니다.

다양한 동사표현 배우는

과일 짝꿍 놀이

어떤 놀이인가요?

과일 자르기 장난감을 이용해 두 쪽으로 분리되는 과일을 떼고, 붙이고, 자르고, 넣고, 먹는 등의 활동을 해보는 놀이입니다.

어떤 부분을 발달시키나요?

두 물건을 결합하는 놀이의 시기와 단어조합의 시기가 맞물린다는 점은 이 시기의 아이에게 인지와 언어 확장이 동시에 일어남을 보여줍니다. 친숙한 과일 모형의 장난감을 떼고 자르고 붙이며 사물의 변형을 경험하는 동시에 다양한 과일 어휘를 배우고 소근육 발달을 도울 수 있습니다.

무엇이 필요한가요?

과일 자르기 장난감, 장난감 칼, 아이가 좋아하는 인형.

미리 생각해요

과일 자르기 장난감은 두 짝이 세트로 구성되어 붙이고 뗄 수 있으므로 미리 짝을 잘 맞추어 붙여놓습니다.

어떻게 **놀이**하나요?

A Attention - 주의집중하기

부모	(과일 장난감이 들어있는 통을 흔들며) 주하야, 아빠 배고파. 우리 수박, 사과, 딸기 냠냠 할까?
아이	(크게 반응하지 않는다)
부모	(통을 엎어 과일 모형을 와르르 쏟는다) 우아~ 주하야 이거 봐. 아빠 냠냠 해야지.
아이	(쏟아진 모형들을 보고 다가온다)

M Modeling - 시연하기

부모	(과일을 하나하나 잡아 보여주며) 여기 수박, 포도, 딸기, 바나나, 사과… 우아 많다. (두 손에 각기 사과와 딸기를 들고) 주하 어떤 거 줄까? (각 과일을 가까이 보여주며) 이거? 이거?
아이	(손으로 사과를 잡으려 한다)
부모	(아이의 손을 오므리고 검지를 펴 포인팅하도록 만들어주며) 이거?
아이	(부모가 손을 잡아준 상태로 사과를 가리킨다) 이거.
부모	그래. 짠, 사과! 이거 사과. (사과를 아이에게 준다)
부모	주하야, 사과 잘라. 아빠 봐봐~ 아빠 사과 자른다. 칼로 싹둑! 딸기 잘라~ 싹둑!
아이	(칼로 자르지 않고 손으로 사과를 뗀다)
부모	잘했어! 주하는 떼어떼어.
부모	이번에는 아빠가 도와줄 테니 잘라잘라 해봐.
아이	(아이에게 칼을 쥐어주고 아빠가 도와주며 함께 자른다)
부모	잘라! 사과 잘라! 사과 잘랐으니까 주하랑 아빠랑 냠냠하자. (사과를 먹는 시늉을 한다) 사과 냠냠~

★ 여러 과일 모형을 손으로 떼거나 칼로 잘라 먹는 시늉을 한 뒤, 정리할 때는 다시 붙여 통에 넣는다.

부모	와~ 다 잘라잘라 했다! (붙이는 행동을 하며) 이제 붙여. (넣는 행동을 하며) 쏙 넣어. (손 흔드는 행동을 하며) 과일 빠빠.

Opportunity – 기회 주기

위 활동을 통해 아이에게 다음과 같은 반응이 나타나도록 기회를 만들어준다.

❶ 제시된 과일 모형을 떼고, 자르고, 붙이도록 기회를 만들어준다.

(방법) 부모가 먼저 행동을 보여주고 붙어 있거나 떨어져 있는 과일 모형을 아이에게 제시한다.

❷ 해당 과일의 어휘나 '잘라', '떼(떼어)', '붙여', '넣어', '냠냠' 등의 동사 어휘를 따라 하도록 기회를 만들어준다.

(방법) 아이가 관심을 보이거나 손으로 잡는 과일의 어휘를 말해주고, 동사 어휘를 표현해주며 동작을 시행한다.

❸ 해당 과일을 먹는 척하거나 부모나 인형에게 먹여줄 수 있도록 기회를 만들어준다.

(방법) "아빠 아~ 냠냠 할래. 아~" 하며 아이 앞에서 입을 벌린다.

R **Responsive Action – 반응해주기**

❶ 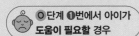 O단계 ❶번에서 아이가 적절히 반응할 경우

아이의 시도를 칭찬해주며 행동을 말로 표현해준다.
예 "우아~ 주하가 떼었어? 잘했다. 떼어떼어~."

O단계 ❶번에서 아이가 도움이 필요할 경우

부모가 행동을 더 많이 보여주고, 그럼에도 시행에 어려움이 있을 경우, 아이의 손을 직접 잡아주어 과일을 떼고 붙여본다.

❷ 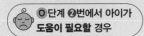 O단계 ❷번에서 아이가 적절히 반응할 경우

아이의 표현에 크게 칭찬해준 후 아이의 말을 따라하고 해당 행동을 따라 한다.

O단계 ❷번에서 아이가 도움이 필요할 경우

전체 단어보다는 앞이나 끝의 1음절이나 의성어·의태어 중심으로 따라 할 수 있도록 한다.
예 "떼떼떼떼어? 떼떼떼?"

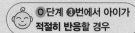

❸ **O단계 ❸번에서 아이가 적절히 반응할 경우** 고맙다고 말하며 맛있게 먹는 시늉을 하고 부모가 하고 있는 행동을 말해준다.

예 "냠냠냠. 정말 맛있다! 고마워, 주하야. 아빠 사과 먹어."

O단계 ❸번에서 아이가 도움이 필요할 경우 아이 손에 과일을 쥐어주고 손을 잡아 부모나 인형에게 먹여주는 듯한 시늉을 도와준다.

응용 아이가 떼고 붙이는 단순한 놀이에 익숙해졌다면, 좋아하는 인형을 활용해 대화하며 진행해보는 것도 좋다. 인형에게 좋아하는 과일을 물어보거나, 인형이 물어보는 질문에 대답할 수도 있다. 나아가 과일을 자르고 접시에 담은 뒤 인형에게 먹여주는 놀이로 확장할 수도 있다.

주의 하세요

• 아직 구어 표현이 미숙하여 자발적이거나 모방하여 말하는 단어가 많지 않은 경우, 너무 많은 단어를 정확하게 표현하게 하는 것은 아이에게 부담이 될 수 있습니다. 아이가 많이 써본 2~5개의 친숙한 단어를 선정하여 입 모양을 보여주며 천천히 따라 하게 합니다.

말/언어 촉진포인트

• 아이에게 간단한 동작 지시 하기('붙여', '떼', '잘라', '넣어' 등).
• 적절한 동작어를 들려주며 행동으로 많이 보여주기.
• 간단한 상징놀이 시도하기(먹여주기 등).
• 의성어·의태어 충분히 사용하기.
• 포인팅하며 원하는 것 고르게 하기.

만져보며 생각하는 기능놀이

📣 뭐지?

어떤 놀이인가요?

속이 보이지 않는 상자 안에 여러 가지 물건을 넣은 뒤, 아이와 함께 손을 넣어 만져보고 탐색하여 어떤 물건인지 유추한 다음 꺼내서 확인하는 놀이입니다.

어떤 부분을 발달시키나요?

상자 속의 다양한 사물을 만져보고 유추하며 확인하는 과정을 통해 아이는 기존에 가진 정보와 새로운 정보를 통합하면서 인지기능을 발달시킵니다. 더불어 모르는 것을 상대에게 질문하고 답을 얻어내며 언어이해 및 표현능력을 발달시키고, 사물을 활용한 기능놀이를 확장시키는 데에도 도움을 줍니다.

무엇이 필요한가요?

다 쓴 각티슈 상자, 여러 가지 사물(숟가락, 칫솔, 인형, 안경, 머리띠, 빗, 공, 종 등)

미리 생각해요

아이가 경험해본 친숙한 사물들을 준비합니다.

어떻게 **놀이**하나요?

A Attention – 주의집중하기

부모   주하야, 여기 봐봐. 뭐야? (하나씩 보여주며) 숟가락도 있고 인형도 있고 빗도 있고 공도 있네. 이제 친구들 다 빠빠이 한대. 봐봐. (각티슈 상자에 사물들을 넣으며 손을 흔들어준다) 숟가락 빠빠이, 공 빠빠이, 안경 빠빠이.

아이   (크게 반응하지 않는다)

부모   (상자를 흔들어 소리를 들려준다) 주하야! 이게 무슨 소리야? 상자에서 소리 나네?

아이   (상자에 관심을 보인다)

M Modeling – 시연하기

부모   주하야, 손 넣어볼까? 뭐가 나올까? 엄마가 한 번 넣어볼게. 음… 이게 뭐지? 보들보들~ 말랑말랑~ 뭘까? (엄마가 손으로 오라는 제스처를 해주며) 주하가 '나와' 해봐. 그럼 뿅 나온대.

> ● 아이가 제스처를 모방하지 못할 경우 아이 손을 잡아 흔들며 도와준다.

아이   (손을 흔든다)*

부모   (인형을 꺼내며) 짠! 주하 토끼 인형 모모가 나왔네! 주하가 '나와' 했더니 뿅 나왔네! 보들보들~ 말랑말랑~ '아 이뻐' 해주자.

아이   아 이뻐. (인형을 쓰다듬는다)

부모   이번엔 주하가 꺼내보자. (상자 속에 아이 손을 넣어준다. 아이가 손으로 만지는 것을 부모도 만져 무엇인지 파악한 다음 아이에게 간단히 설명해준다) 이건 동그랗고 폭신하네? '던져' 하는 건가? 뭐지? 이게 뭐지? 너 누구니? 나와. (아이가 다른 손으로 '나와' 제스처를 할 수 있게 엄마가 도와준다)

아이   (엄마와 함께 공을 꺼낸다)

부모   짠! 공! 동글동글 폭신폭신 공이었네. 공 잡아, 주하야. 여기 공 잡아.

★ 위와 같이 손을 넣어 물건을 만지고(촉각), 꺼내서 눈으로 확인하며(시각), 언어적 자극(청각)을 주도록 한다. 꺼낸 사물은 기능대로 사용하며 놀이한다.

　⒜ 공은 던지고, 빗으로는 머리를 빗는 등.

위 활동을 통해 아이에게 다음과 같은 반응이 나타나도록 기회를 만들어준다.

❶ '똑똑', '나와', '와' 등의 부르는 말 및 제스처를 표현하도록 기회를 만들어준다.
  (방법) 상자에 여러 물건을 넣고 제스처 및 적절한 말을 들려준다.

❷ 상자에 손을 넣어 물건을 만지도록 기회를 만들어준다.
  (방법) 부모가 먼저 상자에 손을 넣어 사물을 만지는 소리를 들려준다.

❸ 상자 속 물건을 만지며 관련 표현을 하도록 기회를 만들어준다.
  (방법) 아이가 상자 속 물건을 만지면 "어때?"라고 묻고 그에 적절한 답도 말해준다.

❹ 해당 사물을 용도에 맞게 사용하도록 기회를 만들어준다.
  (방법) 상자에서 사물을 꺼내면서 "이거 어떻게 하지?" 하고 아이의 반응을 기다린다.

R Responsive Action - 반응해주기

❶	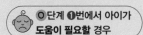 O단계 ❶번에서 아이가 적절히 반응할 경우	즉각적으로 물건을 꺼내주고 아이의 시도를 충분히 칭찬해준다.
	O단계 ❶번에서 아이가 도움이 필요할 경우	아이의 손을 잡고 상자를 두드리거나 흔들며 해당 단어를 표현해준 뒤 바로 물건을 꺼내준다.
❷	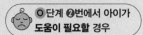 O단계 ❷번에서 아이가 적절히 반응할 경우	아이의 시도에 대해 충분히 칭찬해주고 "어때?", "뭐야?" 등 아이가 느끼는 바를 표현하게 질문한다.
	O단계 ❷번에서 아이가 도움이 필요할 경우	아이의 손을 잡고 함께 상자에 손을 넣어 물건을 만져본다.
❸	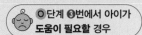 O단계 ❸번에서 아이가 적절히 반응할 경우	정답의 여부와 상관없이 아이의 시도에 크게 칭찬해주고 적절한 표현을 다시 한 번 들려준다.
	O단계 ❸번에서 아이가 도움이 필요할 경우	부모가 해당 표현을 충분히 들려주고 아이가 따라 하지 못한다면 첫 음절이나 끝 음절만이라도 따라 하도록 반복해서 들려준다.

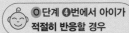
❶단계 ❹번에서 아이가 적절히 반응할 경우 아이의 시도를 충분히 칭찬해준 후 함께 사물을 적절히 사용해본다.

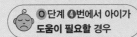
❶단계 ❹번에서 아이가 도움이 필요할 경우 사물을 사용하는 방법을 충분히 보여주고, 아이 손을 잡고 실제로 사용하게 도와준다.

응용
위 놀이에 익숙해졌다면 상자를 여러 개 준비해 각각 물건을 넣은 다음 "OO가 어디 있지?"라고 물어보고 찾는 놀이로 확장할 수 있다.

주의 하세요
아이가 상자에서 사물을 꺼냈을 때 해당 단어를 표현하지 못하더라도 무리하게 표현을 요구하지 않습니다. 단어를 충분히 들려주고 행동과 연결시켜 의미적으로 이해하도록 도와줍니다.

말/언어 촉진포인트
• "뭐지?", "뭐야?" 등의 표현 이해할 수 있게 도와주기.
• 적절한 단어표현과 함께 제스처 많이 보여주기.
• 사물의 이름, 질감, 느낌 등의 어휘 들려주기.
• 함께 도구를 사용하며 상징놀이로 연결하기.

언어발달 이야기
자신이 모르는 것을 알아내기 위해 "뭐야?"라고 질문하는 것은 생각보다 많은 인지적 과정을 거칩니다. 1차적으로 묻는 대상에 관심이 있어야 하고, 자신이 그 대상을 모른다는 사실을 인지해야 하며, 상대방이 나에게 관련 정보를 줄 수 있다는 전제가 있어야 비로소 질문할 수 있습니다. 질문이 많은 아이는 세상에 대한 지식도 빠르고 풍부하게 흡수합니다. 아이가 잘 모르는 것이 있다면 "뭐야?" 하고 질문을 던진 뒤 대답도 함께 해주어 질문의 의미를 알아나가도록 도와줍니다.

초기 상징놀이

냠냠해

 **어떤 놀이**인가요?

아이가 좋아하는 인형이나 장난감에게 실제 음식 혹은 장난감 음식을 먹여주는 상징놀이입니다.

 **어떤 부분을 발달**시키나요?

초기 상징놀이가 일어나는 시기입니다. 아이가 상징놀이를 통해 간접적으로 상황을 체험하여 아이의 세계관을 확장시키고, 언어이해 및 표현, 상호작용 능력을 발달시킬 수 있습니다.

 **무엇이 필요**한가요?

애착인형 및 장난감, 아이가 좋아하는 과자, 음식 장난감.

 미리 생각해요

인형이나 장난감으로 진행하기 전에 아이가 평소 부모에게 다양한 동작을 시도하도록 도와줍니다.

📣 먹여주기, 머리 빗겨주기, 닦아주기 등.

어떻게 **놀이**하나요?

A Attention – 주의집중하기

부모   (투명한 통에 든 과자를 흔들어주며) 주하야~ 여기 까까! 까까 있네. 까까 나눠 먹자.

아이   (과자를 보고 다가온다)

M Modeling – 시연하기

★ 부모가 토끼 인형 역할을 맡는다.

부모   주하 까까 냠냠해? 까까 냠냠하러 왔어?

아이   응!

부모   (두 손을 모아 내미는 '주세요' 제스처를 보여주며) 줘?

아이   줘.

부모   (아이에게 과자 통을 건넨다)

아이   (과자 통을 흔든다. 스스로 꺼내지 못하므로 과자 통을 열어달라는 의미로 '똑똑' 두드린다)

부모   똑똑?

아이   (과자 통을 두드리며) 떠떠(똑똑).

부모   똑똑했어? 잘했어! (통 뚜껑을 열어 과자를 여러 개 접시에 담아준다)

부모   (과자를 건네며) 냠냠?

아이   냠냠. (과자를 먹는다)

부모   주하야, 아빠도 냠냠할래. 아빠 입에도 쏙 넣어줘. (입을 벌리며) 아~.

아이   (혼자 먹는다)

부모   (과자를 든 아이 손을 잡아 아빠 입에 넣어주며) 아빠도 냠냠. (아이를 쓰다듬으며) 주하야 고마워. 주하가 줘서 정말 맛있다. 우리 주하 친구들한테도 나눠줄까? 같이 먹자. 여기 친구들 있네. 누구 줄까? 토끼?

아이   토끼.

부모   (과자를 인형 입 주변에 대주며) 토끼 냠냠~.

토끼   고마워요, 아빠! 까까 맛있어요.

부모	그래그래. 같이 먹어서 까까 맛있다! (인형들에게 과자 먹이는 시늉을 하며) 멍멍이도 냠냠, 야옹이도 냠냠, 이번에는 주하가 줘. (과자를 아이 손에 쥐어준다)
아이	(토끼 입 주변에 과자를 댄다)
부모	주하가 '냠냠' 해줘.
아이	냠냠.
토끼	(과자를 맛있게 먹는 시늉을 하며) 우아! 주하야 고마워. 정말정말 맛있다! 안아줄게. (인형이 아이를 안아주는 시늉을 한다)
부모	주하 토끼한테 까까 줬어? 잘했네. 멍멍이랑 꼬꼬한테도 나눠 줘.

★ 위와 같이 사람이나 인형에게 차례로 나눠 주는 상징행동을 반복한다.

Ⓞ Opportunity – 기회 주기

위 활동을 통해 아이에게 다음과 같은 반응이 나타나도록 기회를 만들어준다.

❶ "줘", "똑똑" 등의 제스처 및 구어 표현을 사용하도록 기회를 만들어준다.

(방법) 뚜껑이 꽉 닫힌 과자 통을 아이에게 주고, 해당 제스처를 보여주거나 구어 표현을 들려준다.

❷ 부모, 인형에게 차례로 과자를 먹여주는 상징행동을 하도록 기회를 만들어준다.

(방법) 인형을 늘어놓고 "먹어"라고 말하며 먹여주는 모습을 보여준다.

Ⓡ Responsive Action – 반응해주기

위 활동을 통해 다음과 같은 반응이 나타나도록 기회를 만들어준다.

❶ (Ⓞ단계 ❶번에서 아이가 적절히 반응할 경우) 요구 행동에 즉각적으로 과자를 꺼내주며 아이의 행동이나 말을 다시 한 번 표현해준다.

(예) (과자를 주며) "응, 주하가 '줘' 했어? 여기."

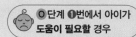

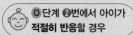 **O단계 ①번에서 아이가 도움이 필요할 경우**	부모가 충분히 말과 행동을 보여준다. 그럼에도 어려워한다면 부모가 아이 행동을 도와준다. 예 부모가 직접 아이 손을 모아 내밀어주며 '주세요' 제스처를 표현하는 동시에 '줘'라고 말해준다. 그리고 바로 과자를 손에 놔준다.
❷ **O단계 ❷번에서 아이가 적절히 반응할 경우**	칭찬해주며 고마움을 표현한다. 예 "주하가 까까 줬어? 고마워. 정말 맛있다!"
O단계 ❷번에서 아이가 도움이 필요할 경우	부모가 먼저 인형들에게 먹여주는 행동을 충분히 보여주고, 아이도 해볼 수 있도록 아이 손을 잡고 함께 인형에게 음식을 먹여준다.

 응용 인형에게 음식 먹여주기가 자연스럽게 된다면, 모형 음식을 사용해본다. 접시에 담아 먹여주기, 숟가락으로 먹여주기 등의 놀이로 확장할 수 있다.

 주의 하세요 아이가 과자를 인형에게 주지 않고 자신이 먹고 싶어 한다면 억지로 뺏지 않도록 합니다. 인형이 아이에게 과자를 먹여주는 것처럼 놀이해보고 가끔씩 아이가 인형에게 나눠줄 수 있도록 기회를 만들어줍니다.

 **말/언어 촉진포인트**
- 짧고 간단한 어휘로 들려주기('주세요 → 줘', '과자 → 까까', '먹어 → 냠냠' 등).
- 인형에게 먹여주는 행동 보여주기.
- 아이 시도를 적극적으로 칭찬해주기.
- "똑똑", "줘" 등의 제스처를 보여주고 표현 들려주기.

소리 내고 굴리고 쌓고 무너뜨리고!

분유통 놀이

어떤 놀이인가요?

분유통을 이용해 소리내고, 굴리고, 쌓고 무너뜨리는 놀이입니다.

어떤 부분을 발달시키나요?

사물의 움직임이나 변화를 보며 즐거워하는 시기입니다. 분유통 놀이는 다양하게 사물을 탐색하고 인과성에 대한 이해를 발전시키면서 성취감을 느끼도록 도와줍니다. 더불어 다양한 동작에 대한 언어이해 및 표현, 소근육 발달에 도움을 줍니다.

무엇이 필요한가요?

다 쓴 분유통.

미리 생각해요

분유통을 깨끗이 닦아 준비합니다.

어떻게 **놀이**하나요?

A **Attention – 주의집중하기**

★ 아이 앞에서 분유통을 두드려 소리를 내거나 분유통을 쌓고 무너뜨리는 활동을 보여 주며 관심을 끈다.

부모	(막대로 분유통을 두드리며) 주하야, 이게 무슨 소리야? 둥둥둥 소리 나네?
아이	(소리를 듣고 엄마 쪽으로 다가온다) 둥둥둥?

M **Modeling – 시연하기**

부모	(분유통을 막대로 두드리며) 주하 분유통이네. 맘마통 둥둥둥~ 주하도 해봐. (막대를 아이에게 건넨다)
아이	(막대로 분유통을 두드리고 소리를 들으며 즐거워한다)
부모	소리 나니까 재밌어?
아이	응.
부모	이제 엄마랑 높이높이 쌓기 해볼까? 엄마 하는 거 봐봐. (분유통을 쌓으며) 올려~ 이렇게 올려~. (분유통을 하나 들고) 이거는 어디에 올릴까? (아이의 반응을 살핀다) 여기? 여기?
아이	여기. (아이가 반응하지 않는다면 엄마가 대신 "여기" 하며 올려준다)
부모	그래. 여기 올려. 주하는 분유통 어디 놓을래? (분유통을 건넨다) 여기? 여기?
아이	(분유통을 놓으며) 여기.
부모	우아~ 높이높이 올라간다.

★ 분유통을 어느 정도 높이 쌓은 후 무너뜨리는 놀이를 한다.

부모	주하야, 이제 와르르 무너뜨리자. 하나 둘 셋 하면 하는 거야. 하나 둘 셋! (함께 손으로 쳐서 무너뜨린다)
아이	와유유[와르르].

부모	우아! 잘했어. 다 무너졌네! 주하가 잘 무너뜨렸다. 이번엔 굴려굴려 해볼까? 엄마는 굴려서 저기 박스에 쏙 넣어볼게. (분유통을 굴려 박스에 넣으며) 굴려굴려!
아이	구여(굴려)!
부모	넣었다! 우아~ 주하야, 엄마 짠! (아이와 손을 마주친다) 주하도 굴려굴려~.

Ⓞ Opportunity - 기회 주기

위 활동을 통해 아이에게 다음과 같은 반응이 나타나도록 기회를 만들어준다.

❶ 분유통을 올리고 굴리고 소리를 내도록 기회를 만들어준다.

(방법) 여러 개의 분유통을 아이 주변에 제시하고 부모가 먼저 활동하는 모습을 보여준다.

❷ 의성어 · 의태어 및 동사를 표현하도록 기회를 만들어준다.

(방법) 분유통을 가지고 활동하며 상황에 적절한 동작어를 들려준다.

(예) 똑똑, 와르르, 쿵, 둥둥, 올려, 굴려, 잡아, 떨어져 등.

❸ '어디' 의문사를 이해하고 '여기'와 같은 대용어를 사용하여 질문에 응답하도록 기회를 만들어준다.

(방법) 분유통을 들고 "어디에 놓을까?" 하고 아이에게 질문한다.

Ⓡ Responsive Action - 반응해주기

❶ 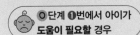 아이의 행동을 말로 표현해주고 칭찬한다.

(예) "분유통 올렸어? 열심히 잘 올렸네! 높이높이 올려?"

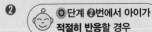 아이 손을 잡고 직접 행동을 도와준다.

(예) (아이의 손을 잡고) "주하가 이렇게 분유통 잡고 올려. 여기여기."

❷ Ⓞ단계 ❷번에서 아이가 적절히 반응할 경우 아이의 말을 다시 한 번 따라 하며 수긍한다.

(예) "응, 와르르 했지? 와르르 무너졌어."

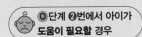 부모가 분유통 활동을 해보이며 반복하여 해당 말소리를 들려주고, 뒤의 한 음절이라도 따라 하도록 돕는다.

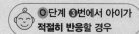

❸
○단계 ❸번에서 아이가
적절히 반응할 경우

아이 반응을 수긍하며 의미적으로 확장된 표현을 들려준다.

예 "여기? 여기에 맘마통 놓을까? 알겠어. 여기 위에 놨어."

○단계 ❸번에서 아이가
도움이 필요할 경우

손가락으로 가리키며 "여기?"라고 되물은 후 아이가 따라 하게 유도해본다. 이때 부분적으로 한음절만 따라 해도 괜찮다. 그럼에도 따라 하는 것이 어렵다면 음성을 내며 손가락으로 가리킨다.

응용 분유통을 쌓고 굴리는 활동 외에 분유통에 물건을 넣고 흔들어 어떤 물건인지 맞추는 놀이로도 응용할 수 있다.

주의
하세요

분유통을 쌓고 무너뜨릴 때 아이 쪽으로 분유통이 무너지지 않도록 주의합니다.

말/언어
촉진포인트

• 간단한 의문사로 질문하고 아이 반응 기다리기.
• 동작하며 해당 동작 어휘 들려주기.
• 의성어·의태어 많이 들려주기.
• 아이 한 번, 부모 한 번 차례를 지켜 활동해보기.

거울신경세포 자극하는

나 멋지지?

어떤 놀이인가요?

거울을 보며 다양한 장신구 및 옷을 착용, 착의해보고 인형과 관련 상징행동을 해보는 놀이입니다.

어떤 **부분을 발달**시키나요?

거울을 보며 자신의 모습과 행동을 직접 관찰하고 인식하게 하는 것은 거울신경세포(mirror neuron)＊를 자극합니다. 그래서 다른 사람을 관찰하고 모방하는 행동을 원활히 할 수 있도록 돕습니다. 이는 상호작용 및 언어발달에 중요한 요소이며 이후 공감능력과 사회성에도 영향을 미칩니다.

> • 거울신경세포(mirror neuron)란 특정한 행동을 관찰하는 것만으로도 해당 행동을 수행하는 것과 같이 활성화되는 세포이다.

무엇이 필요한가요?

아이의 모습이 모두 담길 만한 크기의 벽거울, 인형, 옷, 각종 장신구(모자, 선글라스, 목걸이, 헤어 액세서리, 장갑 등), 미용도구(빗, 드라이 등).

미리 생각해요

상자에 아이가 좋아할 만한 장신구들을 미리 담아 놓습니다.

어떻게 놀이하나요?

A **Attention – 주의집중하기**

부모 (큰 거울 앞에서 선글라스를 쓰며) 주하야, 엄마 봐봐. 엄마 까만 안경 썼네? 아우 깜깜해.

아이 (써보기 위해 다가온다) 엄마.

부모 (아이를 거울 앞에 앉히며) 응, 그래. 엄마 안경 썼지? 주하도 안경 써? 엄마가 씌워줄게. (쓰고 있던 선글라스를 벗어 아이에게 씌워준다) 깜깜하다, 그치? (손가락으로 거울을 가리키며) 거울 봐봐.

아이 (거울을 본다)

M **Modeling – 시연하기**

★ 부모가 토끼인형 역할을 맡는다.

부모 우아, 주하 멋지다! 까만 안경 썼네. 안경. 엄마도 또 써볼게. (상자에 들어있는 다른 선글라스를 쓴다) 주하랑 똑같네! 거울 봐봐. 엄마 주하 똑같아! 아우 깜깜해. 이제 안경 벗어. (안경을 벗는다) 주하도 안경 벗어.

아이 (안경을 벗는다)

토끼 주하야, 나도나도! 나도 안경 쓸래. 안경 써.

부모 주하야, 토끼도 안경 쓰고 싶은가봐. 주하가 '토끼 안경 써' 해줘.

아이 (토끼 인형을 만지지만 안경을 씌워주지 못한다)

부모 (아이 손을 잡고 안경을 들어 토끼 인형 눈에 가져가 씌우며) 이렇게. 토끼야, 안경 써. 우아, 토끼 안경 썼네. 거울도 보여주자. 토끼 거울 봐봐. (토끼 인형을 거울 앞에 놓고 아이, 엄마, 토끼 인형이 거울 프레임에 들어갈 수 있도록 한 뒤, 아이가 거울을 보게 한다) 주하야 토끼 멋지다. 토끼 안경 썼네.

아이 (거울 앞으로 다가간다) 토끼, 토끼.

부모 그래그래. 토끼 안경. 토끼 안경 썼네 어? 여기 상자에 또 뭐가 있지? 어! 예쁜 목걸이도 있네? 엄마가 해봐야지.

★ 위와 같이 안경, 장갑, 모자, 목도리, 목걸이, 팔찌, 양말 등의 장신구를 착용한 뒤 거울을 보고 인형에게도 착용시켜보는 놀이를 진행한다.

Opportunity – 기회 주기

위 활동을 통해 아이에게 다음과 같은 반응이 나타나도록 기회를 만들어준다.

❶ 다양한 장신구를 착용하는 기회를 만들어준다.

방법 아이에게 사물의 이름이나 해당 동작어를 말해주며 다양한 장신구를 착용하는 모습을 보여준다.

❷ 장신구를 착용한 본인의 모습을 거울에 비춰보도록 기회를 만들어준다.

방법 아이를 거울 앞에 세워주며 아이의 모습을 말로 설명해준다.

❸ 인형에게 장신구를 착용해주는 상징행동을 하도록 기회를 만들어준다.

방법 부모가 인형 역할을 맡아 아이에게 행동을 요구한다.

R **Responsive Action – 반응해주기**

❶ **O단계 ❶번에서 아이가 적절히 반응할 경우**

아이의 행동을 말로 표현해주며 칭찬하고, 함께 거울을 본다.

예 "목걸이 했네? 정말 예쁘다! 거울 봐봐 주하야." → (함께 거울을 보며) "엄마도 여기 목걸이 했네. 이건 주하 목걸이, 이건 엄마 목걸이."

O단계 ❶번에서 아이가 도움이 필요할 경우

부모가 직접 아이에게 장신구를 쥐어주고 아이가 착용하려 하는지 확인한다. 시도하지 않는다면 부모가 아이에게 착용시켜주고 거울을 보며 상태를 이야기해준다.

예 "이거 목걸이. 목걸이 해. 엄마 도와줄게. 짠! 이뻐."

❷ **O단계 ❷번에서 아이가 적절히 반응할 경우**

아이 행동을 말로 표현해주고 거울을 보며 '최고', '브이' 등의 제스처를 하도록 도와준다.

예 (엄지를 들어 '최고' 제스처를 보여주고 아이가 엄지를 직접 펴서 제스처를 만들게 도와주며) "주하가 거울 봐. 주하 이뻐? 그럼 이렇게 '최고' 해봐."

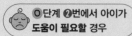

○단계 ②번에서 아이가 도움이 필요할 경우	아이에게 장신구를 착용해준 뒤, 아이를 안고 거울 가까이 다가가 거울을 만져보게 하고, 부모는 다양한 포즈나 표정을 지어준다.

예 "이거 봐. 여기도 주하 있네? 목걸이 했다. 이뻐. 주하 안녕? 한번 만져봐. 여기 엄마도 있네? 엄마는 여기 목걸이 했어."

❸

○단계 ❸번에서 아이가 적절히 반응할 경우	부모가 인형 역할을 맡아 아이 행동을 말로 표현해주고 고마움을 표현한다.

예 "토끼 목걸이 해줬어. 토끼 기분 좋아. 고마워."

○단계 ❸번에서 아이가 도움이 필요할 경우	부모가 인형에 장신구를 착용해주는 모습을 보여주며 아이에게도 장신구를 건네 행동을 유도한다.

예 "토끼야, 목걸이 해줄게. 이뻐. 주하도 토끼 목걸이 해줘."

 응용 다양한 옷을 입고 거울을 보며 포즈를 취하는 활동으로 확장할 수 있다.

 주의 하세요   큰 거울은 고정시키지 않을 경우 아이가 밀 수 있으므로 잘 고정하여 위험한 상황이 생기지 않게 주의합니다.

 말/언어 촉진포인트
- 거울로 아이를 보며 다양한 표정 및 행동 보여주기.
- 장신구를 착용하며 해당 사물의 이름과 동작어 들려주기.
- 장신구 착용 방법을 익히도록 보여주고 실제로 착용시켜주기.
- 인형에게 장신구 착용해주는 모습 보여주기.

호명에 반응하는 놀이

 네!

 어떤
놀이인가요?

여러 인형을 이용하여 이름을 부르고 '네' 하고 대답하도록 이끄는 놀이입니다.

 어떤 **부분을**
발달시키나요?

자신의 이름을 듣고 반응하는 것은 초기 의사소통기능 중 하나입니다. 이를 통해 이후 사회성 발달에 기초가 되는 상호 반응성, 상호작용 능력을 키울 수 있으며, 관계를 시작하고 환경에 반응하는 기초적인 방법을 배울 수 있습니다.

 무엇이
필요한가요?

아이가 좋아하는 인형이나 장난감들.

 미리
생각해요

인형이나 장난감들의 이름을 미리 정해 아이가 인지하게 하면 좋습니다. 장난감들은 미리 곳곳에 숨겨둡니다.

어떻게 **놀이**하나요?

A Attention – 주의집중하기

부모	주하야, 뿌뿌랑 모모랑 토토 어디갔지? 이상하다? 없네?
아이	모모? (주위를 두리번거린다)
부모	우리 한번 불러보자. 그럼 모모가 '네' 하고 대답할 거야. 불러볼까?
아이	응!

M Modeling – 시연하기

★ 부모가 토끼 인형 역할을 맡는다.

부모	(토끼 인형을 찾는 시늉을 하며) 모모야!
토끼	네.
부모	에! 주하야, 모모가 저쪽 소파 아래 있나봐. 가보자.
아이	(부모와 함께 소파 쪽으로 간다)
부모	주하야, '모모!' 하고 불러봐.
아이	(무반응)
부모	모모!
토끼	네~.
부모	주하가 불러, 모모~!
아이	음마.•
토끼	(소파에서 토끼 인형을 꺼내며) 네~.
부모	잘했어. 짠! 모모 여기 있었네. 이번엔 다른 친구들도 찾아보자. 뿌뿌야!
코끼리	(부모가 코끼리 인형을 꺼내주며) 네.

> • 초기 언어발달 시기이므로 '모모' 발음을 똑같이 따라 하지 못하고 본인이 낼 수 있는 언어로 표현할 가능성이 있다.

★ 위와 같이 인형 이름을 충분히 부르고 인형이 대답하는 모습을 아이에게 보여준 뒤, 아이의 이름을 불러 반응하도록 이끈다.

부모	(아이가 안 보이는 척 두리번거리며) 어? 이상하다 이번엔 주하가 없어졌네? 주하 어딨지? 주하야~ 주하야!

아이	(반응이 없다)
부모	네~ 해줘. 주하야.
아이	(반응이 없다)
부모	(아이를 보고 안아주며) 주하 여기 있었네! (아이를 바라보며) 주하야! (아이 가슴에 손을 대주며) 네~.
아이	네~.
부모	잘했다. 주하가 '네' 대답했어? 잘했어.

O Opportunity – 기회 주기

위 활동을 통해 아이에게 다음과 같은 반응이 나타나도록 기회를 만들어준다.

❶ 아이가 인형 이름을 불러보도록 기회를 만들어준다.

   (방법) 인형을 숨겨놓고 인형 이름을 부르는 모습을 보여준다.

❷ 본인의 이름을 듣고 '네' 하고 대답하도록 기회를 만들어준다.

   (방법) 아이를 쳐다보며 이름을 부른다.

R Responsive Action – 반응해주기

❶
- O단계 ❶번에서 아이가 **적절히 반응할 경우** → 인형을 바로 나타나게 해 '네' 하고 반응해준다.
  (예) "네~ 모모 여기 있어요!"
- O단계 ❶번에서 아이가 **도움이 필요할 경우** → 부모가 높고 역동적인 억양으로 인형을 여러 번 부르는 모습을 보여준다.

❷
- O단계 ❷번에서 아이가 **적절히 반응할 경우** → 즉각적으로 칭찬해주고 아이 반응을 말로 표현해준다.
  (예) "잘했어. '주하야' 불러서 '네' 했지? 맞아, 니가 주하야."
- O단계 ❷번에서 아이가 **도움이 필요할 경우** → 아이를 바라보며 이름을 불러주고 바로 손을 아이 가슴에 대며 '네' 하고 대신 말해주어 아이가 반응하는 방법을 알 수 있게 도와준다.

찾은 장난감들을 모두 모아놓고 출석을 부르듯 차례대로 이름을 부르고 '네' 하고 대답하는 것을 아이에게 보여준 다음, 마지막으로 아이 이름을 불러 아이가 반응할 수 있게 도와준다.

주의
하세요

아이가 아직 숨겨진 것을 찾으려는 행동을 보이지 않는다면 인형을 눈앞에 제시한 상태에서 진행합니다.

말/언어
촉진포인트

• 밝은 억양으로 아이와 인형 이름 부르기.
• 부모가 인형 역할을 맡아 실감나게 대답하는 시늉하기.
• 아이의 작은 반응도 크게 칭찬하기.

언어발달
이야기

아이의 이름을 불렀을 때 이에 반응하는 모습을 살펴보면 아이의 언어발달이 적절히 이루어지고 있는지, 느리게 이루어지는지, 혹은 일반적이지 않은 방향으로 이루어지고 있는지 대략적인 단서를 얻을 수 있습니다. 그만큼 호명에 반응하는 것은 중요한 초기 의사소통 기능입니다. 물론 더 어린 시기라면 호명에 적절히 반응하지 못하는 것이 당연하나, 돌 전후부터는 차차 자신의 이름에 반응하도록 많은 기회를 주는 것이 중요합니다.

잡아! 불어!

🔊 비눗방울 놀이

어떤 놀이인가요?

부모가 비눗방울을 불어주면 아이가 터뜨리고 나아가 부모의 도움을 받아 아이가 실제로 비눗방울을 불어보는 놀이입니다.

어떤 부분을 발달시키나요?

이 시기의 아이는 아직 소근육이 미숙하여 비눗방울을 불기 어렵지만, 부모가 부는 모습을 보고 자신의 구강 주변 근육을 움직여보며 모방력, 소근육 운동능력을 발달시킬 수 있습니다. 또한 입으로 불어 비눗방울이 나오는 것을 보면서 인과성을 이해하는 데 도움을 얻을 수 있습니다. 더불어 '잡아', '불어'와 같은 동사 표현을 익히고 부모와 함께 불고 잡는 활동을 하며 상호작용을 촉진할 수 있습니다.

무엇이 필요한가요?

비눗방울, 휴지.

미리 생각해요

아이 피부에 닿아도 무해한 무독성 비눗방울을 준비한다.

어떻게 **놀이**하나요?

A Attention - 주의집중하기

부모	(아이 앞에서 비눗방울을 불어주며) 주하야, 이것 봐봐. 보글보글 비눗방울이다!
아이	(비눗방울을 보고 다가온다)

M Modeling - 시연하기

부모	(비눗방울 뚜껑을 닫은 채 아이에게 건넨다) 주하가 해봐.
아이	(스스로 뚜껑을 열지 못하여 부모에게 건넨다)
부모	도와? 도와줘?
아이	도.˙
부모	그래, 아빠가 도와줄게. (뚜껑을 열어준다) 아빠 불어? 부부부부?
아이	부.
부모	응, 아빠 불어줄게 주하가 잡아. 알겠지? 주하 잡아~ 후~. (비눗방울을 분다)
아이	(비눗방울을 보고 잡으려 한다)
부모	옳지, 주하 잡아잡아.
아이	(떠다니는 비눗방울을 터뜨린다)
부모	와! 주하가 잡았다! 아빠 짠! (아이와 하이파이브를 시도한다)
아이	(아빠와 손을 맞춘다)
부모	잘했어! 이번엔 주하가 후~ 불어. (아이 입 주변에 비눗방울을 위치한다)
아이	(불어보기 위해 비눗방울 쪽으로 입을 갖다 대나 바람을 내어 불지 못한다)
부모	(미리 준비한 휴지를 꺼내 불며 휴지가 날리는 모습을 보여주고 아이 입에 댄다) 주하도 해봐, 후후~.
아이	(휴지에 입을 갖다 대나 한 번에 불지 못한다. 이때 부모는 아이가 충분히 시행착오를 겪으며 연습하도록 도와준다)
부모	잘했어! 아빠가 비눗방울 후~ 불어줄게. (비눗방울을 불고 아빠와 아이가 함께 잡아본다)

> • 언어초기에는 앞음절이나 뒷음절을 부분적으로 따라 할 수 있다.

★ 아이가 비눗방울을 불 수 있다면 부모와 아이가 번갈아가며 불고 터뜨리는 놀이로 진행한다.

Opportunity – 기회 주기

위 활동을 통해 아이에게 다음과 같은 반응이 나타나도록 기회를 만들어준다.

❶ 도움이 필요할 때 '도와' 하고 표현하도록 기회를 만들어준다.

방법 비눗방울 뚜껑을 꽉 닫아 아이에게 건넨다.

❷ 부모가 불어준 비눗방울을 터뜨리도록 기회를 만들어준다.

방법 비눗방울을 불고 박수치며 터뜨리는 모습을 충분히 보여준다.

❸ 실제로 비눗방울 불기를 시도하도록 기회를 만들어준다

방법 아이 입 주변에 비눗방울 구멍 부분을 갖다댄다.

Responsive Action – 반응해주기

❶ **○단계 ❶번에서 아이가 적절히 반응할 경우**

아이의 의도를 말로 표현해준 뒤 즉각 뚜껑을 열어주거나 비눗방울을 불어준다.

⑩ "응, 뚜껑 열어? 아빠가 뚜껑 열었어."

○단계 ❶번에서 아이가 도움이 필요할 경우

구어 표현이 아직 잘 나오지 않는 아이라면 '똑똑' 하는 제스처를 보여주며 따라 하게 한다.

❷ **○단계 ❷번에서 아이가 적절히 반응할 경우**

아이 행동을 말로 표현해주며 크게 칭찬한 후 아이와 손을 마주쳐 하이파이브 한다.

○단계 ❷번에서 아이가 도움이 필요할 경우

두 손을 마주쳐 비눗방울 터뜨리는 모습을 충분히 보여주고, 아이의 두 손을 잡고 직접 박수치듯 마주쳐 함께 비눗방울을 터뜨려본다. 활동 시 '잡아' 동작어를 들려준다.

❸ **○단계 ❸번에서 아이가 적절히 반응할 경우**

아이 행동을 말로 표현해주며 칭찬하는 동시에, 아이가 분 비눗방울을 잡아 터뜨린다.

⑩ "후~ 불었어! 잘했네. 아빠 비눗방울 잡아!

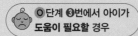

 ❶단계 ❸번에서 아이가 도움이 필요할 경우

얇은 휴지를 불어 '후' 바람을 불 때 공기의 흐름을 충분히 눈으로 보게 한 후, 휴지를 아이 입 앞에 두고 자유롭게 공기를 내뱉는 연습을 하도록 도와준다. 비눗방울 불기와 적절히 함께 진행한다.

응용

비눗방울을 불어 신체 여러 부위로 터뜨리는 놀이로 응용할 수 있다.

 주의 하세요

직접 입술로 물고 부는 비눗방울의 경우, 흡입 위험이 있으므로 흡기와 호기가 잘 조절될 때까지는 거리를 두고 부는 형태의 비눗방울로 진행합니다.

 말/언어 촉진포인트

• 아이가 제스처나 말로 의도를 표현할 때 비눗방울 불어주기.
• 비눗방울 불 때 과장된 입 모양 보여주기.
• 비눗방울 터뜨리는 모습을 아이에게 보여주고 따라 하게 도와주기.
• 아이가 비눗방울을 잡았을 경우 하이파이브 하며 크게 칭찬하기.
• '불기' 행동 유도를 위해 휴지 사용하기.

상징놀이로 세계관
확장을 도와요

18~24개월

이 시기 아이는 다양한 소통 방법 중 '언어'가
가장 효과적인 수단이라는 것을 깨닫습니다.
제스처, 음성, 알아들을 수 없는 외계어와 유사한 구어 표현은
점차 줄어들고 의미 있는 단어표현이 늘어납니다.
단어와 단어를 연결하여 사용하기도 하지요. 상징화된 기호체계인 '언어'의 기술이
발달하는 동시에 상징놀이 역시 적극적으로 확장되는 시기입니다.
친숙한 놀이를 다양한 상징놀이로 연결시켜 이전에는 경험해보지 못한
다양한 놀이 세계를 경험해볼 수 있도록 도와주세요.

여러 대상과 상징놀이

 빵빵 타

 **어떤 놀이**인가요?

자동차 장난감에 아이가 좋아하는 인형이나 피규어를 차례대로 태우는 놀이입니다.

 **어떤 부분을 발달**시키나요?

상징행동 초기에는 인형 하나를 가지고 활동했다면, 이제 여러 인형을 가지고 '차례로' 상징행동을 할 수 있도록 도와줌으로써 언어와 인지발달에 매우 중요한 요소인 상징능력을 발달시킬 수 있습니다. 더불어 인형과 대화하듯 놀이하며 상대에게 반응하는 기술과 문제해결력 등을 함께 키울 수 있습니다.

 무엇이 필요한가요?

인형을 태울 수 있는 카트나 박스, 아이가 좋아하는 인형, 작은 자동차 장난감, 캐릭터 피규어.

 미리 생각해요

평소 아이와 차를 탈 때 아이와 아이의 장난감을 태우며 "○○야 타"라고 자주 이야기해줍니다.

A Attention – 주의집중하기

★ 부모가 토끼 인형 역할을 맡는다.

토끼	주하야, 모모 빵빵 탈래. 빵빵. 빵빵 타고 붕 갈래. 빵빵 있어?
아이	(자동차 장난감을 찾으려고 두리번거린다)
부모	주하 빵빵 찾아? 여기 있지! (자동차 장난감을 아이에게 건네준다)

M Modeling – 시연하기

★ 부모가 토끼 인형과 뽀로로 인형 역할을 맡는다.

부모	모모가 빵빵 탄대? 빵빵 타고 어디 가지? 엄마가 물어볼게. 모모 어디 가?
토끼	집에 가요. 빵빵 타고 집에 갈 거예요.
부모	주하야, 모모 집에 간대. '빵빵 타' 해줘.
아이	빵빵 타.
부모	그래, 잘했어. 빵빵 타. (토끼 인형을 자동차 장난감에 태운다) 붕 출발~. (자동차 장난감을 부모가 밀다가 다른 인형 앞에서 멈춘다) 어, 뽀로로다! 뽀로로도 빵빵 기다리고 있었네. 주하가 '뽀로로 타' 해줘.
아이	뽀 타.
뽀로로	응, 뽀로로 빵빵 탈게. 도와줘, 주하야.
부모	주하가 뽀로로 빵빵 태워줘.
아이	(뽀로로 인형을 자동차 장난감에 태운다)
뽀로로	고마워, 주하야! 뽀로로 빵빵 탔다! 집으로 출발.
부모	(인형들이 탄 자동차 장난감을 인형들을 모아둔 곳에 도착시킨다) 친구들 도착! 얘들아 이제 헤어질 시간이야. 인사해.
토끼	주하야, 빠빠이.
아이	모모 빠빠.

★ 위와 같이 자동차 장난감을 움직이며 여러 인형을 태운 후, 도착하여 인형들에게 차례로 작별 인사를 한다.

O Opportunity – 기회 주기

위 활동을 통하여 아이에게 다음과 같은 반응이 나타나도록 기회를 만들어준다.

❶ 여러 인형을 자동차 장난감에 태워 놀이하도록 기회를 만들어준다.

（방법） 부모가 인형 역할을 맡아 아이에게 차에 태워달라고 말한다.

❷ 인형을 태울 때 "OO야 타~"와 같이 간단하게 단어를 조합하도록 기회를 만들어
준다.

（방법） 부모가 먼저 인형을 자동차 장난감에 태우며 해당 표현을 들려준다.

❸ 인형들에게 작별 인사를 하도록 기회를 만들어준다.

（방법） 자동차 장난감에 탄 인형들이 도착했을 때 부모가 인형 흉내를 내며 아이에게 '빠
빠이' 인사한다.

R Responsive Action – 반응해주기

❶
O단계 ❶번에서 아이가
적절히 반응할 경우

아이의 행동을 말로 표현해주고 칭찬하며 확장된 언
어를 들려준다.
예 "뽀로로 빵빵 태워줬어? 잘했어! 뽀로로 빵빵 타고 집
에 가."

O단계 ❶번에서 아이가
도움이 필요할 경우

직접 아이의 손을 잡아 인형을 들어 자동차 장난감에
태워주며 '타~'라는 말을 들려준다.

❷
O단계 ❷번에서 아이가
적절히 반응할 경우

부모가 인형 역할을 하며 반응하고 칭찬해준다.
예 "고마워. 빵빵 태워줘서 고마워. 모모 정말 기분 좋아!"

O단계 ❷번에서 아이가
도움이 필요할 경우

부모가 인형을 자동차 장난감에 태우며 '타~'라는 말
을 들려주되, 아이의 얼굴을 보고 말하여 아이가 부
모의 입 모양을 보게 한다.

❸
O단계 ❸번에서 아이가
적절히 반응할 경우

부모가 인형 역할을 하며 다시 한 번 아이에게 '빠빠
이~' 하고 인사해주며 확장된 언어를 들려준다.
예 "주하야, 빠빠이~ 또 만나!"

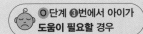

❶단계 ❸번에서 아이가 도움이 필요한 경우 부모가 인형들한테 '빠빠이~' 하며 인사하는 모습을 아이에게 충분히 보여준 후 아이 손을 흔들어주어 인사하게 도와준다.

응용 여러 인형을 태워주는 행동이 자연스러워지면 줄 서서 차례차례 타기, 앞·뒤 타기, 타기·내리기 등으로 연결한다.

주의 하세요
- 초반부터 많은 인형을 사용하여 다양한 놀이를 시도하면 아이가 이해하기 어렵거나 혼란스러울 수 있습니다. 초기 상징 놀이를 시작할 때는 아이가 가장 좋아하는 장난감이나 인형으로 시작하여 점차 개수를 늘려갑니다.
- 놀이가 익숙하지 않은 아이라면, 더 조작이 쉽고 시각적으로 눈에 잘 띄는 커다란 카트나 박스로 진행하다 점차 작은 자동차 장난감을 이용합니다.

말/언어 촉진포인트
- '타', '내려' 등의 동작어를 들려주고 적절히 행동하고 말하도록 도와주기.
- 인형을 태우고 내리는 행동 보여주기.
- 친숙한 인형 및 장난감의 이름 부르도록 도와주기.
- 헤어질 때 "빠빠이" 하고 인사하도록 도와주기.

질문하며 상호작용 연습

어디 있어?

어떤 놀이인가요?

손가락 크기의 장난감으로 아이 신체 부위를 지나다니며 장난감을 숨기고 찾는 놀이입니다.

어떤 부분을 발달시키나요?

장난감을 아이의 신체 부위에 숨기는 놀이는 자연스럽게 스킨십과 촉각 자극을 유발합니다. 이때 신체 부위의 다양한 명칭과 상황에 적절한 구어 표현을 들려주고 표현하게 함으로써 언어이해 및 표현 발달, 상호작용 능력의 발달을 도울 수 있습니다.

무엇이 필요한가요?

손가락 크기의 장난감(타요·뽀로로 등 캐릭터 장난감, 손가락 인형, 풀백 자동차 장난감 등).

미리 생각해요

평소 물건을 찾을 때 찾는 제스처를 취하며 "어디 있지?"라는 표현을 자주 들려줍니다.

A Attention - 주의집중하기

★ 부모가 타요 역할을 맡는다.

부모	(아이가 좋아하는 작은 장난감을 보여주며) 어? 타요 버스다! (타요 장난감을 아이의 팔이나 다리에 지나다니게 하며 인사한다) 주하야 안녕?
아이	안녕.
타요	(부모가 타요 역할을 맡는다) 오늘은 주하한테 꼭꼭 숨을 거야. 나 찾아봐!
아이	찾아?
부모	응. ('찾다'라는 단어를 아이에게 이해시키기 위해 찾는 시늉하며) '어디 있지?' 하는 거야. 찾을까?
아이	응!

M Modeling - 시연하기

부모	(타요를 아이 옷 속으로 집어넣으며) 꼭꼭 숨어라! 어? 주하야, 타요가 없네. 어디 갔지? 한번 불러보자. 타요야~ 어딨어? (반복하여 이름을 부르고 '어딨어?' 하고 물어본다)
아이	어딨어?
타요	(부모가 아이 등 쪽에 있는 타요를 이동시키며) 주하야, 여기. 등에 있어. 등!
부모	주하야, 타요 어디 있대?
아이	(등 부분에 있는 타요를 만지며) 여기.
부모	그래 맞아. 등! 등에 있네. (타요를 꺼내 보내주며) 찾았다, 타요!
타요	주하야, 잘 찾았어! 찾아줘서 고마워. 나 또 출발한다, 안녕!

★ 위와 같이 작은 장난감을 아이의 신체 곳곳으로 이동하고 해당 부위를 말하며 찾는 활동을 해본다.

O Opportunity - 기회 주기

위 활동을 통해 아이에게 다음과 같은 반응이 나타나도록 기회를 만들어준다.

❶ "어디 있어?"라고 질문하도록 기회를 만들어준다.

> (방법) 장난감을 아이의 신체 일부에 위치시킨 뒤, 찾는 듯한 제스처를 하며 "○○야~, 어디 있어?" 하고 물어보는 모습을 보여준다.

❷ 적절한 신체 명칭을 표현하도록 기회를 만들어준다.

> (방법) 장난감을 아이의 신체 일부에 위치하고 아이에게 장난감이 있는 곳을 미리 알려준 뒤, 다시 한 번 장난감이 어디 있는지 물어본다.

❸ 장난감에게 인사하도록 기회를 만들어준다.

> (방법) 부모가 장난감을 만나고 헤어질 때 인사하는 모습을 충분히 보여주고 따라 할 수 있도록 도와준다. 표현이 아직 어려운 아이라면 제스처라도 따라 하게 돕는다.

Ⓡ Responsive Action – 반응해주기

❶ 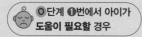 아이의 질문에 장난감이 즉각적으로 답을 해주며 확장된 언어를 들려준다.

> 예 "타요 여기 있어. 등, 등에. 주하 등에 왔어."

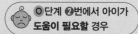 손을 이마에 대고 찾는 시늉을 하며 "○○야, 어디 있어?"라는 질문을 반복하여 들려준다. 그럼에도 아이가 잘 따라 하지 못한다면 제스처와 함께 "어디?" 정도로 어휘를 줄여 표현한 뒤 해당 장난감을 얻게 한다.

❷ 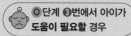 크게 칭찬해주며 확장된 언어로 들려준다.

> 예 "맞아. 뽀로로가 다리에 있었지, 뛰어뛰어 하는 다리. 잘 찾았어."

손 ○단계 ❷번에서 아이가 도움이 필요할 경우 장난감으로 신체 부위를 문질러주며 짧고 천천히 정답을 말해준다.

❸ ○단계 ❸번에서 아이가 적절히 반응할 경우 부모가 상대 인형을 맡아 다시 한 번 반갑게 인사한다.

○단계 ❸번에서 아이가 도움이 필요할 경우 직접 아이의 손을 잡아 흔들어 인사하는 제스처를 도와주고 상황에 맞게 "안녕", "빠빠이" 등의 말을 들려준다.

응용

- 단어표현이 많이 나오지 않는 아이라면 "어디 있어?"라는 질문에 손가락으로 해당 부위를 가리키며 '여기'라는 대용어를 사용할 수 있게 하되, 표현할 수 있는 어휘가 많아지면 '위에', '아래에', '옆에', '뒤에', '머리에', '다리에' 등 구체적인 위치를 말하도록 유도한다.
- 처음에는 장난감을 아이의 몸이나 옷 속에 숨기거나 지나다니게 하고, 차차 아이 주도로 여러 위치에 숨기게끔 격려한다.

주의
하세요

상징놀이가 익숙하지 않은 아이라면 서로 부르고 질문하고 대답하는 것을 어려워할 수 있습니다. 이와 같은 경우에는 "타요 없다" 하며 숨기고 "까꿍!" 하며 나오는 보다 단순한 놀이를 먼저 진행합니다.

**말/언어
촉진포인트**

- 다양한 신체 명칭 알려주고 표현하도록 도와주기.
- 아이에게 "어디 있어?" 질문하기.
- 아이가 "어디 있어?"라고 질문하도록 장난감 숨기기.
- 호명하며 인사하는 모습을 보여주고 따라 하도록 도와주기.

**언어발달
이야기**

앞서 언급했듯이(134쪽 참고) 질문을 하는 것은 인지적 발달의 산물입니다. 눈앞에 없는 대상을 얻기 위해 "어디 있어?" 하고 질문하는 것은 예전에 그 대상을 봤거나 가져본 적이 있다는 것을 기억해야 하고, 본인이 처한 상황에 맞게 요구할 수 있어야 가능한 일입니다. 이를 촉진하기 위해 처음에는 눈앞에서 대상이 사라지게 한 뒤 "어디 있지?" 등의 질문을 들려주어 의미를 인지하고 표현하게 해주고, 점차 익숙해지면 눈에서 보이지 않는 것들을 찾는 활동으로 발전시킬 수 있습니다.

소유 개념 알려주는

📢 누구 거지?

어떤 놀이인가요?

커다란 상자에 가족들 소지품을 넣고 물건을 하나씩 꺼내며 그것이 무엇인지 누구의 것인지 이야기 나눈 다음, 물건을 해당 가족의 상자에 옮겨 담는 놀이입니다.

어떤 부분을 발달시키나요?

물건을 각 소유자의 상자에 넣으며 '내 것', '네 것' 등 소유의 개념을 익히고 각 가족에게 어울리는 물건을 의미적으로 매칭하며 언어·인지적 발달을 도울 수 있습니다. 더불어 다양한 사물과 가족 구성원의 명칭을 이해하고 표현하는 기회를 만들 수 있습니다.

무엇이 필요한가요?

일상적으로 사용하는 각 가족 구성원의 소지품(엄마 화장품, 아빠 바지, 아이 숟가락, 누나 색연필 등), 가족 구성원의 얼굴 사진, 가족 수만큼의 상자, 소지품을 다 넣을 큰 상자.

미리 생각해요

가족들 사진을 프린트하여 각 상자의 앞면에 붙이고, 가족들 소지품은 하나의 커다란 상자에 넣어 준비합니다.

A Attention - 주의집중하기

부모	(가족들 사진이 붙은 상자를 보여주며) 주하야, 여기 아빠 있네. 엄마도 있고 주하도 있네! 아빠 상자, 엄마 상자, 주하 상자 있어. 아빠 상자에 아빠 거 쏙 넣자.
아이	(가족들 상자를 보고 다가온다) 아빠다! 엄마다!
부모	맞아. 아빠, 엄마 있지? (소지품 상자를 흔들어 소리를 들려주며) 어? 이건 뭐지? 여기 뭐가 들어 있나 봐. 뭐 있는지 볼까? 누구 거지?
아이	(소리를 듣고 주의를 집중한다)

M Modeling - 시연하기

부모	(소지품 상자를 흔들어 소리를 들려주며) 여기 뭐 있나 꺼내보자. 주하가 한번 봐봐.
아이	(안경을 꺼낸다) 안경!
부모	그래. 잘 꺼냈어. 안경이네? 이거 아빠가 썼지? 아빠 안경. (아이에게 안경을 잠깐 씌워 주며) 주하 안경 써.
아이	(안경을 쓴 상태를 재미있어 한다) 안경 써.
부모	그래그래. 이제 안경 벗어. 이건 아빠 거야. 아빠 상자에 쏙 넣어. 안경 빠빠.
아이	빠빠.

★ 위와 같은 방법으로 소지품 상자 속의 물건을 꺼내 이용한 다음, 각 가족 구성원의 상
  자에 넣는 활동을 진행한다.

O Opportunity - 기회 주기

위 활동을 통해 아이에게 다음과 같은 반응이 나타나도록 기회를 만들어준다.

❶ 꺼낸 물건의 명칭을 말하도록 기회를 만들어준다.

   방법 물건을 꺼내 아이에게 "이게 뭐지?" 하고 질문을 던진다.

❷ 꺼낸 물건이 누구의 것인지 말하도록 기회를 만들어준다.

(방법) 물건을 꺼내 "이거 누구 거지?" 하고 아이에게 질문을 던진다.

❸ 꺼낸 물건을 가족 구성원의 상자에 알맞게 넣도록 기회를 만들어준다.

(방법) 아이가 누구 것인지 인지했다면 "○○ 상자에 넣어" 하고 지시를 내려준다.

R **Responsive Action - 반응해주기**

❶ O단계 ❶번에서 아이가 **적절히 반응할 경우**

아이의 반응을 크게 칭찬해주고 확장된 언어를 들려주며 물건을 적절히 사용해본다.

(예) "맞아! 아빠 안경이야. 아빠가 동글동글 안경 썼지."

O단계 ❶번에서 아이가 **도움이 필요할 경우**

아이를 바라보며 해당 물건의 이름을 천천히 말해 아이가 따라 할 수 있도록 한다. 따라 하지 못한다면 단어의 첫음절이나 끝음절 등 부분적으로 시도해본다.

❷ O단계 ❷번에서 아이가 **적절히 반응할 경우**

아이의 반응을 크게 칭찬해주고 물건 주인을 흉내 내며 해당 물건을 사용하는 모습을 보여준다.

(예) "맞아, 아빠 거지!" → (아빠 흉내를 내며) "아빠 안경 썼다."

O단계 ❷번에서 아이가 **도움이 필요할 경우**

아빠 상자를 가지고 와 아빠 사진을 보여주며 '아빠 거' 하고 말해준다.

❸ O단계 ❸번에서 아이가 **적절히 반응할 경우**

아이의 반응을 크게 칭찬해주고 잘했다는 의미로 하이파이브를 한다.

O단계 ❸번에서 아이가 **도움이 필요할 경우**

아이 손을 잡고 물건을 해당 가족 상자에 넣어준다. 물건을 넣기 전에 누구의 상자인지 인식시켜준다.

응용 상자에 붙은 얼굴 사진에 물건을 적용하는 상징놀이로 응용할 수 있다.

(예) 아빠 사진에 안경 씌워주기, 엄마 사진 입 부분에 칫솔로 양치하는 시늉하기 등.

주의
하세요

상자에 붙이는 사진은 아이가 실제 얼굴과 잘 매칭시킬 수 있는 평소와 비슷한 모습의 큰 사이즈로 준비하면 좋습니다.

말/언어
촉진포인트

- '○○ 것'의 의존명사를 이해하고 표현하게 도와주기.
- 활동에 사용하는 사물 이름을 이해하고 표현하게 도와주기.
- '넣어', '빼' 등의 동사를 이해하고 표현하게 도와주기.

계획성 발달시키는
🔊 아가 닦아

어떤 놀이인가요?

아기인형을 목욕시켜주는 놀이입니다. 실제와 비슷하게 단계를 나누어 진행합니다.

어떤 부분을 발달시키나요?

인형의 각 신체 부위를 순차적으로 닦아 목욕시켜 줌으로써 상징행동을 확장하고 계획성을 발달시킬 수 있습니다. 더불어 신체와 목욕·위생 관련 어휘의 이해 및 표현을 돕고 단어를 조합하게 하여 언어발달을 촉진하는 기회가 됩니다.

무엇이 필요한가요?

아기인형, 목욕도구 장난감(욕조, 샤워기, 비누, 수건, 인형 옷).

미리 생각해요

아기인형 얼굴과 몸 곳곳에 잘 지워지는 크레용을 묻혀놓습니다.

어떻게 **놀이**하나요?

A Attention – 주의집중하기

부모	(더러워진 아기인형을 아이에게 보여주며) 주하야, 아가 좀 봐봐. 에구, 지지 많이 묻었네. 아가 더러워. 어떻게 하지?
아이	지지 있어? (아기인형을 본다)
부모	응, 여기 봐봐. 지지 있어. 아가 더러워. 닦아닦아 할까?
아이	응. 닦아닦아!

M Modeling – 시연하기

부모	주하야, 아가 어디 지지야?
아이	코 지지, 배 지지, 엉덩이 지지.
부모	그래. 코도 지지하고, 배도 지지하고, 엉덩이도 지지하지? 에그 더러워. 닦아닦아 하자. 여기 욕조 있네. 주하가 아가 풍덩해.
아이	풍덩. (아기인형을 욕조에 넣는다)
부모	주하야 어디 닦아?
아이	배.
부모	그래, 배 닦아? '배 닦아' 해줘.
아이	배 닦아.
부모	그래. 아가 배 닦아. 쓱싹쓱싹 닦자. 뭘로 닦을까?
아이	(대답하지 않는다)
부모	(적절한 것을 고르도록 두 가지 사물을 제시하며) 가위로 닦을까? 아니면 비누로 닦을까?
아이	비누!
부모	맞아, 비누로 닦아. (비누모형과 손수건으로 배에 묻힌 크레용을 닦으며) 비누로 배 닦아. 쓱싹쓱싹. 다 됐다! 우아 깨끗해! 반짝반짝~ 배 깨끗해! 아가 배 깨끗해! 아가 이뻐. 우리 또 지지한데 닦아주자. 또 어디 지지해?

★ 위와 같이 아기인형의 더러운 부분을 차례로 닦아주며 단어조합 표현을 들려주고 모방하도록 도와준다.

O Opportunity – 기회 주기

위 활동을 통해 아이에게 다음과 같은 반응이 나타나도록 기회를 만들어준다.

❶ 신체 부위를 말로 표현하도록 기회를 만들어준다.

> **방법** 아이에게 "어디가 지지야?" 하고 질문한다.

❷ 목욕과 관련된 도구의 명칭을 표현하도록 기회를 만들어준다.

> **방법** 아이에게 두 가지 사물을 제시한 다음, "뭘로 ○○할까?"("뭘로 닦을까?", "뭘로 치카할까?", "뭘로 머리 감을까?" 등)라는 질문을 던져 해당 단어를 표현하도록 이끈다.

❸ 단어를 붙여 사용하도록 기회를 만들어준다.

> **방법** '○○ 닦아', '물 틀어/잠궈', '뚜껑 열어/닫아', '머리 감아' 등의 표현을 들려주며 행동하는 모습을 보여준다.

❹ '물 차가워', '물 따뜻해', 목욕 전에는 '지지(더러워)', 목욕 후에는 '반짝반짝(깨끗해)' 등 상태를 표현하도록 기회를 만들어준다.

> **방법** "○○ 어때?" 하고 아이에게 질문을 던진다.

R Responsive Action – 반응해주기

❶ 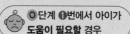 아이의 대답을 칭찬해주고 확장된 언어를 들려준다.

> **예** "맞아, 배. 배 지지하지? 배 지지하니까 닦아닦아 하자."

해당 부위를 만지거나 가리키며 명칭을 충분히 들려준다.

❷ 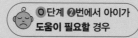 아이의 대답을 칭찬해주고 용도를 간단히 설명해주며 시연한다.

> **예** "맞아, 비누지. 비누로 쓱싹쓱싹 이렇게 하지?"

명칭을 들려주며 두 개의 사물 중 적절한 답을 알려주고 아이 몸에 시연한다.

> **예** (가위와 비누를 보여주며) "비누로 닦아야지? 배 닦자. 비누 닦아."

❸ 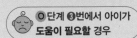 **ⓞ단계 ❸번에서 아이가 적절히 반응할 경우**

아이의 말을 따라 해주고 확장된 언어를 들려준다.

> **예** "응, 배 닦아? 주하가 아가 배 닦아줬어?"

ⓞ단계 ❸번에서 아이가 도움이 필요할 경우

문장의 앞부분을 말해주어 아이가 다음 단어를 붙일 수 있도록 한다.

> **예** ('닦아'라는 단어를 유도하며) "주하야 배~?"

❹ **ⓞ단계 ❹번에서 아이가 적절히 반응할 경우**

표정이나 제스처를 함께 보여주며 아이의 말을 다시 한 번 따라 해준다.

> **예** 손동작을 하며 '반짝반짝' 등.

ⓞ단계 ❹번에서 아이가 도움이 필요할 경우

아이를 보며 상황에 맞는 표현을 많이 들려주고, 의성어·의태어 및 첫 말소리를 따라 하도록 도와준다.

> **예** '차가워 → 앗 차~', '따뜻해 → 따따~', '반짝 → 빠~따', '지지' 등.

 응용 신체 각 부위를 차례로 닦아주는 상징놀이가 원활히 잘 된다면, '목욕 전 옷 벗기 → 목욕하기 → 수건으로 닦기 → 옷 입기' 등으로 연결해 놀이를 확장한다.

 주의 하세요 아이의 주의집중력이 아직 짧으므로 너무 길게 놀이를 이어가기보다 아이 반응을 살피며 조금씩 늘려나갑니다.

 **말/언어 촉진포인트**

- 의성어·의태어 들려주고 표현하게 하기('쓱싹쓱싹', '쏴', '풍덩', '톡톡톡' 등).
- 행동의 종결을 의미하는 표현 들려주고 표현하게 하기(목욕이 끝난 후 '됐다!' 등).
- 간단한 두 단어를 연결해 들려주고 표현하게 하기('아가 닦아', '아가 풍덩' 등).
- '신체 부위 + 닦아줘' 조합을 이야기해주고 시행하게 도와주기.

소통하며 감정도 나누는

나눠줄게

어떤 놀이인가요?

12~18개월에 소개했던 과일 장난감 자르기 놀이의 연장으로 인형 친구들에게 먹을 것을 나눠주는 놀이입니다.

어떤 부분을 발달시키나요?

12~18개월에 한 가지 동작만 반복하는 단순한 상징놀이를 했다면, 이 시기에는 차차 동작을 연결하여 놀이함으로써 인지적 확장을 촉진할 수 있습니다. 더불어 자신이 가진 것을 나누는 놀이를 통해 상대를 인식하고 소통하고 감정을 나누는 등 사회성의 기초가 되는 요소들을 익힐 수 있습니다.

무엇이 필요한가요?

과일 자르기 장난감, 접시, 아이가 좋아하는 인형들.

미리 생각해요

과일 자르기 장난감은 미리 짝을 맞추어 붙여 놓습니다. 과일 모형 외에 아이가 좋아하는 다른 음식 모형이나 간식 등을 함께 준비해도 좋습니다.

A Attention – 주의집중하기

★ 부모가 토끼 인형 역할을 맡는다.

토끼 　아~ 배고파. 뭐 맛있는 거 없을까? 주하야 주하야.

아이 　(반응하지 않는다)

부모 　주하야, 토끼가 주하 부르네?

토끼 　(부모가 인형을 아이 가슴에 대주며) 주하야~.

아이 　(웃으며 쳐다본다) 토끼야.

M Modeling – 시연하기

토끼 　(배 만지는 시늉을 하며) 주하야, 나 배고파 배고파.

부모 　주하야, 토끼가 배 고프대. '냠냠 줄까?' 물어봐.

아이 　냠냠 줄까?

토끼 　냠냠 좋아!

부모 　(그때 다른 인형들을 출현시킨다)

인형들 (인형들을 움직여주며) 주하야! 우리도 우리도! 우리도 같이 먹자. 우리 배고파.

부모 　주하야, 친구들이 많이 모였네. 깡총 토끼랑, 멍멍 개랑, 뿡 코끼리랑. 주하가 '여기 앉아' 하고 말해줘. 친구들 차례차례 나눠주자.

아이 　여기 앉아.

인형들 응, 고마워.

부모 　주하야, 친구들한테 '뭐 먹어?' 물어보자. 그리고 나눠줘. 아빠가 토끼한테 물어볼게. 토끼야 뭐 먹어?•

아이 　뭐 먹어?

토끼 　나는 오독오독 당근! 물어봐줘서 고마워 주하야!

부모 　(과일 자르기 장난감을 보여주며) 주하야, 당근 어디 있지?

아이 　여기!

> • 적절한 표현은 '뭐 먹을 래?', '뭐 먹을 거야?'이지만, 아이의 모방을 유도하기 위해 쉽고 발음하기 편한 방식을 허용한다.

부모	그래, 잘 찾았어. 당근 잘라. 그리고 '토끼 먹어' 해.
아이	(과일 모형을 자른다) 먹어.
토끼	주하야, 접시에 놔줘. 예쁘게 접시에 놔주면 좋겠어. 접시에.
아이	(당근 모형을 접시에 놓는다) 토끼 먹어.
토끼	정말 고마워! 정말 기분 좋다. (토끼 인형이 먹는 시늉을 하며) 냠냠냠.
부모	토끼야 맛있어? 주하도 '맛있어?' 물어봐.
아이	맛있어?
토끼	응. 정말~ 맛있다. 오독오독 맛있는 당근.
부모	주하가 나눠줘서 토끼가 맛있게 먹었네. 이번엔 누구한테 나눠줄까?

★ 위와 같이 음식 모형을 잘라 접시에 놓은 후 동물들에게 차례로 나눠주며 소통한다.

Opportunity – 기회 주기

위 활동을 통해 아이에게 다음과 같은 반응이 나타나도록 기회를 만들어준다.

❶ 아이가 인형에게 무엇이 먹고 싶은지 질문하도록 기회를 만들어준다.

(방법) 부모가 먼저 인형에게 "OO야, 뭐 먹어?" 하고 질문해 아이가 상황을 관찰하게 해주고, 질문하기를 격려한다.

❷ 인형들에게 차례로 음식 모형을 나눠주도록 기회를 만들어준다.

(방법) 인형 역할을 맡은 부모가 아이에게 음식을 달라고 이야기한다.

❸ '과일 모형 자르기 → 과일 모형 접시에 놓기 → 인형에게 건네기'처럼 일련의 상징행동을 연결하도록 기회를 만들어준다.

(방법) 부모가 인형 역할을 하되, 아이가 한 행동은 칭찬해주고 그다음 행동으로 연결되도록 아이에게 부탁한다.

(예) "주하야, 과일 정말 잘 잘랐다. 이거 접시에 놔줘."

❹ 인형이 음식 먹는 것을 보고 인형에게 상태나 감정을 묻는 표현을 할 수 있도록 기회를 만들어준다.

(예) "맛있어?", "어때?"

방법 부모가 먼저 인형에게 질문하는 것을 보여준 다음, 아이에게도 질문할 수 있도록
격려한다.

ⓡ Responsive Action – 반응해주기

❶ 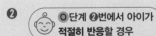 ○단계 ❶번에서 아이가
적절히 반응할 경우

놀이상황에서 아이의 질문에 즉각적으로 대답해주고
질문한 것에 대해 고마움을 표시한다.

○단계 ❶번에서 아이가
도움이 필요할 경우

부모가 인형에게 "뭐 먹어?"라고 질문하고 바로 인형
역할을 맡아 대답하는 모습을 충분히 보여준 다음, 아
이도 따라 하게 격려한다. 그럼에도 어려워한다면 앞
말소리인 '머(뭐)'만이라도 따라 할 수 있게 이끌어주
고 부모가 다음 말소리 '먹어?'를 이어서 말해준다.

❷ ○단계 ❷번에서 아이가
적절히 반응할 경우

인형들이 적극적으로 고마움을 표시한다.
예 "주하야, 정말 고마워. 주하 진짜 좋은 친구야. 친절해."

○단계 ❷번에서 아이가
도움이 필요할 경우

음식을 접시에 놓는 과정은 생략하고, 나눠주는 부분
에 초점을 맞추어 부모가 인형들 입에 차례로 음식을
먹여주는 모습을 보여준 다음, 아이 손을 잡고 직접
할 수 있도록 도와준다.

❸ ○단계 ❸번에서 아이가
적절히 반응할 경우

각 행동들을 칭찬하며 말로 표현해준다.
예 "우아, 잘 잘랐네! 주하가 수박 싹둑 했어?"

○단계 ❸번에서 아이가
도움이 필요할 경우

부모가 의문사 질문을 해주어 아이가 그다음 행동을
하도록 도와준다.
예 "과일 잘랐네. 어디 놓을까?", "접시에 났구나. 누구한테
줄까?"

❹ ○단계 ❹번에서 아이가
적절히 반응할 경우

놀이상황에서 인형이 아이의 질문에 즉각적으로 대
답해준 다음, 질문에 고마움을 표한다.
예 "정말 맛있어. 물어봐줘서 고마워."

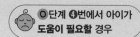

 ◯단계 ❹번에서 아이가 도움이 필요할 경우 부모가 인형들에게 물어보고 인형들이 답하는 모습을 충분히 보여준다. 이때 아이에게 입 모양을 과장되게 보여주며 말해서 아이가 천천히 따라 할 수 있도록 한다.

 아이가 음식 모형을 잘라 인형들에게 나눠주는 것에 익숙해졌다면 요리 과정을 포함시키는 활동으로 응용할 수 있다.

 주의 하세요 놀이에서 순차적이고 계획적인 행동이 자연스럽게 나타나지 않는다면, 목표 달성보다 아이가 즐거워하는 방향으로 놀이를 진행합니다. 더불어 일상생활에서 자연스럽게 다시 시도할 수 있도록 도와줍니다.

말/언어 촉진포인트
- 상대방의 의견을 묻는 질문을 하도록 도와주기('뭐 먹어?', '맛있어?' 등).
- 상대를 호명하도록 도와주기('토끼야', '멍멍아' 등).
- 인형 역할 실감나게 하기.
- 인형이 내린 행동 지시를 적절히 따를 수 있도록 도와주기.

신체 이름 익히는

반창고 붙이자

어떤 놀이인가요?

인형이 다친 상황을 설정하여 아픈 곳을 말하고 해당 부위에 반창고를 붙여주는 놀이입니다.

어떤 부분을 발달시키나요?

이 시기의 아이들은 반창고 붙이기를 좋아합니다. 다친 상황의 상징놀이를 통해 상황 인지력을 높이고 그에 따른 감정 및 상태를 표현할 수 있으며, 신체 명칭을 익히고 단어의 조합을 시도하는 등 언어이해 및 표현능력을 높일 수 있습니다. 더불어 반창고를 떼고 붙이며 소근육 운동을 자극할 수 있습니다.

무엇이 필요한가요?

아기인형, 반창고, 빨간 스티커(상처 표시용), 아이가 좋아하는 인형.

미리 생각해요

일상생활에서 주변 상황과 그에 따른 감정을 아이에게 충분히 설명해주고 아이가 적절한 행동으로 연결하도록 기회를 줍니다.

예 "엄마 쿵했네. 식탁에 부딪혀서 쿵했어. 아파. 슬퍼. 주하야 '호' 해줘."

어떻게 **놀이**하나요?

A | Attention – 주의집중하기

★ 부모가 인형 역할을 맡는다.

★ 인형이 빨리 뛰어가다가 넘어지는 장면을 연출한다.

인형	아쿠! 아야~ 아파.
부모	(부모는 재빨리 다리에 빨간 스티커를 붙여 상처를 표시하고 아이의 반응을 살핀다)
아이	에! 아가 아야!

M | Modeling – 시연하기

부모	아가가 쿵 넘어졌네. 아야했나봐. 아가 아파. 아가 울어. 아가 '호' 해줄까?
아이	(와서 인형에게 '호' 해준다)
인형	힝… 그래도 아파.
부모	주하가 호 불어줘서 많이 나았겠다. 그런데 아직도 좀 아픈가봐. 어쩌지?
아이	(머뭇거린다)
부모	(반창고를 보여주며) 오! 여기 반창고 있었네. 반창고* 붙여줄까?
아이	응!
부모	어디에 붙이지? 어디 다쳤어?
아이	(손가락으로 다리를 가리키며) 여기!
부모	여기가 어디지? 다…. (첫음절만 들려준다)
아이	다리!
부모	맞아, 다리 붙여**. 다리에 스티커 붙여.
아이	(빨간 스티커로 표시한 부분에 반창고를 붙인다)
인형	주하야, 정말 고마워. 이제 안 아파. (이마를 가리키며) 그런데 여기도 아파. 이마 아파.
부모	아가야, 이마 아파? 왜 그래?
인형	개미가 이마 앙 물었어요.

> • 반창고라는 말의 표현이 어려운 아이에게는 밴드라고 좀 더 쉽게 표현한다.

> •• 아이가 따라 해보기 쉽도록 '다리에 붙여'를 '다리 붙여'로 줄여 표현했다.

부모	(빨간 상처 스티커를 인형 이마에 붙인다) 주하야, 개미가 이마 앙 물었대. '아파?' 물어봐.
아가	아파?
인형	응, 아파아파. 따끔하고 가려워.
부모	반창고 붙여줘야겠다. 주하야 어디에 반창고 붙여? 다리였나?
아이	(이마를 가리키며) 아니, 여기.
부모	여기 이마? 이마 맞아?
아이	응, 이마.
부모	이마에 반창고 붙여줘. 이마 붙여.
아이	(반창고를 떼어 붙인다)
인형	고마워, 주하야. 이제 안 아파.
부모	주하야, 참 잘했어. 주하가 반창고 붙여줘서 아가가 안 아프대. 아가한테 '아프지 마' 해줘.
아이	지마~.

★ 위와 같이 인형이 다친 상황을 설정하여 인형의 신체 부위에 반창고를 붙여주며 관련 어휘 및 상황을 익힌다.

★ 예시 상황: 넘어져서 다친 상황, 벌레가 문 상황, 문에 부딪힌 상황, 공에 맞은 상황, 미끄럼틀 타다 다친 상황 등

O Opportunity - 기회 주기

위 활동을 통해 아이에게 다음과 같은 반응이 나타나도록 기회를 만들어준다.

❶ 신체 부위를 적절히 표현하도록 기회를 만들어준다.

(방법) 아이에게 "아가 어디 아파?"라고 질문을 던진다.

❷ 아이가 아기인형의 상황에 공감하고 위로하도록 기회를 만들어준다.

(방법) 부모가 아기인형의 상태를 설명해주고 '호' 불어주거나 안아주며 위로하는 모습을 보여주고 아이도 따라 할 수 있도록 격려한다.

❸ 아이가 아픈 부위에 반창고를 붙이게 기회를 만들어준다.

(방법) 다친 부위를 인식했는지 확인하고, 반창고를 제시하며 '붙여줘' 하고 말해준다.

R Responsive Action – 반응해주기

❶ 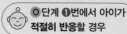 **◎단계 ❶번에서 아이가 적절히 반응할 경우**

확장된 언어로 반응해주며 '호' 불어주거나 반창고를 붙이는 행동으로 연결시킨다. 이후 아이나 부모의 해당 신체 부위를 찾아보는 활동도 좋다.

예 "맞아, 아가 다리 아야했지? 얼른 반창고 붙여주자. 아빠 다리에도 반창고 붙여줘. 아빠도 다리 아프네."

◎단계 ❶번에서 아이가 도움이 필요할 경우

아이나 부모의 해당 부위를 먼저 찾아보고 앞 말소리를 들려준다. 그래도 단어를 표현하지 못한다면 부모의 말을 따라 하도록 돕는다.

예 (아이 다리를 가리키며) "여긴데 여기. 여기가 뭐였지? 다… 다리! 다리네 다리. 주하 예쁜 다리. 아가 다리에 반창고 붙여주자."

❷ 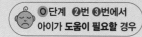 **◎단계 ❷번 ❸번에서 아이가 적절히 반응할 경우**

놀이상황에서 아기인형이 크게 고마움을 표하고 부모도 칭찬해준다.

예 "고마워! 반창고 붙여줘서 안 아파. 정말 고마워." → "주하가 아가한테 반창고 붙여줘서 아가가 안 아프대. 잘했어."

◎단계 ❷번 ❸번에서 아이가 도움이 필요할 경우

부모가 해당 행동을 충분히 보여준 다음, 아이 손을 잡고 아기인형에게 반창고를 붙여준다. 아이와 부모가 번갈아가며 서로에게 '호' 불고 반창고를 붙여주는 활동으로도 연결해 반복해본다.

응용

- 아픈 부위에 반창고를 붙인 다음 약을 만들어 먹여주는 행동으로 확장할 수 있다.
- 외상 말고도 배가 아프거나 감기가 걸린 상황 등을 설정하여 병원놀이로 연결할 수 있다(207쪽 '병원 놀이' 참고).

주의
하세요

어린 나이이므로 인형의 요구에 적절히 따르지 않고 본인이 붙이고 싶은 곳에 붙일 가능성도 높습니다. 그럴 때는 억지로 인형에게 붙이게 하기보다 아이의 놀이를 충분히 수용해줍니다. 대신 부모가 지시를 내리고 부모가 그에 따라 행동하는 모습을 많이 보여줍니다.

말/언어
촉진포인트

- 아이가 단어를 표현하지 못한다면 첫 말소리를 들려주어 모방 촉진하기.
- '괜찮아?', '아파?' 등 상대의 감정을 묻는 표현 들려주고 모방 촉진하기.
- 신체 부위에 반창고를 붙이며 단어를 조합해 표현하도록 도와주기('다리 붙여' 등).
- 아이에게 인형의 감정 물어보기('인형 표정 어때?' 등).

언어발달
이야기

아이가 단어를 적절히 떠올리지 못한다면 바로 단어를 알려주기보다 그 단어와 의미적으로 연결된 다양한 맥락을 제시해줍니다. 그럼에도 적절한 단어를 이끌어내지 못하면 1음절 힌트를 주어 아이가 조금이라도 생각하도록 돕습니다. 예를 들어 '다리'라는 단어를 떠올리지 못한다면 아기 다리뿐 아니라 엄마 다리, 아빠 다리, 아이 다리 등으로 자극을 주고 더불어 여러 신체 부위를 함께 익히게 하면서 의미적 연결고리를 만들어주는 것이 좋습니다. 그래도 어렵다면 '다'라는 첫 말소리를 들려주어 그다음 말소리를 떠올리게 합니다.

비구어적 표현 이해하는
📣 아가 잡아라!

어떤 놀이인가요?

보호자와 아이가 서로 눈을 맞추고 눈치를 살피며 아이는 도망가고 보호자는 잡으러 가는 놀이입니다.

어떤 부분을 발달시키나요?

이 시기의 아이들은 잡고 잡히는 놀이를 즐거워합니다. 상대가 자신을 잡으러 올 듯한 제스처, 눈빛, 소리를 보고 들으며 비구어적 사인을 처리합니다. 상황인지, 기초적 추론, 상호작용 능력 등을 키워나갈 수 있습니다.

무엇이 필요한가요?

사자나 호랑이 등 다소 공격적인 이미지의 동물 인형.

미리 생각해요

아이가 활발하게 움직이는 시간에 자연스럽게 진행합니다.

A　Attention - 주의집중하기

★ 부모가 사자 인형 역할을 맡는다.

사자　(사자 인형을 들고 두리번거리며 아이를 찾는 척한다.) 나는 무서운 사자 어흥! 아유 배고
　　　파. 여기 주하가 있었던 것 같은데. 어디 갔지? 주하 어디 갔지? 어흥 잡아먹어야지!

아이　(엄마를 보며 꺄르르 웃는다) 엄마! 엄마~.

M　Modeling - 시연하기

사자　(두리번거리다 아이와 눈을 맞춘다) 엄마 아니야. 사자야! (아이를 잡으려는 시늉을 한다)
　　　주하 잡으러 가자~ 빨리빨리! (아이 쪽으로 빨리 움직인다)

아이　(소리를 지르며 도망간다).

사자　(도망가는 모습을 확인한 뒤 천천히 두리번거리며) 주하가 없네? (아이를 찾는 시늉을 하
　　　며) 어디 갔지? 어디 갔지?

아이　(빼꼼히 엄마 쪽을 바라보며 눈치를 본다)

사자　(찾는 시늉을 하다 아이와 눈을 맞춘다) 어! 저기 있다! 잡아라! 빨리빨리! (아이 쪽으로 빠
　　　르게 움직여 아이를 꼭 안는다) 잡았다, 주하!

아이　(소리를 지르며 꺄르륵 웃는다)

사자　아유 배고파. 주하 냠냠 먹어야지! (사자가 아이를 먹는 시늉을 한다)

부모　주하야, 사자가 잡으러 오면 빨리 가? 천천히 가?

아이　천천히?●

부모　(빠르게 움직이는 동작을 보여주며) 빨리빨리 막 뛰어
　　　가야지.

> ● 이 시기 아이는 단어의
> 의미를 잘 모를 경우, 기억의
> 한계로 방금 들은 마지막 단
> 어를 따라 하는 경우가 많다.

O　Opportunity - 기회 주기

위 활동을 통해 아이에게 다음과 같은 반응이 나타나도록 기회를 만들어준다.

❶ 부모와 눈을 맞추며 부모의 행동을 예상하고 달아나는 행동을 보이도록 기회를 만들어준다.

(방법) 아이와 눈이 마주쳤을 때 잡으려는 손동작, 익살스러운 표정과 말소리를 들려준다.

❷ '빨리', '천천히' 등의 어휘를 이해하고 상황에 맞게 표현하도록 기회를 만들어준다.

(방법) 놀이 중에 해당 어휘를 들려주었을 때 적절하게 행동하는지 확인한다(이해), 잡으러 가기 전에 다급한 목소리로 '빨리빨리' 등을 외쳐 따라 말하게 한다.

Ⓡ Responsive Action - 반응해주기

❶ | ◎단계 ❶번에서 아이가 **적절히 반응할 경우** | 놀이의 흐름에 따라 도망가는 아이를 잡은 다음 아이의 행동을 이야기해준다.

예 "사자가 어흥 해서 빨리빨리 도망갔어?"

| ◎단계 ❶번에서 아이가 **도움이 필요할 경우** | 상황을 간단히 설명해준 다음 도망가라는 직접적인 지시를 내린다. 그럼에도 반응을 보이지 않는다면 빠르게 아이에게 달려가 '어흥' 하며 간지럼을 태운 뒤, 다음 기회에는 도망갈 것을 지시한다. 일상생활에서도 인형을 이용해 잡고 도망가는 모습을 보여주며 관찰하게 해준다.

❷ | ◎단계 ❷번에서 아이가 **적절히 반응할 경우** | 아이를 잡아 안아주며 '빨리' 혹은 '천천히' 잘 갔다고 칭찬해준다.

| ◎단계 ❷번에서 아이가 **도움이 필요할 경우** | 제스처를 함께 보여주며 '빨리빨리'(팔을 빠르게 움직임), '천천히'(팔은 느리게 움직임)의 의미를 이해하게 도와준다.

(응용) 반대로 부모가 도망가고 아이가 부모를 잡는 활동으로 응용할 수 있다.

주의
하세요

아이가 활동을 무서워한다면 억지로 진행하지 않고 인형들을 이용해 대신 시연해줍니다.

말/언어
촉진포인트

- 아이에게 비구어적 의사소통 행동 적극적으로 보여주기(눈빛, 제스처, 말투, 표정 등).
- 동물의 특징에 맞추어 실감나게 연기하기.
- 아이가 즐거워하는지 유심히 살피기.
- 상황에 맞는 어휘 들려주기('뛰어', '빨리', '천천히', '잡아' 등).

범주화 능력 키우는

🔊 모두 제자리

 어떤 놀이인가요?

아이가 친숙하게 사용하는 물건을 이용한 뒤 제자리에 정리하는 놀이입니다.

 **어떤 부분을 발달**시키나요?

사물의 명칭을 익히고, 자리를 기억하며 계획하고, 범주화 개념(종류별로 분류하는 능력)을 사용해야 하는 활동입니다. 시각기억력, 구성 및 계획능력, 범주화 능력 등 전반적인 언어 및 인지능력 발달을 돕습니다. 상징놀이로 진행하며 상호작용 및 놀이 확장에도 도움이 됩니다.

 무엇이 필요한가요?

아이가 친숙하게 사용하는 물건(칫솔, 숟가락, 인형, 기저귀, 옷, 빗 등).

 미리 생각해요

따로 시간을 내어 활동하는 것보다 평소 놀이 속에서 루틴처럼 자연스럽게 하는 것이 좋습니다. 타요 장난감을 가지고 놀았다면 타요를 탈것 장난감 무리에 정리하기, 목욕 놀이를 했다면 장난감들을 욕실에 정리하기, 요리 놀이를 했다면 장난감들을 음식 장난감들과 함께 정리하기 등으로 놀이의 연장선에서 진행하면 효과적입니다.

어떻게 **놀이**하나요?

Attention – 주의집중하기

★ 아이와 부모가 함께 거울을 보며 이 닦기, 모자 쓰기, 목걸이 하기, 머리 빗기 등 기능 놀이를 충분히 하고 난 상황이다.

부모   주하 머리도 빗고 모자도 쓰고 안경도 쓰고 옷도 입고 멋쟁이 놀이 다 했네! 이제 모두 제자리('모두 제자리' 동요의 음을 넣어) 정리할 시간이다. 물건 친구들이 집에 못 가면 슬퍼요. 우리 얼른 친구들 집에 데려다주자. 모자네 집은 어디였지? 아빠는 모르겠어. 주하는 알아?

아이   응!

Modeling – 시연하기

★ 부모가 모자 역할을 맡는다.

부모   모자 집이 어디야? 주하가 데려다줘.

아이   (모자를 집어 침대 위에 놓는다)

모자   아니야. 여기는 우리 집이 아니야!

부모   주하야, 모자 집은 침대 아니래. 다시 곰곰이 생각해보자. 모자는 주하 코트 옆에 있었던 것 같은데?

아이   코트? (코트 주변으로 가서 두리번거린다)

부모   코트 옆에 서….

아이   서랍! (모자를 서랍에 넣는다)

모자   주하야, 고마워. 우리 집 도착! 나 코 잘게 안녕.

아이   안녕~.

부모   우아! 주하가 모자네 집 잘 찾아줬네. 주하 덕분에 모자가 편히 코야 하겠다. 이번엔 안경 친구 집을 찾아주자.

★ 위와 같이 평소 아이와 놀고 난 뒤, 놀잇감 및 다양한 사물을 의인화해 집을 찾아주는 놀이를 하면서 제자리에 정리하도록 도와준다.

O **Opportunity – 기회 주기**

위 활동을 통해 다음과 같은 반응이 나타나도록 기회를 만들어준다.

❶ 물건들을 제자리에 갖다 놓도록 기회를 만들어준다.

（방법） 물건들을 의인화해 집을 찾아달라고 아이에게 요구한다.

예 "주하야, 우리 집 찾아줘. 나 엄마 모자한테 갈래."

❷ 물건을 정리할 곳의 명칭을 표현하도록 기회를 만들어준다.

（방법） '어디' 의문사를 사용하여 아이에게 물건의 자리를 묻는다.

예 "모자네 집이 어디지?"

❸ 물건을 의인화해 집에 데려다주고 재우는 상징놀이를 하도록 기회를 만들어준다.

（방법） 물건을 의인화해 아이에게 피곤함을 표현한다.

예 "주하야, 나 너무 졸려. 코 잘래."

R **Responsive Action – 반응해주기**

❶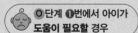
부모가 물건 역할을 맡아 집에 데려다주어 고맙다고 말하고, 부모 입장에서도 잘했다고 칭찬한다.

정리할 위치의 사물을 설명해주어 아이가 위치를 짐작할 수 있게 한 뒤 정리할 위치의 명칭을 알려준다. 그럼에도 어려워한다면 부모와 함께 제자리를 찾은 후 정리한다.

❷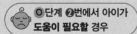
아이의 반응에 수긍하며 잘 알고 있다고 칭찬해준 다음, 제자리에 정리하는 행동으로 연결한다.

첫 말소리를 들려주어 생각해보게 하고 그럼에도 어려워한다면 천천히 명칭을 알려주어 아이가 따라 하게 한다.

예 서… → 서~랍~

❸ 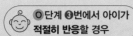 의인화된 물건이 아이에게 고마움을 표현하며 작별 인사를 한다.

예 "고마워. 나 코 잘게. 주하 빠빠이."

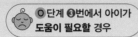 부모가 의인화된 물건을 토닥이며 '잘 자'라고 말해주고, 아이도 따라 하도록 격려한다.

 응용 물건의 제자리를 잘 찾는다면, 같은 범주의 물건들끼리 모으는 놀이를 해본다 (230쪽, '같은 친구 모여라' 놀이 참고).

 주의 하세요 물건의 자리가 아이 손이 닿지 않는 곳일 경우, 제자리 주변에 바구니를 준비하여 아이가 넣을 수 있게 합니다.

 **말/언어 촉진포인트**
• 물건의 제자리를 찾아 정리하도록 도와주기.
• 자리의 명칭 들려주기.
• 아이의 작은 시도도 크게 칭찬해주기.

 언어발달 이야기 물건을 제자리에 놓거나 같은 종류끼리 모으는 행위는 '범주화' 기술을 발전시키는 좋은 활동입니다. 비슷한 것끼리 모여 상위개념을 이루고, 상위개념 하에 여러 하위개념이 있다는 사실들을 인지하게 되면서 이해 및 표현 언어가 크게 발전합니다.

재미있는 상징놀이

🔊 고기 잡아

 어떤 놀이인가요?

낚시놀이 장난감을 이용하여 상호작용하며 바다생물을 잡는 놀이입니다.

 **어떤 부분을 발달**시키나요?

주의를 집중시켜 목표물을 고르고, 잡아 올리고, 통에 넣어야 하므로 주의집중력, 시각·운동의 협응력, 계획력 등을 발전시킬 수 있습니다. 더불어 상대와 번갈아가며 차례로 잡고 상징놀이로 연결시키게 되므로 상호작용, 언어이해 및 표현, 상징놀이 기능 역시 촉진할 수 있습니다.

 무엇이 필요한가요?

낚시놀이 장난감(자석 낚시놀이).

 미리 생각해요

평소 아이와 함께 바다생물 이름을 익히면 더욱 즐겁게 놀이할 수 있습니다.(물고기, 오징어, 문어, 해파리, 고래, 상어 등)

A Attention – 주의집중하기

★ 바다생물이나 낚시와 관련한 영상 또는 책을 아이와 함께 보는 상황이다.

부모 우아, 주하야 바다에 물고기 많다. 빨간 물고기, 노란 물고기, 오징어도 있네? 여기 문어도 있고.

아이 고기 있다.

부모 응, 여기 고기 있네. 잘 찾았어. 주하야, 우리도 꼬기꼬기 물고기들 잡으러 갈까? 영차 잡아서 냠냠할까? 주하 바다 친구들 있지?

아이 응!

M Modeling – 시연하기

부모 (자석 낚시놀이를 가져온다) 엄마가 물고기 낚시 놀이 가져 왔어. 먼저 바다에 물고기들 넣어야지. (바닥에 이불을 깔고 다양한 물고기 장난감들을 위치한다. 실제 빈 수조에 물을 담아 물고기 장난감을 넣어도 좋다) 주하야, 여기 바다야. 바다에 물고기들 많이 있어. 이제 고기 잡자. 어때?

아이 좋아.

부모 물고기 잡을 땐 (부모 자신의 가슴에 손을 대며) 엄마 한 번, (아이 가슴에 손을 대며) 주하 한 번 하는 거야. 차례차례. 알겠지? 엄마 한 번 주하 한 번.

아이 응.

부모 주하 할까? 엄마 할까?

아이 주하!

부모 그래, 주하 먼저 잡아. 어떤 거 잡을 거야? (손가락으로 가리키며) 여기 물고기도 있고, 여기는 문어, 여기는 소라, 여기는 오징어, 여기는 해파리.

아이 (말 없이 잡으려 한다)

부모 주하야, 잡을 땐 '잡아' 해줘. 고기 잡아, 소라 잡아, 오징어 잡아, 이렇게. 주하 뭐 잡아?

아이 문어 잡아.

부모	잘했어! 좋아, 문어 잡아봐.
아이	(자석 낚싯대로 문어를 잡는다)
부모	잡았다! 주하도 '잡았다!' 해야지.
아이	잡았다!
부모	주하 정말 잘 잡네. 이제 바구니에 쏙 넣어. '쏙 넣어' 말하고 넣어.
아이	(문어를 바구니에 넣으며) 쏙 넣어.
부모	정말 잘했어. 주하 했으니까 이번엔 누구 차례? (자신을 가리킨다)
아이	주하 차례.
부모	아니지. (아이를 가리키며) 주하 했으니까 (자신을 가리키며) 엄마 차례. 엄마 고기 잡을 게. 주하는 한 번 기다려줘. (아이에게 손을 내밀며) 엄마한테 낚싯대 주세요.

★ 위와 같이 차례를 지켜 고기잡이를 하고 바구니에 넣으며, 바다 관련 어휘를 익히고 단어를 조합해 표현하도록 한다.

Opportunity – 기회 주기

위 활동을 통해 다음과 같은 반응이 나타나도록 기회를 만들어준다.

❶ '○○ 잡아', '○○ 넣어' 등과 같이 단어를 조합하여 표현하도록 기회를 만들어 준다.

방법 행동을 하기 전에 먼저 이야기할 내용을 아이에게 알려준다.

예 "주하야, 고기 잡을 때는 '고기 잡아' 이야기해줘."

❷ 번갈아가며 활동하여 차례를 지키도록 기회를 만들어준다.

방법 놀이 전에 규칙을 알려주고, 아이가 한 뒤 부모에게 낚싯대를 달라고 요구한다.

예 (아이에게 손을 대며) "주하 한 번." (부모 자신에게 손을 대며) "엄마 한 번이야. 차례차례."

Responsive Action – 반응해주기

❶ 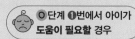 ○단계 ❶번에서 아이가 적절히 반응할 경우

놀이 중간중간 칭찬해주고 아이의 행동을 말로 표현해준다.

📢 "잘했네! 주하가 고기 잡았구나."

○단계 ❶번에서 아이가 도움이 필요할 경우

빠지거나 잘못된 부분을 다시 말하도록 질문한 뒤, 완성된 조합으로 말하게 한다. 아이가 '잡아'만 이야기할 경우 '뭐 잡아?'라고 질문하여 빠진 부분을 이야기하게 한 다음, '고기 잡아'라고 붙여 말하게 들려준다. 빠진 부분을 적절히 말하지 못한다면 부모가 알려주고 따라 하게 한다. 무반응할 경우, '고기 잡아'는 '고기', '문어 넣어'는 '문어'와 같이 한 단어 수준으로 충분히 들려준다.

❷ ○단계 ❷번에서 아이가 적절히 반응할 경우

중간중간 칭찬하며 상황을 설명해준다.

📢 "엄마한테 줬어? 잘했어. 주하 한 번, 엄마 한 번."

 ○단계 ❷번에서 아이가 도움이 필요할 경우

차례를 지키는 게 어렵고 혼자만 하려 하는 경우에는, 모자 등 시각적으로 식별 가능한 도구를 준비하여 차례인 사람에게 착용하게 해 차례를 인지하게 도와준다. 잡으려는 시도가 보이지 않는 무반응 아이일 경우, 부모가 고기 잡는 모습을 많이 보여주고 아이의 손을 잡아 함께 고기를 잡는다. 이때는 언어적 요구를 최대한 하지 않는다.

 고기를 잡아 바구니에 넣는 놀이에서, 냄비에 옮겨담아 끓여먹는 요리 놀이로 확장할 수 있다.

주의
하세요

　감정조절이 잘 되지 않는 어린 시기이므로 차례 지키기를 하면서 기다리는 것이 어려워 떼쓰거나 우는 경우가 많습니다. 이러한 경우 차례 지키기를 진행할 준비가 덜 된 것이므로 억지로 가르치기보다 아이가 먼저 충분히 해보게 한 다음 '부모 차례'임을 알려주고 이어 진행합니다. 일상생활에서 기다리거나 차례 연습을 충분히 한 다음 놀이에 적용합니다.

말/언어
촉진포인트

• 차례를 인식하고 상대방의 차례일 경우 잠시 기다리게 도와주기.

• 두 단어를 연결하도록 들려주고 시도를 격려하기.

• 바다생물의 명칭을 들려주고 표현하도록 도와주기.

• 고기를 잡은 후 다음 행동으로 연결하도록 도와주기('고기 잡아 바구니에 넣기' 등).

단어의 연결을 연습해요

24~30개월

이 시기 아이는 대근육과 소근육 운동능력이 발달하여
스스로 여러 경험을 할 수 있게 됩니다.
더불어 상징화 능력이 더욱 발달하면서 언어, 인지적으로
폭발적인 성장을 이뤄내는 시기입니다.
주변에 관심이 많아 "뭐야?"라는 질문을 많이 하면서 어휘 이해력이 높아지고
자신이 알고 있는 것을 적극적으로 표현합니다.
단어와 단어를 연결한 표현이 많아지는 시기이므로 아이가 한 단어로
표현한다면 부모가 의미에 맞게 단어 조합을 충분히 들려줍니다.

장소 어휘 배우는

가구 놓기

어떤 놀이인가요?

텅 빈 인형의 집에 여러 가지 가구들을 배치하며 일어날 수 있는 사건들을 역할놀이로 다룹니다.

어떤 부분을 발달시키나요?

공간마다 적절한 가구를 배치하며 범주화 개념을 발전시켜 나가고, 집 안의 물건 및 가구, 위치 등의 명칭을 익힐 수 있습니다. 더불어 집 안에서 발생할 수 있는 여러 상황을 제시하여 문제해결 능력과 질문하고 답하는 언어·인지적 발달을 도울 수 있습니다.

무엇이 필요한가요?

2~3층으로 칸이 나누어진 인형의 집, 아이가 좋아하는 피규어 인형.

미리 생각해요

아이가 위, 아래, 안, 밖과 같은 전치사를 표현하도록 유도할 것이므로 가구들을 미리 여러 위치에 둡니다.

A Attention - 주의집중하기

★ 부모가 뽀로로 피규어 역할을 맡는다.

뽀로로 주하야! 우리 집 봐봐. 새집으로 이사 왔어. 멋지지?

아이 (별 관심을 보이지 않는다)

뽀로로 에이, 뭐야! 주하랑 놀고 싶은데…. 나 그냥 집에 들어갈래! (집으로 들어간다)

부모 주하야, 뽀로로가 어디 갔지? 집으로 들어가버렸나봐. 주하가 재밌게 놀아주자. 엄마가 딩동 할게. (초인종을 누른다)

아이 (초인종 소리에 관심을 보이며 자신도 초인종을 누른다) 딩동!

M Modeling - 시연하기

뽀로로 누구세요?

아이 (무반응)

부모 '주하야'라고 말하면 돼.

아이 주하야.

뽀로로 아, 주하구나. 안녕?

아이 안녕?

뽀로로 우리 집에 들어와. (문을 열어 집안이 보이도록 한다) 어때?

부모 어, 이상하다? 뽀로로 집에 아무것도 없네? 침대도 없고, 변기도 없고, 책상도 없고, 냉장고도 없고, 식탁도 없고, 소파도 없네? 뽀로로한테 왜 그런지 물어봐야겠다. 뽀로로야 왜 아무것도 없어?

뽀로로 왜냐하면 새로 이사와서요

부모 그렇구나. 그럼 우리가 가구를 놔줄게. 주하야, 우리가 같이 뽀로로 집에 가구 놔주자. 주하가 '뭐 줄까?' 물어봐.

아이 뭐 줄까?

뽀로로 침대가 필요해.

부모	그렇구나. 침대 어디 있어?
뽀로로	(상자 위에 있는 침대를 가리키며) 상자 위에요. 위에.
부모	주하야, 침대 찾아보자. 상자 위에 있대.
아이	위에? (침대를 찾아 잡는다) 여기 침대.
부모	맞아! 잘했어. 코 잘 때 쓰는 침대지? 위에 있었어. 그럼 침대 어디에 놓지? 주하가 '어디 놔?'라고 물어봐.
아이	어디 놔?
뽀로로	내 방에 놔줘.
부모	(일부러 화장실에 놓으며) 여기?
뽀로로	아니요. 거긴 화장실이잖아요.
부모	뽀로로 방 어디야?
뽀로로	위층이요.
부모	주하야, 위층이 뽀로로 방이래. 주하가 위에 놔줘.
아이	(침대를 아래 칸에 놓는다)
뽀로로	주하야, 거긴 아래야. (손가락으로 위를 가리키며) 위에 놔줘.
아이	(위 칸에 침대를 놓는다) 됐어.
뽀로로	주하야, 맞아! 거기 위가 뽀로로 방이야. 고마워!

★ 그때 또 다른 친구 페티가 나타난 장면으로 연결한다. 부모가 페티 역할을 맡는다

부모	주하야, 페티가 놀러 왔어.
페티	뽀로로야, 나 놀러 왔어! 뭐해?
뽀로로	집에 가구 놓고 있어. 왜냐하면° 내가 새로 이사 와서.
페티	아, 그렇구나! (의자를 가리키며) 그런데 이게 뭐야?
뽀로로	이거 이름이 뭐였더라? 앉을 때 쓰는 건데? 주하야, 이거 뭐였지?
아이	의자!
부모	맞아! 이거 의자네, 의자. 앉을 때 쓰는 의자. 의자에 앉아, 페티야.
페티	아니에요. 지금 너무 피곤하고 졸려서 잘래요. 왜냐하면 여기까지 걸어왔거든요. 침

> ° '왜냐하면'을 빼고 말하는 것이 더 자연스럽지만, 접속사를 사용하여 원인과 결과를 표현하고 있다는 것을 아이에게 인식시키기 위해 노출한다.

	대 어디 있어요?
부모	침대? 어디 있었지? 주하야, 침대 어디 놨지?
아이	여기!
부모	위에? 아래?
아이	위에.
부모	맞아. 위에 방에 두었지. 방에 두었네. 방에. 여기 위에.

★ 위와 같은 방법으로 사물들을 각 장소에 적절하게 배치한다. 사물의 이름과 공간의 이름, 전치사 등을 반복적으로 노출하며, 상대의 질문과 이야기를 잘 듣고 적절하게 대응한다. 아이가 참여하고자 하면 적극적으로 참여시킨다.

○ Opportunity - 기회 주기

위 활동을 통해 아이에게 다음과 같은 반응이 나타나도록 기회를 만들어준다.

❶ 아이가 상황에 적절한 질문을 하도록 기회를 준다.

(방법) "어디 있어?", "뭐야?", "뭐 필요해?"와 같이 아이에게 적절한 질문을 들려주고 "~가 한번 물어봐"라고 말하며 따라 질문하도록 도와준다.

❷ 가구 어휘들을 표현하는 기회를 만들어준다.

(방법) 침대, 식탁, 의자, 소파, 티비, 변기, 욕조, 냉장고 등 집에서 쉽게 접하는 가구를 피규어가 가리키며 "이게 뭐야?"라고 아이에게 질문한다.

❸ 상대 피규어의 요구대로 가구를 적절한 위치에 놓도록 기회를 만들어준다.

(방법) 아이가 전치사 및 장소 어휘를 이해하도록 뽀로로가 가구를 특정 장소에 놔달라고 이야기한다.

❹ 전치사 및 장소 어휘를 표현하도록 기회를 만들어준다.

(방법) 부모나 상대 피규어가 "~ 어디 있어?"라고 질문을 던진다.

Responsive Action – 반응해주기

❶ **○단계 ❶번에서 아이가 적절히 반응할 경우**
질문에 즉각적으로 대답해준다.

○단계 ❶번에서 아이가 도움이 필요할 경우
놀이상황에서 충분히 질문을 반복해 들려준다.

❷ **○단계 ❷번에서 아이가 적절히 반응할 경우**
대답에 수긍해주고 고마움을 표현한다.
예 "아 참, 냉장고였지! 알려줘서 고마워."

○단계 ❷번에서 아이가 도움이 필요할 경우
놀이 속에서 피규어가 첫 말소리를 힌트로 준다. 잘 표현해내지 못한다면 해당 어휘를 알려준다
예 "아, 이게 뭐였더라? 의로 시작했는데? 의자?"

❸ **○단계 ❸번에서 아이가 적절히 반응할 경우**
아이 행동을 말로 표현해주며 칭찬한다.
예 "우아! 맞아, 거기야! 위에. 방에."

○단계 ❸번에서 아이가 도움이 필요할 경우
아이 행동을 말로 표현하고 적절한 위치를 알려준다.
예 "여기는 아래네. 여기가 위에. 위에 놓을게. 고마워!"

❹ **○단계 ❹번에서 아이가 적절히 반응할 경우**
아이 표현에 수긍하며 고마움을 표한다.
예 "여기 있었네. 주하가 알려줘서 찾았어. 정말 고마워!"

○단계 ❹번에서 아이가 도움이 필요할 경우
함께 찾아보며 해당 어휘를 들려준다.
예 "어디 한번 찾아보자. 아래도 없고, 안에도 없고, 위에 있었네!"

 응용 가구를 놓는 활동을 한 후 다른 친구들을 초대해 집을 구경시켜주고 함께 식사하는 놀이로도 연결할 수 있다.

언어표현이 충분히 나오지 않는 아이라면, 한 단어를 표현하더라도 자연스럽고 자신감 있게 말할 수 있도록 많은 상황에서 연습시킵니다. 예를 들어 부모의 "어디 있어?"라는 질문에 적절히 대답하지 못하는 아이라면 다양한 전치사 및 장소 어휘를 유도하기 전에 '여기'와 같은 두루두루, 쉽게 사용할 수 있는 단어를 선택해 자연스럽게 표현하도록 이끕니다.

**말/언어
촉진포인트**

• 아이에게 전치사 및 장소 어휘를 충분히 들려주고 따라 하도록 도와주기.
• 간단한 의문사로 말하도록 도와주기(뭐, 어디 등).
• 놀이에서 가구를 적절히 사용하는 모습 보여주기(침대 - 눕는 행위, 세면대 - 씻는 행위 등).
• 가구의 명칭 충분히 들려주기.
• '왜냐하면'을 붙여 이유를 설명하기.

'~에' 조사 익히는

🔊 버스에 타세요

어떤 놀이인가요?

아이가 버스 피규어가 되어 동물 피규어를 태우고 목적지까지 데려다주며 일어날 수 있는 상황을 놀이로 진행합니다.

어떤 부분을 발달시키나요?

표현하는 어휘가 다양해져 단어 조합이 자연스러워졌다면 점차 문법적 요소를 익힐 필요가 있습니다. 놀이 중 "~에 가자", "~한테 가자", "~에 타", "~에 도착" 등의 표현을 사용하며 초기 문법형태소를 익힐 수 있습니다. 또한 장소 어휘를 이해하고 표현, 질문하고 질문에 답하기, 상황적 인지력 등을 촉진할 수 있습니다.

무엇이 필요한가요?

동네 그림판, 자동차 장난감, 동물이나 사람 피규어.

미리 생각해요

바닥에 동네 그림판을 깔아놓습니다. 동네 그림판이 없다면 커다란 전지에 버스정류장, 병원, 마트, 집, 어린이집, 공원 등을 표시하고 그것을 잇는 여러 갈래의 길을 그려놓고 진행해도 좋습니다. 준비한 피규어를 버스정류장에 차례로 세워놓습니다.

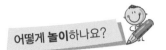
A Attention – 주의집중하기

★ 부모가 버스정류장에 서 있는 뽀로로 역할을 한다.

부모	주하야, 친구들이 버스 기다리나봐. 주하 버스가 친구들 데려다줄까?
아이	주하 버스.
부모	응. (자동차 피규어를 아이에게 주며) 얘는 주하 버스야. 친구들 데려다주는 주하버스!
아이	응. 주하 버스.
뽀로로	왜 이렇게 버스가 안 오지? 병원에 가야 하는데. (버스를 부르며) 버스야, 어딨어?
아이	(반응하지 않는다.)
부모	주하야, 뽀로로가 주하 버스 부르나 봐. "여기 있어"라고 이야기해줘.
아이	(버스를 밀어 뽀로로가 있는 정류장 쪽으로 간다) 여기 있어!

M Modeling – 시연하기

★ 아이에게 모델을 보여주기 위해 중간마다 버스 역할을 맡는다

버스	아이고. 늦어서 미안해 뽀로로. 어디에 가?
부모	주하도 '어디에 가?' 물어봐.
아이	어디 가?
뽀로로	병원에. 병원에 가. 뽀로로가 배 아파. 병원에 가야 해.
부모	뽀로로를 병원에 데려다 줘야 겠다. 주하야, 뽀로로 어디에 간대?
아이	병원.
부모	아, 병원에. 병원에 가는구나. 병원에 갑니다. 병원에~ 출발!

★ 버스가 병원으로 가는 길에 버스2를 만난다.
★ 부모가 버스 2를 흉내 낸다.

버스2	오! 주하 버스야, 안녕! 어디에 가?
아이	병원.

버스2	아, 병원에. 병원에 가는구나. 왜?
아이	뽀로로 아파.
버스2	아. 왜냐하면 뽀로로가 아파서. 뽀로로가 아파서 병원에 가는구나. 나는 마트에, 마트에 가.
아이	응. 마트.
버스2	그럼, 나중에 보자. 안녕!
아이	안녕.

★ 부모의 도움을 받아 버스가 병원에 도착한다.

부모	도착! 우리 어디에 왔지?
아이	병원.
부모	병원에! 어디에?
아이	병원에.
부모	그래. 맞아. 병원에. 잘 치료받고 오렴.
뽀로로	응, 고마워 주하 버스. 잘 가!

★ 위와 같이 피규어를 각 장소로 태워주는 놀이를 반복한다. 이후 역할을 바꾸어서도 진행한다.

Opportunity - 기회 주기

위 활동을 통해 아이에게 다음과 같은 반응이 나타나도록 기회를 만들어준다.

❶ '~에' 처소격 조사를 사용하도록 기회를 만들어준다.

（방법） "어디에 가?", "어디에 타?" 등의 질문을 던진다. 구어체는 "어디 가?"로 표현할 수 있지만, 아이가 힌트를 얻도록 조사를 붙여 질문한다.

❷ 적절한 장소를 표현하도록 기회를 만들어준다.

（방법） 상황을 설명해주고 아이에게 "어디에 가?"라고 질문을 던진다

（예） "뽀로로가 배가 아프대. 어디에 가야 돼?"

❸ 상대 피규어에게 인사하는 기회를 만들어준다.

(방법) 만나고 헤어질 때 상대 피규어가 먼저 인사한다.

❹ 적절한 장소에 도착시키고 '~에 도착!'이라고 말할 수 있도록 기회를 만들어준다.

(방법) "이쪽으로 가면 ~야" 등의 표현을 들려주어 버스를 이동하게 한다. 도착한 후 부모가 먼저 해당 표현을 들려주어 따라 하도록 이끈다.

Ⓡ Responsive Action - 반응해주기

❶ 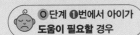 ○단계 ❶번에서 아이가 **적절히 반응할 경우**

아이 말을 따라 하며 수긍하고 행동으로 연결한다.

○단계 ❶번에서 아이가 **도움이 필요할 경우**

'에'를 다시 한번 강조하여 들려주며 한 번 더 표현하게 한다.

(예) "아, 병원 '에'!"

❷ 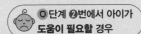 ○단계 ❷번에서 아이가 **적절히 반응할 경우**

아이 반응에 수긍하고 확장된 언어로 들려준다.

(예) "뽀로로가 아야 해서 병원 가지. 병원에서 주사 꾹 맞으면 돼."

○단계 ❷번에서 아이가 **도움이 필요할 경우**

의미적인 설명을 들려주고 장소 어휘의 첫 말소리를 들려주어 힌트를 준다.

(예) "여기 아플 때 가는 데인데. 병… 병원!"

❸ ○단계 ❸번에서 아이가 **적절히 반응할 경우**

인사를 친절하게 잘했다고 칭찬해준다.

○단계 ❸번에서 아이가 **도움이 필요할 경우**

상대 피규어가 다시 한번 크게 인사한 후, 아이에게 인사하라고 격려한다.

❹ ○단계 ❹번에서 아이가 **적절히 반응할 경우**

다시 한번 아이 말을 따라 하며 칭찬해준다.

(예) "병원에 도착! 휴…. 주하 덕분에 잘 왔다!"

○단계 ❹번에서 아이가 **도움이 필요할 경우**

앞부분은 부모가 말해주고 아이가 '도착' 부분만이라도 말하도록 도와준다.

응용
- 목적지로 데려다주는 과정에서 신호등 규칙 지키기, 빠르기–천천히 가기, 멈추기, 사고 장면 놀이 등의 교통 놀이로 확장할 수 있다.
- 버스에 피규어를 태워주는 과정에서 '다른 친구와 같이 타기' 장면으로 확장할 수 있다.

 **주의하세요**

　　피규어가 병원에 가야 한다고 한 놀이상황에서 아이가 병원이 아닌 다른 장소에 데려다주고 싶어 한다면, 아이 주도를 따라준 후 원래 방향을 다시 시도해본다.

 말/언어 촉진포인트
- '~에' 표현 들려주고 끌어내기.
- "타세요", "내리세요" 등 상황에 적절한 동사 표현 들려주고 끌어내기.
- "어디 가?" 등의 질문을 하도록 들려주고 표현 이끌어내기.
- "고마워", "감사합니다" 등 상황에 적절한 인사를 표현하도록 돕기.
- 상대의 요구대로 목적지에 데려다 주도록 도와주기.

언어발달 이야기

　　단어와 단어를 조합하는 것이 자연스러워진 이후에는 언어의 문법적 요소(조사를 비롯한 문법형태소) 등을 익힐 수 있도록 합니다. 내용어(의미가 있는 명사/동사/형용사 등)에 비해 기능어(조사를 비롯한 문법형태소)를 빠뜨리고 이야기하는 경우가 많고 헷갈리기 쉬우므로 자연스러운 상황에서 반복적으로 사용할 수 있도록 도와줍니다.

📣 병원놀이

 **어떤 놀이**인가요?

인형이 아픈 상황을 설정하여 병원에서 치료받는 놀이입니다.

 어떤 **부분을 발달**시키나요?

아이가 자주 가는 병원에서의 상황을 놀이로 연결시키며, 실제 병원에서 일어날 만한 문제상황들에 적절히 대처할 수 있도록 합니다. 또한 신체 부위, 병원 등과 관련된 언어를 자연스럽게 이해하고 표현하게 도와줍니다.

 무엇이 **필요**한가요?

병원놀이 장난감, 아기인형, 검정색 스티커나 그림(색종이에 그려도 무방).

 미리 **생각**해요

실제 아파서 병원에 갔을 때 일어났던 일에 대해 이야기 나누거나 관련한 책이나 애니메이션을 미리 접합니다.

어떻게 **놀이**하나요?

A Attention – 주의집중하기

★ 인형이 과자를 많이 먹고 배가 아픈 장면을 연출한다.
★ 인형의 역할은 부모가 맡는다.

인형	으앙~ 아파아파!
아이	(인형의 우는 소리에 관심을 보인다)
부모	어? 주하야, 아가가 아프대. 어디가 아픈 거지? 주하가 '어디 아파?' 물어봐.
아이	어디 아파?
인형	배 아파, 배 아파!
부모	(재빨리 배에 검정 스티커를 붙인다. 스티커 대신 간단하게 반창고를 붙여줘도 좋다.) 저런! 아가가 까까를 너무 많이 먹어서 배탈이 났네. 어쩌지, 주하야? 아가가 울어.
아이	(부모를 쳐다본다)
부모	주하가 '호' 불어줄까?
아이	(아가 배에 '호' 불어준다)
부모	아가야, 괜찮아? 주하도 '괜찮아?' 물어봐.
아이	괜찮아?
인형	아직도 아파. 으앙!
부모	주하야, 아가랑 같이 병원 가자. 뱃속에 개미 왔나 봐. 까까 많이 먹어서.
아이	개미?
부모	응, 까까 많~이 먹어서 개미가 까까 먹으러 배에 왔대. 얼른 병원가방 가지고 와.
아이	(병원놀이 가방을 가져온다)

M Modeling – 시연하기

★ 아이가 의사 역할을 맡게 하고 부모는 중간자가 되어 아이가 어려움 있을 때 개입한다.

부모	주하가 의사 선생님 할까? 의사 선생님이 아가 치료해줘.

아이	응. 주하 의사 선생님.
부모	의사 선생님은 여기 의사 안경 써. 목에 청진기 하고. (아이가 의사 모습을 할 수 있게 돕는다)
부모	이제 아가 병원 온다.

★ 부모가 계속해서 인형 역할을 맡는다.

인형	으앙 의사 선생님, 배가 아파요.
부모	주하야, 아가가 배 아프대. 왜 아플까? '왜 아파?' 한번 물어봐
아이	왜 아파?
인형	왜냐하면 어제 까까를 많이 많이 먹어서요.
부모	저런! 까까를 많이 먹어서 배에 개미 왔나봐. (청진기 대주는 시늉하며) 주하야, 이렇게 청진기 해봐. 개미 있나 보자. (재빨리 검정 스티커를 아가 배에 붙인다)
아이	(인형 배에 청진기를 댄다)
부모	아빠도 같이 들어보자. (함께 청진기에 귀를 대는 시늉을 한다) 개미 있어?
아이	개미 있어.
부모	몇 마리?
아이	(반응하지 않는다)
부모	(개미 스티커를 세며) 하나, 둘, 셋! 세 마리 있네! 주사 놔줘서 개미 없애자. 주사 놓자.
인형	으앙! 싫어! 주사 무서워!
부모	아가야, 주사 안 맞으면 개미가 안 가. 살살 놔줄게. 주하야, 아가가 주사 무서운가 봐. 주하가 '괜찮아' 해줘.
아이	괜찮아. 개미 싫어.
인형	맞아. 개미 싫어. 따끔하고 괜찮겠지? 알았어. 주사 살살 놔주세요.
부모	주하야, 살살 주사 놔주자.
아이	(부모의 도움을 받아 주사를 놓는다. 검정 스티커가 붙여진 부분에 주사를 놓은 뒤 스티커를 떼어낸다.)
부모	아구 잘하네! 주하가 주사 놔서 개미 다 없어졌어. 개미 없다!

아이	개미 없다. (자리에서 일어나려 한다)
부모	주하야 어디 가? 아가한테 약 만들어줘야지. 약 먹어야 건강해져. (과일 모형들 3~4개 정도 늘어놓고) 주하야 무슨 약 만들까? 딸기 약? 포도 약? 바나나 약?
아이	딸기 약!
부모	그래, 딸기 약 만들자. (손으로 딸기를 짜서 그릇에 담는 흉내를 낸다.) 주하도 같이해. 쭉쭉 짜요짜요!
아이	(딸기 모형을 짜는 흉내를 낸다.) 쭉쭉 짜요짜요!
부모	딸기 약 완성. 됐다!
아이	됐다!
부모	아가한테 '약 먹어' 해.
아이	약 먹어.
인형	고마워요. 이제 다 나았어요. 안 아파요.
부모	주하가 호~ 불어줘서 많이 나았대. 잘했어요. 주하 의사 선생님.

★ 위처럼 아기 인형을 진찰하고, 주사를 놓고, 약을 먹이는 일련의 치료 과정을 진행한다.

O Opportunity - 기회 주기

위 활동을 통하여 아이에게 다음과 같은 반응을 이끌어내도록 기회를 만들어준다

❶ 의문사 '어디'를 사용하여 환자 인형에게 아픈 곳을 물어보도록 기회를 만들어준다.
(방법) 환자 인형이 우는 시늉을 하며 아프다고 표현하면 아이가 "어디 아파?"라고 물어 보도록 유도한다.

❷ 청진기로 진찰하기 → 주사 놓기 → 약 먹여주기 등으로 놀이행동을 연결하게 기 회를 만들어준다.
(방법) "청진기 했으니까 이제 주사 놔서 개미 없애자 / 이제 주사 놨으니까 약 먹여주자" 등 으로 부모가 개입한 후 자연스럽게 다음 행동으로 이어지도록 유도한다.

❸ 병원 상황에 관련된 어휘를 사용하여 단어를 조합하도록 기회를 만들어준다.

> **방법** 아이가 하는 행동에 "～야 뭐해?", "아기 왜 그래?" 하고 질문을 던진다. 행동에 맞
> 게 두 단어의 조합을 적절히 들려준다.

❹ 병원에서의 공포 상황을 긍정적인 방향으로 생각하도록 기회를 만들어준다.

> **방법** 환자 인형이 주사 맞기 싫다고 떼를 쓰는 상황을 연출한 후 아이가 인형을 설득하
> 는 말을 하게 도와준다.

Ⓡ Responsive Action – 반응해주기

❶ 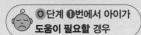 **단계 ❶번에서 아이가 적절히 반응할 경우**
놀이상황에서 환자 인형이 즉각적으로 응답하며 도움을 요청한다.

단계 ❶번에서 아이가 도움이 필요할 경우
부모가 "어디 아파?" 질문을 들려주어 따라 하도록 해준다.

❷ 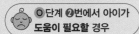 **단계 ❷번에서 아이가 적절히 반응할 경우**
아이의 행동을 말로 표현해주며 중간마다 칭찬한다.

단계 ❷번에서 아이가 도움이 필요할 경우
부모가 해당 행동을 보여준 뒤 따라 하도록 돕는다. 그래도 어려워할 경우에는 직접 아이 손에 도구를 쥐어 주고 함께 행동을 수행한다.

❸ 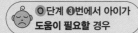 **단계 ❸번에서 아이가 적절히 반응할 경우**
아이 대답에 수긍해주며 다음 행동으로 연결시켜준다.
㉠ "주사 났구나. 아가가 조금 아야 했겠네. 호 불어줘."

단계 ❸번에서 아이가 도움이 필요할 경우
부모가 대신 아이 행동을 말로 표현해주고 따라 하도록 격려한다.

❹ **단계 ❹번에서 아이가 적절히 반응할 경우**
놀이황에서 인형이 아이 말을 듣고 행동 변화를 일으키는 상황을 보여주고, 아이에게 고맙다고 말한다.

단계 ❹번에서 아이가 도움이 필요할 경우
부모가 대신 적절한 표현으로 인형을 설득하는 모습을 보인 후, 아이가 짧게라도 표현하도록 격려한다.
㉠ "아가야, 괜찮아."

응용 한 부분을 치료하는 것에서 더 나아가 여러 신체 부위 치료로 연결할 수 있다.

주의 하세요 인형으로 놀이를 진행하는 것이 원활하지 않고, 아이가 잘 이해하지 못하는 것 같다면 실제 부모가 환자 역할을 맡아 충분히 놀이해봅니다.

말/언어 촉진포인트

- 상황에 따른 이유 들려주기.
  예 "까까 많이 먹어서 배 아파."
- 각 놀이 행동들을 자연스럽게 연결할 수 있도록 도와주기.
- 의문사 질문을 다양하게 사용하도록 도와주기.(뭐, 누가, 어디 등)
- 환자 인형의 질문이나 지시에 적극적으로 반응하기.

감정표현을 풍부하게

🔊 생일 축하해!

어떤 놀이인가요?

인형 친구의 생일 상황을 설정하여 생일 케이크를 만든 후 축하 놀이를 합니다.

어떤 부분을 발달시키나요?

아이가 어려서 아직 생일의 의미는 알지 못하겠지만, 상대 방이 주인공인 날에 함께 노래 부르며 선물을 나누는 표현을 통해 상황적 인지능력을 높일 수 있습니다. 또 축하 및 기쁨의 감정을 놀이 중에 표현하도록 도울 수 있습니다. 더불어 단계를 거쳐 케이크를 만드는 과정에서 계획적 사고도 경험할 수 있습니다.

무엇이 필요한가요?

케이크 장난감(가정에서 도화지를 동그랗게 잘라 만들 수도 있음), 아이가 좋아하는 인형들.

미리 생각해요

• 평소에 생일 축하와 관련된 동화책을 읽거나 영상을 함께 시청하며 이야기 나누어봅니다.
• 도화지로 생일 케이크를 만드는 경우에는 커다란 동그라미, 여러 디저트 류의 스티커, 종이로 만든 촛불 등을 미리 만들 어놓습니다.

어떻게 **놀이**하나요?

A | Attention – 주의집중하기

★ 생일 축하와 관련된 책을 읽거나 영상을 시청한 후

부모	우아! 생일 축하 진짜 재밌다. 오늘 토끼 생일*이래. 우리 집에 있는 토끼 인형도 생일 축하해줄까?
아이	응! 좋아!
부모	그럼 우리 토끼 생일 케이크 만들자! (재료들을 보여주며) 우리 뭐 넣어줄지 한번 보자.
아이	좋아.

> • 자신의 생일이라고 설정하고 싶어 하는 아이라면 아이 생일로 설정하여 친구를 초대하는 상황으로 진행해도 좋다.

M | Modeling – 시연하기

★ 도화지로 케이크를 만드는 설정이다.
★ 부모가 토끼 역할을 맡는다.

부모	여기 동글동글 동그라미 케이크랑 키위랑, 딸기랑, 바나나랑, 초코랑, 사탕이랑 재료들이 많이 있다. (재료 스티커 혹은 만들어놓은 재료를 테이프로 붙이며) 엄마 키위 넣고 딸기 넣어. 주하는 뭐 넣을래?
아이	<u>초코.</u>
부모	<u>초코 넣어.</u>** 토끼한테도 물어보자. "토끼야, 뭐 넣어?" 물어봐.
아이	뭐 넣어?
토끼	포도랑 수박 넣어.
아이	(딸기와 수박을 넣는다)
토끼	딸기 수박 말고, 포도 수박이지.
아이	(딸기를 포도로 바꾸어 넣는다.)
부모	이번엔 엄마 차례. 엄마는 크림이랑 멜론 넣어.
아이	쿠키 넣어. 바나나 넣어.

> ** 확장된 언어로 들려준다.

부모	쿠키랑 바나나? 우아 맛있는 케이크 완성! 이제 촛불 꽂아. 토끼 몇 살이야?
아이	3살
부모	(손가락으로 세어주며) 3살이면 하나, 둘, 셋! 촛불 하나, 둘, 셋! 세 개 꽂는 거야.
부모	주하는 몇 살이야?
아이	3살.
부모	그럼 주하 생일에는 촛불 몇 개 꽂아?
아이	3개.
부모	맞아! 토끼랑 주하랑 똑같네? 토끼랑 같이 하면 되겠다! 토끼랑. 그럼 촛불 하나씩 꽂아보자. 엄마는 초록 꽂아. 주하 차례.
아이	노랑 꽂아.
부모	그다음에 엄마 빨강 꽂아. 그다음에 주하 차례
아이	핑크 꽂아.
부모	됐다! 이제 토끼 불러도 되겠다. 주하야, '토끼야' 불러!
아이	토끼야!
토끼	(토끼를 콩콩 뛰게 하며 아이 앞에 위치한다) 주하야, 왜?
아이	(해야 할 말을 몰라 머뭇거린다.)
부모	"생일 축하해" 하면 돼
아이	생일 축하해.
부모	참! 주하가 선물로 케이크 만들었잖아. 토끼한테 줘. "토끼야 선물이야" 하면서
아이	(케이크를 토끼한테 밀며) 선물.
토끼	우아, 고마워! 정말 맛있겠다. 내가 좋아하는 포도랑 수박 넣었네? 촛불도 3개 꽂고. 정말 고마워!
부모	생일 축하해, 토끼야! 얼른 의자에 앉아. 우리 생일 축하 노래 부르고, 박수치고, 같이 케이크 나눠 먹자.
아이	좋아!
부모	노래 불러. 시작! (생일 축하 노래를 부른다) 주하가 "촛불 불어" 해줘
아이	촛불 불어.
부모	하나 둘 셋 '후' 하자!
모두	('후' 부는 시늉을 한다. 부모는 촛불을 제거한다)

부모	그다음엔 뭐하지? (다음 행동을 의식하고 표현할 수 있는지 아이 반응을 살핀다) 아 참! 잘라야지. 주하가 칼로 잘라줘. (아이가 칼로 자르는 시늉을 하면 부모는 가위로 재빠르 게 케이크 도화지를 3등분으로 자른다) 케이크 잘랐으니까 그다음엔 뭐하지? (아이의 반응을 살핀다) 이제 나눠 줘야지. 주하가 나눠. (아이가 나눠주는 것을 돕는다)
토끼	주하야, 고마워! 주하가 케이크 만들어줘서 토끼는 너무 행복해!
부모	주하는 기분이 어때?
아이	주하도 좋아!
토끼	나 케이크 먹어볼게. 냠냠냠.
부모	주하야, '맛있어?' 물어봐
아이	맛있어?
토끼	정말 맛있어! 주하가 정말 맛있게 만들었다. 고마워!

○ Opportunity – 기회 주기

위 활동을 통하여 아이에게 다음과 같은 반응이 나타나도록 기회를 만들어준다.

❶ "딸기 넣어", "촛불 꽂아", "케이크 먹어"와 같이 두 낱말의 조합이 다양하게 나오
도록 기회를 만들어준다.

> 방법 상황에 맞게 적절한 표현을 들려준 후 "어떻게 해?"라고 물어 아이가 따라 하도록
한다.

❷ "축하해", "맛있어", "좋아"와 같이 상태나 감정을 나타내는 표현을 하도록 기회를
만들어준다.

> 방법 "(기분, 맛 등) 어때?", "친구한테 뭐라고 할까?" 등 아이의 상태 및 감정 표현을 이
끌어내는 질문을 던진다.

❸ 부모'가', 토끼'랑'과 같이 초기 문법 형태소들을 자연스럽게 많이 사용하는 기회
를 준다.

> 방법 초기 조사 '가', '랑' 등을 강조하여 들려준 후 의문사 질문하여 아이가 조사를 붙여
말하도록 돕는다.
>> 예 "토끼랑 먹을거야. 토끼랑. 누구랑?"

❹ 다음 행동으로 연결되도록 기회를 만들어준다.

(방법) 행동한 후 "그리고 뭐하지?" 등으로 연결되는 동작에 대해 아이에게 질문한다.

Ⓡ Responsive Action – 반응해주기

❶ 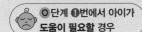 O단계 ❶번에서 아이가 적절히 반응할 경우

아이가 말하는 것을 한번 더 말해주거나 아이가 말하는 것을 바로 행동으로 옮긴다.

O단계 ❶번에서 아이가 도움이 필요할 경우

아이가 해당 표현에 대한 지시부터 잘 따르도록 도와준다. 한 단어씩 따라 하는 것이 불편하지 않게 두 단어를 붙이며, 앞 단어를 말해주고 충분히 기다려준다.

❷ O단계 ❷번에서 아이가 적절히 반응할 경우

"축하해줘서 고마워", "나도 맛있어", "나도 좋아"와 같이 감정을 공유하고 있음을 알려준다.

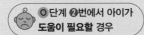 O단계 ❷번에서 아이가 도움이 필요할 경우

"맛있어?", "맛없어?"와 같이 닫힌 질문을 통해 한 가지 표현을 선택하여 말하도록 도와준다.

❸ O단계 ❸번에서 아이가 적절히 반응할 경우

아이 말을 한 번 더 반복한다.
📢 "응, 토끼랑 먹을 거야? 토끼랑?"

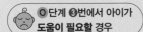 O단계 ❸번에서 아이가 도움이 필요할 경우

해당 문법형태소를 과장해서 크고 높은 음도로 들려주며 반복한 뒤, 의문사를 활용하여 아이에게 질문을 던진다.
📢 "아, 토끼'랑'? 토끼랑 먹을 거야? 누구랑?"

❹ O단계 ❹번에서 아이가 적절히 반응할 경우

크게 칭찬해주며 아이 행동을 말로 표현해준다.
📢 "맞아맞아. 촛불 끄고 케이크 잘라야지. 정말 잘했어."

O단계 ❹번에서 아이가 도움이 필요할 경우

충분히 생각할 시간을 준 후, 반응이 나타나지 않으면 2가지 선택 중에 고르도록 유도한다.
📢 "촛불 껐네. 이제 코 잘까? 아니면 케이크 자를까?"

응용

- 생일파티에 친구들을 초대하는 놀이로 확장한다.
- 생일파티에서 선물을 나눠주는 놀이로 확장한다.
- 만든 케이크를 배달하는 놀이로 확장한다.
- 케이크 만들 재료를 사기 위해 마트에 가는 놀이로 확장할 수 있다.

주의하세요

단어 조합이 출현하는 시기이므로 너무 긴 문장으로 들려주지 않도록 합니다. 아이가 모방하여 따라 할 수 있을 정도로 두 단어의 조합을 천천히 반복해 들려줍니다.

말/언어 촉진포인트

- 아이가 상대방에게 축하, 감사, 미안함 등의 감정을 표현하도록 도와주기.
- 아이가 이해할 수 있도록 짧고 간결한 문장으로 이야기하기.
- 케이크를 만들 때 아이 한번, 부모 한번 차례를 지키며 해보기.
- 간단한 두 단계 지시 들려주고 시행하게 하기.
- 조사('~가' '~랑') 들려주고 문장 속에서 활용하기.

언어발달 이야기

아이들마다 차이가 있기는 하지만, 평균적으로 약 18개월에서 24개월 사이에 단어를 조합하여 표현하기 시작합니다. 많은 단어를 표현하게 되면서 점차 단어와 단어를 연결하며 초기문법 형태소를 표현하므로 단어 조합을 시도할 수 있도록 짧고 명료한 단어조합 문장을 많이 들려주는 것이 좋습니다. 아이가 어려워할 경우 앞 부분을 말해주고 잠시 기다려 주도록 합니다.

예 "사과? (먹어)"

2단계 요구 수행하기

🔊 음식점 놀이

어떤 놀이인가요?

부모와 아이가 각각 요리사와 손님이 되어 음식점을 배경으로 한 역할놀이를 진행합니다.

어떤 부분을 발달시키나요?

상대와 상호작용하며 의견을 묻거나 지시를 따르는 등의 경험을 통해 상대방의 입장을 인식할 수 있습니다. 또 상황인지력, 문제해결력, 사회성 발달을 돕고, 가상 요리활동을 진행하며 계획적 사고력을 증진할 수 있습니다. 더불어 요리 및 음식점 배경에서 사용할 수 있는 다양한 어휘를 익히고 상대에 따라 존댓말과 반말을 바꾸어가며 사용해야 한다는 것을 인식하며, 상대가 지시하는 2단계 행동 요구를 수행하면서 언어적 기억력을 높일 수 있습니다.

무엇이 필요한가요?

주방놀이 장난감(접시, 숟가락, 포크, 칼, 가스레인지, 냄비), 음식 장난감(자르기 음식 장난감), 아기 인형.

미리 생각해요

부모가 미리 주방놀이 장난감들을 늘어놓고 요리하는 척합니다.

어떻게 **놀이**하나요?

A **Attention – 주의집중하기**

주인	(아이가 함께 있는 상황에서 주방놀이 장난감과 음식 장난감을 가져와 세팅한 후, 프라이팬에 음식을 볶는 척한다) 지글지글, 여기는 아빠 식당입니다. 맛있는 거 먹으러 오세요!
아이	(큰 관심을 보이지 않는다.)

★ 부모가 아기 인형 역할을 맡는다.

아기인형	안녕하세요! 여기 맛있는 거 뭐 파나요?
주인	계란 요리랑 고기 요리 있어요.
아이	(아기 인형이 등장하는 것을 보고 다가온다.)

M **Modeling – 시연하기**

주인	손님, 아빠 식당입니다. 안녕하세요!
아이	안녕!
주인	안녕하세요.
아이	안녕하세요.
주인	뭐 드릴까요?
아이	….
부모	주하야, '뭐 팔아요?' 물어봐바.
아이	뭐 팔아요?
주인	고기 요리랑 계란 요리 팔아요. 고기 요리 먹어요? 아니면 계란 요리 먹어요?
아이	….
주인	(해당 음식 장난감을 가리키며) 고기 먹어요? 계란 먹어요?
아이	고기 먹어요.
주인	알겠습니다. 손 씻고 접시를 테이블에 놓으세요.
아이	(손은 안 씻고 접시만 테이블에 놓는다)

주인	어, 손은 안 씻었네요? 손 씻고 접시 놓으라고 말했는데요.
아이	(손 씻는 시늉을 한다)
주인	(일부러 고기 대신 계란을 들어 요리하면서, 아이 반응을 살핀다. 아이가 계란이 아니라 고기라고 정정하지 못한다면 아이에게 재료가 맞는지 확인한다. 계란을 보여주며) 이거 고기 맞지요?
아이	아니야. 계란이에요.
주인	아참, 이건 계란이지! 미안해요. 실수했어요 (다시 고기를 들어 칼로 자르고 프라이팬에 볶는 시늉을 하며 과정을 말로 표현한다) 여기 고기를 자르고, 프라이팬에 넣고, 볶아볶아 하고~ 완성! (각 접시를 가리키며) 빨간 접시에 드릴까요? 아니면 노랑 접시에 드릴까요?
아이	(빨강 접시를 가리키며) 이거 주세요.
주인	아, 빨강 접시요? 알겠습니다. (접시에 고기를 담으며) 접시에 고기 담아요. 여기 있습니다.
아이	(상대 행동에 대한 수신 반응이 없다)
주인	'고마워요' 해야지요.
아이	고마워요.
주인	네네. 맛있게 드세요. 아참, 잠시만요! 소금 조금 뿌리고 후후 불어 먹어요.
아이	(지시에 따른다)
주인	맛 어때요?
아이	맛있어요.

★ 그때 아이가 좋아하는 토끼 인형이 나타난다. 토끼한테 음식을 나눠주는 장면으로 놀이를 전개한다.

★ 부모가 토끼 인형 역할을 맡는다.

토끼	어! 주하야, 안녕?
아이	안녕!
토끼	여기서 뭐 해? 뭐 먹어?
아이	고기 먹어.

토끼	맛있겠다! 나한테도 나눠줄래?
아이	(먹여 주려고 한다)
부모	주하야, '소금 뿌리고 후후 불어' 해줘야지. 뜨거워서 아야 해.
아이	소금 뿌리고…. (다음 말을 생각해내지 못한다)
부모	후후
아이	후후 불고.
부모	먹어!
아이	먹어.
토끼	응! (지시에 따르는 시늉하며) 소금 뿌리고 후후 불고 먹어. 우아. 진짜 맛있다. 나눠 줘서 고마워, 주하야!

★ 위와 같이 음식점에서 메뉴를 고르고 먹고 나눠주는 내용으로 놀이상황을 확장한다.

O Opportunity - 기회 주기

위 활동을 통해 아이에게 다음과 같은 반응이 나타나도록 기회를 만들어준다.

❶ 상대에게 존댓말로 말하는 기회를 만들어준다.

(방법) 아이에게 존댓말을 먼저 들려준다.

❷ 아이가 상황에 맞게 적절히 질문하도록 기회를 만들어준다.

(방법) "뭐 팔아요?"와 같이 상황에 맞는 질문을 들려준다.

❸ 2단계 지시를 이해하고 따르도록 기회를 만들어준다.

(방법) "손 씻고 접시 놓으세요"와 같이 2단계 지시를 내린다.

❹ 잘못된 정보에 수정 요구를 하도록 기회를 만들어준다.

(방법) 계란을 보고 "이게 고기지요?"라고 묻는 등 잘못된 정보를 아이에게 제시하며 질문한다.

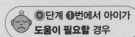

R Responsive Action – 반응해주기

❶ **O단계 ❶번에서 아이가 적절히 반응할 경우**
존댓말로 응대하며, 중간중간 칭찬해준다.

O단계 ❶번에서 아이가 도움이 필요할 경우
아이가 해야 할 말을 천천히 존댓말로 들려주어 따라 하도록 한다.

❷ **O단계 ❷번에서 아이가 적절히 반응할 경우**
질문에 즉각적으로 대답한다.
예 "고기 요리하고 계란 요리 있어요."

O단계 ❷번에서 아이가 도움이 필요할 경우
아기 인형을 이용해 적절히 묻는 모습을 보여준 후 아이에게도 비슷하게 해볼 것을 격려한다.
예 아기 인형(부모)이 "아줌마 안녕하세요! 여기 뭐 팔아요?" 라고 묻고, 부모가 다시 "'뭐 팔아요?'라고 한번 물어봐" 라고 격려해준다.

❸ **O단계 ❸번에서 아이가 적절히 반응할 경우**
행동을 다시 한 번 말로 설명해주고 칭찬한다.
예 "맞아요. 소금 톡톡 뿌리고 뜨거우니까 후후 불었지요? 잘 했어요."

O단계 ❸번에서 아이가 도움이 필요할 경우
구문을 쪼개어 다시 한번 천천히 들려주며 행동으로 보인다.
예 "소금 톡톡 뿌리고 후후 불고." (제스처로 보여줌)

❹ **O단계 ❹번에서 아이가 적절히 반응할 경우**
아이 말에 바로 동의해주며, 정확한 정보를 다시 말해준다
예 "깜빡했네. 맞아, 이건 고기가 아니라 계란이지! 알려줘서 고마워요. 고기 넣을게요."

O단계 ❹번에서 아이가 도움이 필요할 경우
질문을 다시 한번 천천히 반복하여 묻고, 적절한 반응을 하지 못하면 답을 말해준다.
예 "이거 고기예요?" → "고기는 여기 있고 이거는 계… 계란이 네요."

응용 요리사에게 음식을 받고, 인형들에게 나눠주는 놀이나 음식을 다 먹은 후 계산하는 놀이로 확장할 수 있다.

주의 하세요

　　2단계 지시를 따르게 할 때 아이가 부분만 행동하거나 적절하게 행동하지 못한다면 하나의 지시마다 천천히 끊어서 들려주고 행동하게 합니다. 이것에 익숙해지면 2단계 지시를 따를 수 있도록 합니다.

말/언어 **촉진**포인트

• 존댓말 많이 들려주고 따라 하게 하기.
• 간단한 복문을 반복적으로 들려주고 따라 하게 하기.
• 일부러 잘못된 정보를 제시하여 아이가 스스로 수정하게 하기.
• 자연스럽게 2단계 지시를 내려 아이가 수행하게 하기.

언어발달 이야기

　　청각적 기억력이 발달하면서 점차 복문 형태의 문장을 이해하게 되는 시기입니다. 1단계 지시에 잘 따르는 편이라면 "~하고 ~해" 등과 같은 2단계 지시를 따를 수 있도록 유도합니다. 이는 상대방의 말을 듣기 위해 좀 더 길게 집중하게 하며 구어 표현 확장에도 도움을 줍니다.

🔊 그림 그리자

어떤 놀이인가요?

보드나 스케치북에 부모와 아이가 순서를 바꿔가며 그림을 완성하는 놀이입니다.

어떤 부분을 발달시키나요?

아이가 펜을 잡고 적절한 힘으로 그림을 그리면서 소근육도 발달됩니다. 또한 사물의 형태와 색깔을 인식하고 그리기와 관련된 어휘 및 동사 표현을 사용하며 인지/언어적 발달을 도울 수 있습니다. 부모와 함께 번갈아 그리며 차례 지키기, 질문하고 답하기 등 사회성 발달의 기초가 되는 기술도 배울 수 있습니다.

무엇이 필요한가요?

보드(스케치북으로 대체 가능), 다양한 색깔의 보드마카(색연필이나 크레용으로 대체 가능).

미리 생각해요

아이의 흥미를 유발하기 위해 또래 아이들이 그림 그리고 있는 영상을 인터넷에서 검색하여 미리 준비하면 좋습니다.

어떻게 **놀이**하나요?

A Attention – 주의집중하기

★ 친구들이 그림 그리는 모습을 담은 영상을 함께 시청한다.

부모 주하야, 이거 봐봐. 친구들이 그림 그리네? 우아! 잘 그린다. 여기 엄마 그렸나봐. 이 거는 아빠고, 이거는 멍멍이네? 주하도 엄마랑 그림 그릴까?

아이 좋아!

부모 (손가락으로 가리키며) 종이에 그릴까, 보드에 그릴까?

아이 보드 그려.

부모 그래. 보드'에' 그림 그리자.

M Modeling – 시연하기

부모 (아이가 좋아할 만한 색깔의 보드마카를 들고 제시한다) 주하, 무슨 색 할래? 이거? 아니 면 이거?

아이 (분홍색을 고른다) 이거!

부모 이거 무슨 색이지? 파란색?

아이 아니, 분홍색.

부모 (다른 색 보드마카를 보여주며) 그럼 이건 무슨 색이야?

아이 초록?

부모 파파 파랑!

아이 파랑.

부모 맞아맞아. 파랑 말고 핑크로 그려? 자, 여기 주하가 핑크색으로 그려. 주하가 먼저 할 까? 엄마가 먼저 할까?

아이 주하 먼저.

부모 주하는 뭐 그릴 거야? 아까 친구들 엄마 아빠 그렸지?

아이 (동그라미를 비슷하게 그린다) 엄마.

부모 엄마 그려?

아이 응.

부모 좋아, 엄마 그리자. 주하가 얼굴 그렸어. 그다음 엄마 차례. (두 가지 보드마카를 아이 양손에 쥐어 주며) 엄마한테 '무슨 색 할래?' 물어봐줘.

아이	무슨 색 할래?
부모	(빨간색 마카를 가리키며) 엄마는 빨간색 할래. 주하가 '뭐 그려?' 물어봐줘.
아이	뭐 그려?
부모	음, 얼굴은 있어, 하지만 눈이 없네. 눈 그려. 엄마가 눈 그려. (눈을 그린다)
아이	눈 그려.
부모	이번엔 누구 차례?
아이	주하 차례.

★ 위와 같은 방법으로 바꿔 가며 보드마카 색깔을 고르고, 눈, 코, 입, 귀 등을 그려 완성한다.

부모	얼굴 완성! 주하야, 엄마 얼굴 완성됐다! 정말 열심히 잘 그렸네. (눈을 가리키며) 여기 눈 있고, (코를 가리키며) 코 있고. (입을 가리키며 아이를 본다)
아이	입 있고.
부모	그래. 얼굴 완성! 이번엔 아빠 얼굴 그려볼까?

★ 위와 같이 그림이 완성된 후, 한 번 더 확인하는 시간을 갖고 다른 그림으로 연결한다.

○ Opportunity – 기회 주기

활동을 통해 아이에게 다음과 같은 반응이 나타나도록 기회를 만들어준다.

❶ 두 가지 보드마카 중에 원하는 것을 선택하며 적절한 색깔을 표현하도록 기회를 만들어준다.

   방법 아이에게 두 가지 보드마카를 제시한 후 "어떤 거 할래?"라고 질문을 던진다.

❷ 색깔을 적절히 표현하도록 기회를 만들어준다.

   방법 아이가 가지고 있는 보드마카를 가리키며, 혹은 그린 그림을 가리키며 "무슨 색이야?"라고 질문을 던진다.

❸ 자기 차례를 지켜 그림을 그리도록 기회를 만들어준다.

   방법 아이가 충분히 그릴 때까지 기다린 후 "이제 됐다! 이젠 엄마 차례"라고 알려주며 펜을 줄 것을 요구하고, 부모가 그린 후 "엄마 그만, 이제 주하 차례"라고 알려준다.

❹ 그리는 것에 대해 적절히 표현하도록 기회를 만들어준다.

(방법) 아이가 그리는 동안 "뭐 그려?", 다 그린 후에 "뭐 그렸어?"라고 질문을 던진다.

❺ 그리기를 다 마친 후에 "됐다", "완성" 등 종결 표현을 하도록 기회를 만들어준다.

(방법) "(두 팔을 올리며) 됐다! 완성!"과 같이 아이에게 다 그린 것인지 묻고 제스처를 보이며 해당 단어를 들려준다.

R Responsive Action – 반응해주기

❶ 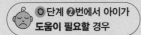 **O단계 ❶번에서 아이가 적절히 반응할 경우**

아이가 고른 것을 말로 표현해주며 어떤 색인지 인지시킨다.

예 "응, 이거? 이거 무슨 색이지? (기다려준다) 핑크색이네!"

O단계 ❶번에서 아이가 도움이 필요할 경우

아이가 더 좋아할 만한 보드마카 하나만 보여준다. 부모가 아이 손을 직접 잡아 포인팅을 만들어주고 핑크색을 가리키며 '이거' 혹은 '핑크'라고 표현한다.

❷ 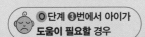 **O단계 ❷번에서 아이가 적절히 반응할 경우**

아이 대답에 즉시 동의해주며, 의미적으로 확장해준다.

예 "응, 맞아. 핑크색. 핑크 눈 그려?"

O단계 ❷번에서 아이가 도움이 필요할 경우

앞 글자를 반복해주거나 의미적으로 연결해주며 목표어를 들려주고 따라 하게 한다.

예 "이거는 파파 파랑색이네~ 파파? (아이가 정답을 채우도록 한다)"

❸ **O단계 ❸번에서 아이가 적절히 반응할 경우**

차례를 잘 지키고 있다는 걸 말해주고 칭찬해준다.

예 "잘 기다렸네. 주하 차례지? 주하 한 번, 엄마 한 번."

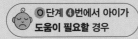 **O단계 ❸번에서 아이가 도움이 필요할 경우**

자신의 차례를 시각적으로 인지하도록 차례인 사람에게 커다란 스티커를 붙여준다.

❹ **O단계 ❹번에서 아이가 적절히 반응할 경우**

아이 대답을 수용해주며, 확장된 언어로 들려준다.

예 "맞아. 이거 눈이지. 눈 그렸어. 동글동글 커다란 눈 그렸네"

O단계 ❹번에서 아이가 도움이 필요할 경우

아이가 해야 할 말을 부모가 대신 말해준 후 따라 하게 해준다.

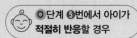

❺ 단계 ❺번에서 아이가 **적절히 반응할 경우**

예 "뭐 그려? 기린 그려? 주하 뭐 그려?"
잘했다고 칭찬해준 후 하이파이브 한다.

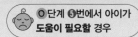

단계 ❺번에서 아이가 **도움이 필요할 경우**

아이 두 팔을 들어 올려주며 "됐다", "완성!" 등의 종결 표현을 들려주어 억양만이라도 모방하게 격려한다.

응용

색을 인지하는 시점과 맞물려 도형에 대한 인지도 점차 가능하게 됩니다. 동그라미, 세모, 네모 등과 같은 도형을 이해하고 표현하는 활동도 포함할 수 있습니다.

주의 하세요

아이가 소근육이 덜 발달되어 그림을 일반적인 모양대로 그리지 못할 수도 있습니다. 이를 지적하지 않도록 주의합니다.

말/언어 촉진포인트

• 선택할 수 있도록 도와주기.
• 색깔 및 형태를 이해하고 표현하도록 도와주기.
• 상대방의 차례에는 기다리는 등 차례를 지키도록 도와주기.
• 아이가 그리는 것에 대해 말로 많이 표현해주고 아이의 의견 묻기.

언어발달 이야기

아이가 포인팅을 통하여 선택하는 것은 두 개의 선택지를 확인하고 적절한 것을 취하는 인지적인 활동입니다. 동시에 적극적으로 요구하거나 호불호를 표현하는 행위이므로 의사소통 표현에 도움을 줍니다.

범주화 정확히 이해하는

같은 친구 모여라!

어떤 놀이인가요?

　다양한 종류의 장난감들을 한데 섞어놓고, 같은 종류끼리 모으며 범주화 개념을 익히는 놀이입니다.

어떤 부분을 발달시키나요?

　비슷한 종류끼리 모으는 범주화 활동은 사물을 변별하고 이해하며 기억하는 능력을 발달시켜 인지발달은 물론 언어발달에 큰 도움을 줍니다. 범주화를 자유롭게 시작하는 시점부터 어휘는 폭발적으로 늘어납니다.

무엇이 필요한가요?

　음식, 자동차, 동물 인형, 퍼즐, 블록 등의 다양한 장난감이 필요합니다. 처음에는 두 가지 종류로 진행하다가 익숙해지면 종류를 늘립니다.

미리 생각해요

　장난감들을 종류별로 담을 통이나 바구니가 있으면 편리합니다.

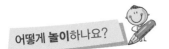

어떻게 **놀이**하나요?

A Attention – 주의집중하기

★ 아이의 흥미를 유발하며, 장난감들 한데 모아 섞어놓은 상태가 되도록 '장난감 점프
　놀이'로 시작한다.

부모	(갖가지 장난감들을 모두 가져와 커다란 바구니에 쏟으며) 오늘 과일 장난감들이 점프점 프 하고 싶대. 모두 바구니에 넣고 점프점프 시켜주자! 모두모두 쏟아쏟아! 주하도 점 프해주고 싶은 장난감 가져와. 어떤 거 점프해줄래?
아이	블록!
부모	그래. 블록 모두 모두 바구니에 쏟아.•
부모	모두 다 모았지? 이제 점프시켜준다. 준비됐지? 바구니 잡아. 하나, 둘, 셋! 점프!(바구니를 아이와 함께 잡고 위아래로 흔든다)
부모	아우, 힘들어! 이제 점프 다했다. 친구들 힘들겠는데? 이제 집에 보내주자. 친구들 집 에 가야 하는데 같은 친구들끼리 같이 간대. 외롭지 않게. 누구부터 보내줄까? 아빠 가 우선 대장 친구들 하나씩 꺼낼게.

> • 이처럼 다양한 종류의 장 난감을 바구니에 쏟으며 아이 를 놀이에 자연스럽게 참여시 킨다.

★ 종류별로 하나씩 바구니에 넣는다. 종류가 2개라면 2개의 상자를 준비한다.
　　📄 초록 블록 → 블록 상자, 사과 모형 → 과일 상자

M Modeling – 시연하기

★ 부모가 포도와 블록 역할을 맡는다.

부모	이제 주하 누구 집에 보내줄래?
아이	포도!
부모	그래. 포도한테 누구랑 갈지 물어봐야겠다. 포도야, 너 누구랑 같이 갈래?
포도	나는 과일이니까 사과랑 같이 갈래.
부모	그래. 포도는 사과랑 같이 가자. (포도 모형을 과일 범주 상자에 넣으며) 포도가 과일

	상자에 쏙! 또 다른 친구도 함께 가야 하니까 잠깐 기다려. 이번에는 아빠 차례. 아빠는 노랑 블록 집에 보내줄래. 노랑 블록아, 너 누구랑 같이 갈래?
노랑 블록	나는 복숭아랑 같이 갈래.
부모	엥? 노랑 블록아, 너는 블록이니까 같은 블록이랑 같이 가야지. 초록 블록이랑 같이 가. 맞지? 주하야?
아이	응, 맞아.
노랑 블록	아참, 그렇지! 알려줘서 고마워. 블록 상자에 데려다줘.
부모	그래! 노랑 블록이 블록 상자에 쏙!

★ 위와 같이 뒤죽박죽 된 물건들을 하나씩 같은 범주 상자에 넣은 후, 상위어 말하기로 연결한다.

부모	비슷한 친구들끼리 다 모았다! 잘했어. 이제 상자들 이름 지어주고 집으로 슝슝 보내자. 여기 상자에는 포도랑 바나나랑 사과랑 먹는 것들이 모여 있네. 이런 것들을 뭐라고 하지, 주하야?
아이	(머뭇거린다)
부모	과 ~ (아이 상태를 살피며 대답을 기다린다) 일!
아이	과일!
부모	맞아. 그럼 이건 과일 상자. 과일 상자부터 집으로 슝 가자!

★ 위와 같이 각각 상자에 상위어를 이용해 이름을 정해준 후 정리한다.

Opportunity - 기회 주기

위 활동을 통해 아이에게 다음과 같은 반응이 나타나도록 기회를 만들어준다.

❶ 커다란 바구니에 장난감들을 넣어 섞도록 기회를 만들어준다.

(방법) 부모가 먼저 장난감들을 쏟아 넣으며 장난감들을 모아 점프시켜주자고 이야기한다.

❷ 물건들을 같은 범주끼리 모으도록 기회를 만들어준다.

> **방법** 각 범주 상자에 장난감을 하나씩 넣어 놓고, 부모가 "사과랑 같이 갈까? 블록이랑 같이 갈까?"와 같이 새로 잡은 장난감이 어떤 장난감과 함께 가야 하는지 질문을 던진다.
>
> ❸ 범주끼리 모은 물건들의 상위어를 표현하도록 기회를 만들어준다.
>
> **방법** 각 범주별 상자에 장난감들을 다 정리한 후 "이런 것들을 뭐라고 하지?"라고 질문한다.

R Responsive Action – 반응해주기

❶ 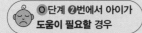 **○단계 ❶번에서 아이가 적절히 반응할 경우**

놀이상황에서 아이 시도를 충분히 칭찬해주고 다음 활동을 장려한다.

📣 "바구니에 동물 친구들 다 담았네. 잘했어! 이제 점프점프 시켜주자."

○단계 ❶번에서 아이가 도움이 필요할 경우

부모가 장난감들을 가져와 통에 넣고 신나게 흔드는 것을 보여주며 조금의 반응이라도 이끌어낸다.

❷ 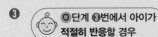 **○단계 ❷번에서 아이가 적절히 반응할 경우**

놀이상황에서 아이 행동에 대해 고마움을 표현한다.

📣 "주하야, 친구 찾아줘서 고마워!"

○단계 ❷번에서 아이가 도움이 필요할 경우

부모가 의미적인 설명을 덧붙이며 적절한 상자를 알려주고 아이가 넣도록 돕는다.

📣 "이거는 달콤하고 길쭉한 바나나네. 주하 맛있게 먹는 과일이니까, 과일 상자에 넣어야겠다. 넣어봐"

❸ 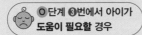 **○단계 ❸번에서 아이가 적절히 반응할 경우**

아이를 칭찬해주며 확장된 언어를 들려준다.

📣 "맞아맞아! 이거 과일 상자지! 잘 이야기했어. 사과도 과일이고 바나나도 과일이고 수박도 과일이지!"

○단계 ❸번에서 아이가 도움이 필요할 경우

적절한 상위어를 말해주고 그에 따른 하위개념을 이야기해준다.

📣 "이거는 과일 상자야. 우리 냉장고에도 있지? 주하 좋아하는 과일 뭐가 있지? 사과랑, 포도랑, 딸기랑. 밥 먹고 맛있게 먹었지?"

응용 2개의 범주를 구분하고 이야기하는 것이 가능하다면 범주를 늘려 활동해본다 (과일 모형, 블록, 도구, 탈것 등).

주의 하세요 처음 시작할 때는 특징 대비가 뚜렷한 범주 2가지만 골라 시행합니다.

말/언어 촉진포인트
• 장난감들에 따른 상위어 알려주기.
• 같은 범주끼리 모으는 모습 보여주기.
• 아이가 다른 것끼리 모으는 경우 왜 다른지를 알려주기.
  예 "사과는 먹을 수 있는데 블록은 못 먹잖아."

공감능력 높이는
우리 부모 찾아줘

어떤 놀이인가요?

    동물 피규어를 이용해 동물 친구들의 부모를 찾는 놀이입니다. 주변의 여러 동물들에 부모의 행방을 물어보며 단서를 얻고 부모를 찾아줍니다.

어떤 부분을 발달시키나요?

    동물 친구의 부모들이 어디에 있는지 다른 여러 동물들에게 차례로 질문하고 부모를 찾는 활동을 통해 정보를 통합하고 문제를 해결하는 기술을 연습할 수 있습니다. 또 다양한 사물의 위치를 듣고 말하며 언어이해 및 표현을 증진할 수 있으며 부모를 잃어버린 동물을 도와주며 상대의 상황에 공감하고 상호작용하는 기술을 배울 수 있습니다.

무엇이 필요한가요?

    동물 피규어 한쌍. 이때 부모 동물과 아기 동물로 놀이하게끔 하나는 크고 하나는 작은 피규어가 준비되면 좋습니다.

미리 생각해요

    찾는 목표인 큰 동물 피규어(부모 동물)를 미리 숨겨놓고 그외의 동물을 여기저기 배치합니다. 동물은 아이가 좋아하는 종류이면 더 좋습니다.

어떻게 **놀이**하나요?

A Attention – 주의집중하기

★ 부모가 아기공룡 역할을 맡습니다.

아기공룡	(아기공룡이 놀고 있는 아이에게 다가간다) 주하야, 우리 엄마 봤어? 아까 엄마가 있었는데 없어졌어. 잉잉. 우리 엄마 좀 찾아줘.
부모	아고 저런! 주하야, 아기공룡 엄마가 없어졌대. 아기공룡 마음이 어떨까?
아이	슬퍼. 엄마 없어. 슬퍼.
부모	맞아. 엄마가 없어져서 정말 슬프겠다. 우리가 함께 찾아줄까?
아이	좋아. 엄마 찾아줄게.
아기공룡	정말? 주하 정말 친절하다! 주하가 찾아준다고 해서 슬픈 마음이 사라졌어. 꼭 찾을 수 있을 거야.
부모	맞아. 친구들한테 물어보면 꼭 찾을 수 있을거야.

M Modeling – 시연하기

★ 부모가 엄마공룡, 사자, 코끼리 등의 역할을 맡는다.

부모	엄마공룡이 어디 갔을까? 에! 저기 사자한테 한번 물어보자. 엄마가 물어볼게. 사자야, 엄마공룡 봤어? 아기공룡이 엄마공룡을 잃어버렸대.
사자	엄마공룡? 아까 소파 쪽으로 가던데요?
부모	소파? 왜 소파에 갔지?
사자	왜냐하면 피곤해서 좀 쉰다고 했어요.
부모	그렇구나. 주하야, 사자 말 들었어? 엄마공룡 어디 갔대?
아이	소파.
부모	그래, 소파에. 소파에 갔대. 사자한테 '고마워' 인사하고 소파에 가보자.
아이	고마워.
사자	그래, 파이팅! (아이와 함께 소파 쪽으로 이동한다)
부모	(소파로 이동하며) 주하야, 엄마공룡 찾았어?
아이	엄마공룡 없어.
부모	음…. 어디 갔을까? 에! 저기 코끼리 있다. 코끼리한테 물어보자. 이번엔 주하가 물어봐. "코끼리야, 엄마공룡 봤어?" 물어봐.

아이	코끼리야, 엄마공룡 봤어?
코끼리	응, 아까 정수기로 가던데? 왜냐하면 목이 말라서 물 마신대.
부모	아, 그렇구나! 고마워. 주하도 '고마워' 이야기해줘.
아이	고마워.
코끼리	응, 꼭 찾을 수 있을 거야. 화이팅!
부모	잘했어. 주하가 잘 물어봤네! 우리 정수기 쪽으로 가보면 되겠다. (아이와 정수기 쪽으로 이동한다. 정수기 옆에 있는 엄마공룡을 발견하되, 아이가 먼저 찾고 표현하게 한다)
아이	어? 여기! 엄마공룡!
부모	에! 엄마공룡 찾았다. 여기 있었네. 주하가 잘 물어봐줘서 찾을 수 있었어. 엄마공룡, 여기서 뭐 해? 아기공룡이 얼마나 찾았다고.
아기공룡	엄마. 으앙! 보고 싶었어요. 엄마가 없어서 슬펐어요.
부모 공룡	아고, 우리 아가, 미안해. 아기공룡 맘마 찾으러 나왔지. 목말라서 물 마시러 정수기에 왔어. 주하야, 우리 아기 도와줘서 정말 고마워. 아기공룡도 주하한테 고맙다고 해.
아기공룡	주하야 정말 고마워! 너 덕분에 엄마 찾았어. 엄마 찾아서 행복해.
아이	응, 행복해.
부모	그래. 모두모두 행복하게 됐다. 그럼 아기공룡아, 엄마랑 신나게 놀아! 우리 갈게 안녕! 주하도 인사해.
아이	안녕!

★ 위와 같이 인사하고 놀이를 마무리한다.

Opportunity - 기회 주기

위 활동을 통해 아이에게 다음과 같은 반응이 나타나도록 기회를 만들어준다.

❶ 동물 인형이 슬픈 표정으로 부모를 찾아달라고 이야기했을 때 감정에 공감하며 그에 반응하는 행동이나 말을 표현하도록 기회를 만들어준다.

> 방법 동물 인형이 울먹이며 부모가 없어졌으니 찾아달라고 말한다.

❷ 다른 동물들에게 부모 동물을 봤는지 질문하도록 기회를 만들어준다.

> 방법 다른 동물들이 도와줄 수 있다는 가능성을 알려주고 질문하도록 격려한다.

❸ 고맙다는 의사표현을 하도록 기회를 만들어준다.

> **방법** 아이가 질문하면 동물 피규어가 부모를 본 장소를 이야기해준다.

❹ 간단한 정보를 다른 사람에게 전달하고 관련 행동을 하도록 기회를 만들어준다.

> **방법** 동물로부터 부모의 위치를 전달받은 아이에게 다시 한번 내용을 확인한다.

R Responsive Action – 반응해주기

❶ **○단계 ❶번에서 아이가 적절히 반응할 경우**

아이가 상대를 도와줬을 때 상대의 상태나 감정을 표현해주며 칭찬한다.

> **예** "정말 고마워. 부모를 찾아준다고 해서 슬픈 마음이 없어졌어. 너 정말 친절하구나"

○단계 ❶번에서 아이가 도움이 필요할 경우

상대 인형이 아이 상태를 말로 표현해준 후 부모에게 도움을 청해 함께 찾는 행동을 관찰하게 한다.

> **예** "주하가 오늘은 나를 도와주는 게 힘들구나. 그럼 다음에 도와줘. 엄마한테 부탁해볼게. 엄마랑 같이 찾아볼테니 주하는 찾는 것 지켜봐줘."

❷ **○단계 ❷번에서 아이가 적절히 반응할 경우**

아이 질문에 바로 답한다.

> **예** "응, 봤어. 소파로 갔어."

○단계 ❷번에서 아이가 도움이 필요할 경우

부모가 물어보는 모습을 보여주고 똑같이 해볼 것을 권한다.

> **예** "엄마가 한번 물어볼게. '코끼리야, 엄마공룡 봤어?' 주하도 한번 물어봐. '엄마공룡 봤어?' 하고."

❸ **○단계 ❸번에서 아이가 적절히 반응할 경우**

상황을 설명해주며 부모도 고마움을 표현한다.

> **예** "맞아맞아. 알려줘서 고마워. 엄마 어디 있는지 알려주고 정말 고마운 코끼리다. 그렇지 주하야?"

○단계 ❸번에서 아이가 도움이 필요할 경우

부모가 먼저 고마움을 표현한 후, 상황을 설명해주며 아이에게도 표현해보도록 권한다.

> **예** "코끼리가 엄마 어디 있는지 알려줬으니까 '고마워' 하자."

❹ **○단계 ❹번에서 아이가 적절히 반응할 경우**

아이 행동을 말로 표현해주며 확인시켜준다.

> **예** "맞아. 코끼리가 소파로 가라고 했지? 소파 저기 있다"

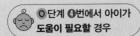
0단계 4번에서 아이가 도움이 필요할 경우 인형이 말한 내용을 아이에게 물어 확인한 후 함께 장소를 찾아간다.

예 "주하야, 코끼리가 어디로 가라고 했지? 엄마공룡이 피곤해서 어디로 갔다고 했는데? 소… 소파! 소파 어디 있어? 한번 가보자."

응용

아이가 흥미로워한다면 더 많은 동물과 장소를 이용할 수 있다. 실제 상황에서 자연스러운 놀이를 할 수 있다면 그림책을 보며 피규어를 책 상황에 대입시켜 진행할 수도 있다.

주의 하세요

꼭 동물 피규어로 진행할 필요는 없습니다. 아이가 좋아하는 장난감이라면 더욱 즐거운 놀이를 할 수 있습니다.

말/언어 촉진포인트

• 상대의 기분이나 마음을 이해하도록 돕기.
• 상황의 원인에 대해 '왜냐하면 ~해서' 구문을 이용하여 충분히 말해주기.
• 부모가 정보를 알아내기 위한 질문 들려주고 아이가 사용해보도록 도와주기.
• 상대의 호의에 대해 감사를 표현하도록 도와주기.

언어발달 이야기

요구하기, 거부하기, 언급하기 등 구어를 통한 초보적인 상호작용이 원활해졌다면, 상대에게 질문하거나 감정 및 상태를 표현하는 적극적인 의사소통 의도도 표현하도록 돕습니다.

질문하고 답하며 의사소통하는

🔊 이거 뭐야?

어떤 놀이인가요?

그림 벨크로의 명칭을 말하고, '떼었다 붙였다' 판의 적절한 자리에 붙이며 놀이합니다.

어떤 부분을 발달시키나요?

묻는 행위를 통해 초기 중요 의사소통 기능 중 하나인 '질문하기'를 연습하고, 그 답을 얻으며 전반적인 인지 및 언어능력이 발달합니다. 더불어 그림 벨크로를 적절한 공간에 맞추며 공간에 따른 범주화 개념이 발달하고 사물에 대한 변별력을 높일 수 있습니다.

무엇이 필요한가요?

'떼었다 붙였다' 판과 그림 벨크로.

미리 생각해요

평소에 스티커나 자석을 붙이고 떼는 활동에 많이 노출시켜, 유사 상황을 접했을 때 어른의 도움 없이 스스로 시행하도록 합니다.

A Attention – 주의집중하기

부모	(아이가 보는 앞에서 '뽀로로 집' 테마의 '떼었다 붙였다' 판에 전화기 벨크로를 냉장고에 붙이며) 여기인가? 아닌가?
아이	(부모의 행동을 보고 있다)
부모	주하야, 전화기 자리 여기 맞아?
아이	응.
부모	엥? 그런데 전화기를 붙였더니 모양이 안 맞아. 그리고 여기는 부엌이라서 아닌 것 같아. 뭐를 붙이지? (냉장고와 전화기를 제시하며) 주하야, 뭐가 맞아?
아이	냉장고!
부모	맞아맞아! (냉장고를 붙이며) 냉장고 붙이니까 딱 맞네! 잘했어. 그런데 뽀로로 집에 아직도 물건들이 많이 없다. 아빠한테 많이 있는데 우리가 붙여줄까?
아이	좋아.

M Modeling – 시연하기

부모	뽀로로 집에 그림을 붙여주려면 이름을 꼭 말해야 한대. 그럼 아빠가 그림을 보여줄 테니까 아는 거는 이름을 크게 말해줘. 모르는 거는 "이거 뭐야?" 하고 물어보면 돼. 그리고 짠 붙이자. 알겠지?
아이	응.
부모	(아이 수준을 고려하여 쉬운 것과 어려운 것을 섞어가며 제시한다. '칫솔'을 제시하며) 이거 뭘까?
아이	칫솔!
부모	딩동댕! 집에서 칫솔 모양 찾아봐. 거기에 붙여.
아이	(그림판을 둘러보지만 빨리 찾지 못한다)
부모	주하야, 우리 집에 칫솔 어디 있지?
아이	화장실에.
부모	그럼 뽀로로네도 화장실에 있을 거야. 화장실 어디 있어?
아이	여기!

부모	잘 찾았어. 화장실에 칫솔 어디 있나 찾아봐.
아이	찾았다!
부모	그래그래. 잘했어. 세면대 위에 있었네. 칫솔 모양에 칫솔 붙여.
아이	(칫솔을 붙인다)
부모	이번에 또 보여줄게. 맞춰봐! (전자레인지를 보여준다) 이거 뭘까?
아이	(머뭇거린다)
부모	잘 모르겠어? 그럼 아빠한테 물어봐. "이거 뭐야?" 하면 돼
아이	이거 뭐야?
부모	음식을 따뜻하게 해주는 거. (음을 넣어 노래처럼 들려주되, 천천히 들려주며) 전전전전 전자레인지. 이거 뭐라고?
아이	전나이지?
부모	전자~렌지!
아이	전자~렌지!
부모	그렇지! 이제 찾아보자.

★ 위와 같이 제시된 물건이 무엇인지 질문하고, 적절한 그림판 위치에 맞추는 놀이를 반복한다.

O Opportunity – 기회 주기

위 활동을 통하여 아이에게 다음과 같은 반응이 나타나도록 기회를 만들어준다.

❶ "이거 뭐야?" 하고 질문하도록 기회를 만들어준다.

(방법) 아이가 잘 모를 만한 사물 그림을 제시한다.

❷ 해당 그림 벨크로가 어디에 있는지 말하도록 기회를 만들어준다.

(방법) "변기 찍찍이네. 변기 어디 있지?"와 같이 해당 그림이 어디에 있는지 질문을 던진다.

❸ 그림 벨크로를 판의 같은 모양 그림에 맞추도록 기회를 만들어준다.

(방법) "똑같은 그림 어디 있지?" 하고 같은 그림을 찾도록 격려한다.

R **Responsive Action – 반응해주기**

❶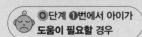
○단계 ❶번에서 아이가
적절히 반응할 경우

즉시 아이 물음에 대답해주고, 놀이 중간중간 잘 물어 봤다고 칭찬해준다.

○단계 ❶번에서 아이가
도움이 필요할 경우

잘 모르면 물어볼 수 있다고 아이에게 알려주고 "이 게 뭐야?" 하고 들려주며 따라 하도록 격려한다.

❷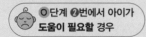
○단계 ❷번에서 아이가
적절히 반응할 경우

아이 반응에 수긍하며 크게 칭찬해준다.

○단계 ❷번에서 아이가
도움이 필요할 경우

아이가 경험한 것을 토대로 의미를 충분히 설명해준 다. 그래도 어려워하면 손가락으로 위치를 가리켜주 며 첫 말소리를 말해주어 단어를 이끌어낸다.

> 예 "여기서 맨날 치카하잖아. 쉬아도 하고, 목욕도 하고. 화… 화장실!"

❸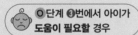
○단계 ❸번에서 아이가
적절히 반응할 경우

똑같은 것끼리 잘 찾았다고 칭찬해주고 어디에 있었 는지 설명해주어 이해를 돕는다.

> 예 "전화기랑 전화기 똑같네. 잘 찾았어. 전화기 어디 있었 어? 거실에 있었네."

○단계 ❸번에서 아이가
도움이 필요할 경우

같은 그림이 있는 쪽을 가리켜 힌트를 준다. 그래도 어려워하면 부모가 정확히 짚어주고 함께 붙인다. 붙 일 땐 '똑같다' 단어를 들려준다.

응용

피규어 등을 함께 이용하여 해당 장소에 물건을 배달하여 붙이는 놀이나, 잘못 놓인 물건을 바로 맞춰 붙이는 놀이로 확장할 수 있다.

주의
하세요

'질문하기'는 표현하는 어휘가 약 50개 이상 되는 아이에게 진행합니다. 표현어휘가 그 이하인 아이에게는 오히려 스트레스가 될 수 있으므로, 질문하기보다 무엇이든지 많이 표현하도록 이끌어주는 것이 중요합니다.

말/언어
촉진포인트

• "뭐야?"라는 질문 많이 들려주고 정답 말해주기.
• 똑같은 그림끼리 매칭하며 '똑같다'의 의미를 알도록 도와주기.
• 사물을 적절한 장소에 위치하도록 알려주기.

언어발달
이야기

의사소통 기능 중 '질문하기'는 모든 사물에 이름이 있고, 자신이 해당 어휘를 모르며, 도움을 요청하면 알 수 있다는 사실을 아는 등 통합적인 인지처리 과정이 이뤄져야 합니다. 꽤 난이도가 높은 의사소통 기능으로서 모르는 것을 질문하여 세상에 대한 지식뿐 아니라, 상대와 상호작용하고 자신의 소통을 조절하는 법을 배울 수 있습니다.

핑퐁대화를 연습해요

30~36개월

이 시기 아이는 2~3개의 단어를 연결하여 문장과 유사한 형태를
표현하기 시작하며, 또래에 대해서도 관심이 생깁니다.
상대와 관심을 공유하고 함께 소통하며 핑퐁대화로 진입하도록 환경을
조성하는 것이 좋습니다. 전반적으로 운동, 인지, 언어, 사회성이 고루 발달하도록
다양한 놀이 환경을 균형 있게 제공해주세요. 몸놀이, 모래, 찰흙, 블록 물감 등
유동성 있는 다양한 재료를 사용한 놀이, 아이가 좋아하는 인형, 장난감 등을
이용한 상징놀이, 또래와 함께하는 놀이가 이 시기에 좋습니다.

사회의 규칙을 배우는
놀이터 놀이

어떤 놀이인가요?

블록으로 놀이터를 만들고 피규어로 상황놀이를 진행합니다. 놀이기구를 타는 것부터 놀이터에서 지켜야 할 규칙들까지 배우는 상황으로 확장시켜나갑니다. 이 시기 아이들은 상징개념에 충분히 익숙해져 있으므로 놀이터의 기구들을 정교하게 만들 필요는 없습니다. 블록을 간단하게 연결해 시소, 미끄럼틀, 그네, 빙글이 등으로 명칭합니다.

어떤 부분을 발달시키나요?

실제로 친숙하게 접하는 놀이터 상황을 놀이로 경험해보며, 상황에서 지켜야 할 규칙, 또래 관계에서의 문제해결 기술 등을 간접적으로 배움으로써 사회성의 기초를 닦을 수 있습니다. 더불어 놀이터와 관련한 해당 명칭과 동사 표현을 익힐 수 있습니다.

무엇이 필요한가요?

블록 놀이터 사진, 레고 등의 블록, 작은 인형 및 피규어.

미리 생각해요

아이가 흥미를 가지고 놀이에 참여하며 결과물을 예상하도록 블록으로 만들어진 놀이터 사진을 검색 및 캡처하여 미리 준비합니다.

A Attention – 주의집중하기

부모	(미리 검색하여 캡처해둔 블록 놀이터의 사진을 보여주며) 주하야, 이거 봐봐! 블록으로 놀이터 만들었네? 주하가 좋아하는 놀이터다. 우리도 놀이터 만들어서 **뽀로로** 친구들이랑 함께 놀까?
아이	우아! 놀이터다. 놀이터 만들자.
부모	뭘로 만들까?
아이	블록으로!
부모	좋아. 그럼 주하가 블록 가지고 와.

M Modeling – 시연하기

부모	(블록을 늘어놓고) 주하야, 놀이터 만들 건데 놀이터에 뭐 있지?
아이	뭐 있지?
부모	주하 슝 타고 내려오는 거 있잖아. 미….
아이	미껌!
부모	맞아. 미끄럼틀 만들자. ('미끄럼틀'은 음절수가 길고 발음이 다소 복잡한 편이므로 운율을 사용해 노래처럼 들려준다) 미끌미끌 미끄럼. 블록 붙여?
아이	응. 블록 붙여.
부모	(블록을 연결하여 길게 만든 다음) 미끄럼틀 됐다!
아이	됐다!

★ 위와 같이 아이와 함께 미끄럼틀, 그네, 빙글이, 철봉 등의 놀이기구를 만든다.
★ 부모가 뽀로로 역할을 맡는다.

부모	어! 저기 **뽀로로**가 오나봐.
뽀로로	주하야, 안녕?
아이	**뽀로로**, 안녕!
뽀로로	(뽀로로가 그네 가리키는 시늉하며) 오! 이거 재밌겠는데? 이거 뭐야? 미껌?

부모	아, 이거는 미끌미끌 미끄럼틀.
뽀로로	아, 맞다. 미끄럼틀! 그런데 여기는 어디야? 우리 집인가?
아이	아닌데?
부모	주하야, 여기가 어디지? 뽀로로한테 알려줘.
아이	어디지?
부모	노….
아이	놀이터!
뽀로로	아, 여기 놀이터지! 맞아맞아. 고마워!

★ 새로운 캐릭터를 등장시켜 문제상황으로 전개한다. 상황에 적절한 표현을 이끌도록 부모가 모델해주고 아이에게 따라 하도록 격려한다.

★ 부모가 페티 역할을 맡는다.

부모	(페티를 그네에 앉히고 계속 타는 상황을 설정한다) 페티가 그네를 혼자서 너무 오래 타네.
뽀로로	나도 그네 타고 싶다. 주하야, 나도 타고 싶어.
아이	(말없이 그네에서 페티를 내리고 뽀로로를 태운다)
부모	주하야, 그러면 페티가 깜짝 놀라지. 페티한테 뭐라고 말하면 좋을까?
아이	비켜.
부모	페티야, '뽀로로도 타고 싶대. 뽀로로도 조금 타도 돼?' 하고 물어봐.
아이	뽀로로 타도 돼?
페티	아! 미안해. 내가 너무 오래 탔네. (페티를 그네에서 내려주며) 뽀로로야, 타.
뽀로로	페티야, 정말 고마워. 주하도 고마워. 나 대신 예쁘게 말해줘서 정말 고마워!

★ 위와 같이 갈등상황에서 적절한 표현을 하도록 도와준다.

○ **Opportunity – 기회 주기**

위 활동을 통하여 아이에게 다음과 같은 반응이 나타나도록 기회를 만들어준다.

❶ 블록들로 놀이터 기구를 만들며 행동을 표현하도록 기회를 만들어준다.

방법 아이에게 "뭐 해?", "뭐 만들어?" 등의 질문을 던진다.

❷ 장소, 사물의 이름을 적절히 표현하도록 기회를 만들어준다.

(방법) "여기가 어디지?", "이게 뭐야?", "~ 어디 있어?" 등의 질문을 던진다.

❸ 상황에 맞는 구어 표현을 사용하도록 기회를 만들어준다.

(방법) 놀이에서 갈등상황을 만들고 적절한 표현을 들려주며 따라 하도록 격려한다.

갈등상황 예시

갈등상황	목표 구어 표현
앞의 친구가 그네를 너무 오래 타는 상황	"페티야, 나도 타고 싶어."
뛰어놀다 친구가 넘어져 우는 상황	"페티야, 괜찮아? 아파? 호 해줄게."
빙글이에 많은 친구가 몰려 위험한 상황	"얘들아, 차례차례 타자."
친구가 그네를 혼자 타고 있는 상황	"페티야, 밀어줄게. 같이 타"
친구가 미끄럼틀에서 뛰어내리려는 상황	"페티야, 위험해! 쾅당해!"
놀고 있는데 갑자기 비가 오는 상황	"얘들아! 비 와. 집에 가자."
모르는 아저씨가 함께 마트에 가자고 한 상황	"모르는 사람은 따라 가면 안 돼요!"

R Responsive Action – 반응해주기

❶ (◐단계 ❶번에서 아이가 적절히 반응할 경우)

아이 말에 수긍하며 확장된 언어로 들려준다.

(예) "미끄럼틀 만드는구나. 계단으로 올라가서 이렇게 슝 내려오는 거구나?"

(◐단계 ❶번에서 아이가 도움이 필요할 경우)

아이 행동을 말로 표현해준 후 아이에게 확인한다.

(예) "아, 주하 미끄럼 만드는 건가? 맞아?"

❷ 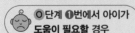(◐단계 ❷번에서 아이가 적절히 반응할 경우)

아이 반응에 수긍하고 잘 대답했다고 칭찬해준다.

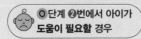(◐단계 ❷번에서 아이가 도움이 필요할 경우)

장소나 사물을 설명해준 후 한 글자씩 천천히 들려준다.

(예) "여기 미끄럼틀도 있고, 그네도 있고, 빙글이도 있는 덴

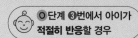

데? 놀… 이터!"

놀이상황에서 상대 피규어가 바로 행동을 수정하며 적절하게 대응하게 해준다.

예 아이가 "페티야, 뽀로로도 그네 타고 싶어"라고 이야기할 경우 페티 피규어가 바로 수긍하며 그네에서 내린다.

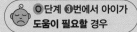

부모가 상황에 적절한 말을 천천히 반복해 들려준다.

응용 하나의 상황에서 충분히 놀이한 후, 그다음 상황으로 연결해 시간의 흐름에 따라 이벤트들이 연결되도록 확장할 수 있다.

주의 하세요

• 상징놀이가 원활히 이뤄지지 않거나 표현할 때 두세 단어를 붙여 표현하지 못하는 아이라면, 다양한 상황을 제시하기보다 한 가지 상황에서 반복적으로 연습합니다. 표현을 이끌어낼 때도 아이가 문장이 아닌 단답형으로 대답하도록 유도합니다.

• 아이는 아직 하나의 캐릭터만을 설정하여 일관적으로 놀이할 수 없으므로 원하는 캐릭터를 자유롭게 바꿔가며 놀이할 수 있게 합니다.

말/언어 촉진포인트

• 블록으로 그네, 미끄럼틀, 빙글이 등 비슷한 형태를 만들고, 상징적 사고를 확장하며 창의성을 키우도록 도와주기.

• 상황에 적절한 언어표현을 사용하도록 도와주기.

• '어디야?', '누구야?', '뭐야?' 등의 의문사 질문 많이 하기.

복문 문장연습
🔊 자판기 놀이

어떤 놀이인가요?

피규어들이 음료수 자판기에 찾아와 자판기가 묻는 말에 대답하고, 지시에 따라 구멍에 돈을 넣고, 음료수를 뽑은 뒤 친구와 함께 먹거나 선물하는 놀이입니다. 부모는 자판기와 여러 피규어를 대신해 이야기합니다.

어떤 부분을 발달시키나요?

자판기 질문에 적절히 대답하고, 순차적으로 행동을 이어나가는 동시에 복문의 구어 표현을 함께 사용해 언어이해 및 표현 발달, 계획적 사고, 상황 인지력 등을 발전시킬 수 있습니다.

무엇이 필요한가요?

음료수 자판기 장난감, 컵, 장난감 돈, 작은 인형 및 피규어들.

미리 생각해요

일상생활에서 자판기가 보일 때 아이에게 음료수를 뽑는 모습을 보여줍니다. 이때 아이도 부분적으로 참여하도록 도와줍니다. 놀이 시, 자판기 장난감을 아이가 잘 보이는 곳에 노출합니다. 놀이상황 전개를 미리 염두하여 말하는 자판기를 통해 아이가 놀이 흐름을 잘 따라 가도록 도와줍니다.

어떻게 **놀이**하나요?

A Attention – 주의집중하기

★ 부모가 뽀로로 역할을 맡는다.

뽀로로 신나게 놀았더니 목마르네. 주스 먹고 싶어. 주하야, 시원한 주스 있어?

아이 주스? 없는데

부모 주하야, 뽀로로가 목마른가 봐. (손가락으로 가리키며) 어? 저기 주스 자판기 있다!

아이 어? 자판기 있다!

★ 아이가 무반응하거나 두리번거린다면 부모가 자판기를 아이 시야에 가져온다.

M Modeling – 시연하기

★ 부모가 자판기 역할을 맡는다.

뽀로로 자판기야, 안녕?

자판기 그래, 뽀로로 안녕. 왜 왔니?

부모 주하야, 뽀로로 왜 왔지? (이전에 있었던 일을 기억하고 이유를 생각할 기회를 준다)

아이 배고파서?

뽀로로 배는 안 고파. 왜냐하면* 너무 목이 말라서 주스 먹으려고.

> • 초기에 '왜' 질문과 '왜냐하면' 접속부사를 짝으로 사용해 아이에게 이유를 설명할 때 어떻게 시작해야 하는지 힌트를 준다.

자판기 왜 목이 마르니?

뽀로로 왜냐하면 놀이터에서 신나게 놀아서.

자판기 그렇구나. 어떤 주스 줄까?

부모 주하야, 어떤 주스가 있을까? 한번 물어봐야겠는데? 뽀로로가 물어보는 거 잘 봐!

> •• 이 구문이 길어 표현이 어려운 아이에게는 "뭐 있어?"라고 짧고 간결하게 물어보도록 한다.

뽀로로 자판기야, 무슨 주스 있어?**

자판기 빨강 딸기맛이랑 노랑 바나나맛이랑 보라 포도맛 있어.***

> ••• 이미 알고 있는 색깔 어휘와 결합해 의미적 연결을 이루어 이해 및 산출을 돕는다.

뽀로로 빨간 딸기랑 노랑 바나나.

자판기	뽀로로가 먹을 거야? 아니면 친구랑 같이 먹을 거야?
뽀로로	친구랑! 포비랑 먹을래.
자판기	아, 참! 빨강 딸기맛은 페티한테 주기로 했는데, 먼저 페티한테 줄래? 주하가 페티한테 줘.
아이	응.
자판기	까먹으면 안 돼! 누구한테 주라고?
아이	페티한테!

자판기   그래그래 맞아. 잘 기억해야 해. 주스 뽑을 거
        야? 돈 넣으면 주스 나와.*

> • "~하면 ~해"라는 구문을 사용하여 초기 복문을 이끌어내어 원인과 결과를 말하게 한다.

뽀로로	(구멍에 동전 넣는 시늉을 하며) 돈 넣어.
자판기	그리고 빨강 딸기 눌러. 주하가 도와줘.
아이	응. (버튼을 누른다)
자판기	버튼 누르면 짠 나와! 빨강 딸기 나왔다! 이거 누구한테 주라고?
뽀로로	포비한테! (아이가 '페티'한테 주라고 했던 정보를 기억하고 정보를 수정할 수 있는지 살핀다)
아이	아니야. 페티한테 줘야지.
자판기	맞아, 잘했어! 주하가 페티한테 주고 나한테 와. 뽀로로한테 주스 또 줄게.

★ 위와 같이 여러 피규어를 자판기 앞에 줄을 세워 비슷한 상황놀이를 반복적으로 하며 아이가 구문을 표현하도록 기회를 준다.

○ Opportunity - 기회 주기

위 활동을 통하여 다음과 같은 반응이 나타나도록 기회를 만들어준다.

❶ 들은 정보를 기억하여 말하도록 기회를 만들어준다.

> 방법) 정보를 들려준 후 "왜 ~했대?", "뭐 했대?" 등의 질문을 던진다.

❷ '뭐' 질문의 확장 형태로 상대에게 질문하도록 기회를 만들어준다.

> 방법) 아이가 요구하는 맛을 '없다'라고 계속 표현해주어 그렇다면 무엇이 있는지 아이로 하여금 묻게 하는 상황을 만든다.

    예 "딸기맛 있어요?" → "없어요." → "바나나맛 있어요?" → "없어요." → "사과맛 있어요?" → "없어요" → "무슨 주스 있어요?"

❸ 연결된 행동에 따른 동작어를 '~고'로 적절히 연결하여 표현하도록 기회를 만들어준다.

  방법 "돈 넣고, 버튼 눌러"라고 말하거나 "어떻게 주스 뽑는 거야?"라고 아이에게 방법을 묻는 질문을 던진다.

❹ "~면 ~해"라는 조건절 구문을 사용하도록 기회를 만들어준다.

  방법 "어떻게 하면 돼?"와 같이 힌트가 섞인 질문을 던져 아이가 쉽게 문장을 구성하도록 유도한다.

    예 "어떻게 하면 돼?" → "이렇게 하면 돼" → "어떻게 하면 주스 나와?" → "누르면 주스 나와."

R Responsive Action – 반응해주기

❶ 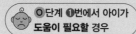 **O단계 ❶번에서 아이가 적절히 반응할 경우** — 아이 말을 수긍하고 잘 기억했다고 크게 칭찬해준다.

O단계 ❶번에서 아이가 도움이 필요할 경우 — 두 가지 선택지를 제시하여 맞는 내용을 고르도록 한다.
  예 "뽀로로가 왜 목이 마르대? 매운 거 먹어서? 신나게 놀아서?"

❷ 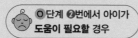 **O단계 ❷번에서 아이가 적절히 반응할 경우** — 놀이상황에서 아이의 질문에 즉시 대답해준다.

O단계 ❷번에서 아이가 도움이 필요할 경우 — 부모가 천천히 들려주어 따라 할 수 있도록 하며, 그래도 어려워한다면 문장을 줄여 들려주고 모방을 격려한다.
  예 "무슨 주스 있어?" → "뭐 있어?"

❸ **O단계 ❸번에서 아이가 적절히 반응할 경우** — 아이 말을 따라해주고 확장된 언어로 들려준다.
  예 "아~ 돈 구멍에 쏙 넣고, 빨간 딸기 버튼 눌러?"

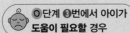**O단계 ❸번에서 아이가 도움이 필요할 경우** 부모가 의미 단위로 끊어서 천천히 말해주며 해당 행동을 한다.

예 "돈 넣고 (쉬었다가) 버튼 누르고"

❹ 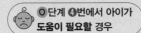**O단계 ❹번에서 아이가 적절히 반응할 경우** 아이 말을 따라해주고, 확장된 언어로 들려준다.

예 "그래. 누르면 나와. 빨강 딸기 버튼 누르면 빨강 딸기맛 나오지?"

O단계 ❹번에서 아이가 도움이 필요할 경우 구문의 앞부분을 들려주고 뒤의 부분만 스스로 이야기 하도록 부담감을 덜어준다. 그래도 어려워할 경우, 전체 구문을 들려준 후 뒷부분만 따라 하도록 격려한다.

예 부모가 "누르면?"하고 물으면 아이가 "나와"라고 답한다.

자판기 이용 확장 놀이	언어 목표 예시
피규어 줄 서서 주스 뽑기	• 화용언어 : "내 차례야. 같이 먹어." • 구문확장 : "루피 먹고 뽀로로 먹고." • 형용사/부사 : 차례차례, 맛있다, 먼저, 다음에.
돈을 넣었는데 주스가 나오지 않는 문제상황	• '왜'라고 질문하기 : "왜 안 나와?" • 문제해결 : "안 나오면 전화해." • 형용사/부사 : "이상해", "다시 해."
주스 고르기	• 과일 어휘 : 딸기, 바나나, 수박 등 • 색깔 어휘 : 빨강, 노랑, 초록 등 • 질문하기 : "어떤 거 먹을래?"
주스 뽑아 나눠주기	• '~한테' : "페티한테 줄 거야." • '~랑' : "페티랑 먹을 거야."
주스 뽑아 냉장고에 넣기	• '~하고 ~해' : "주스 뽑고 냉장고에 넣어."
주스 많이 먹어서 배 아픈 상황	• "~면 ~해." : "많이 먹으면 배 아파, 배 아프면 병원 가."

주의
하세요

아이가 지시에 따르지 않고 자판기 버튼을 마음대로 마구 누를 수 있습니다. 이 경우 무조건적 제한하기보다는 장난감 자판기가 "그렇게 마구 누르면 내가 아파"라고 이야기해주며 본인 행동이 다른 사람의 상태 및 기분에 영향을 미칠 수 있다는 것을 계속 인지시킵니다.

 **말/언어**
촉진포인트

• '복문' 형태의 문장을 많이 들려주고 따라 하게 도와주기.
  예 "~하고 ~해", "~하면 ~해", "~해서 ~해"
• "왜 ~해?"라는 질문을 다양하게 시도하게 하고 친절하게 답해주기.
• 부모가 간단한 정보를 들려주고 내용을 되물어 아이가 들은 내용을 기억하여 다시 말하도록 이끌기.

핑퐁대화의 묘미

🔊 왜 안 와?

어떤 놀이인가요?

피규어로 어린이집 상황을 놀이합니다. 어린이집에 친구들이 오지 않는 상황을 설정하여 전화하여 왜 오지 않는지 물어보고, 대답을 듣고 전달하는 놀이입니다.

어떤 부분을 발달시키나요?

이 시기에는 전화 상황에서 길게 소통을 이어나가기기는 어렵지만, 한 두 번 정도의 핑퐁대화는 가능합니다. 상대에게 전화하여 묻고, 들은 내용을 전달하며 '질문하기', ' 상황 인식', '정보 기억하기', '이유 말하기' 등의 기술을 익힐 수 있고, 시간과 관련된 어휘의 이해를 돕습니다.
📢 '언제', '아직', '벌써' 등.

무엇이 필요한가요?

아이가 좋아하는 캐릭터 피규어들, 테이블 및 의자 피규어, 전화 장난감.

미리 생각해요

평소에 아이에게 엄마, 아빠가 전화하는 모습을 자연스럽게 노출해주고, 잠깐씩이라도 아이가 친숙한 이와 통화하도록 도와줍니다.

어떻게 **놀이**하나요?

A Attention – 주의집중하기

부모　주하야, 오늘 어린이집 재미있었어?

아이　응.

부모　우리 그럼 뽀로로 친구들도 어린이집 데리고 가볼까? 어린이집 놀이하자. 주하는 누구할 거야?

아이　페티.

부모　그래. 주하는 페티 해. 아빠는 포비 선생님 할게.

★ 작은 테이블과 의자 장난감을 놓는다.

M Modeling – 시연하기

★ 부모가 포비 선생님과 루피 역할을 맡는다.

★ 아이가 페티 역할을 맡는다.

부모　페티가 어린이집 도착! 페티야, 어린이집 왔으면 포비 선생님께 "안녕하세요" 인사해야지?

페티　안녕하세요.

포비　그래, 페티. 시간에 잘 맞춰 왔구나. 그런데 친구들이 아직 안 왔네. 페티가 전화해서 "왜 안 와?" 하고 물어봐줘. 그리고 선생님한테 알려주렴.

페티　네.

부모　주하야, 누구한테 먼저 전화할까? 뽀로로? 에디? 크롱? 루피?

아이　루피한테 전화할 거야.

부모　그래. 루피한테 먼저 전화해보자.

부모　(따르릉 의성어를 내준다)

루피　여보세요?

페티　왜 안 와?

루피　니가 누군데?

페티　나 주하야.

부모	주하야, 지금은 주하가 페티로 변신했지? "나 페티야" 하면 돼
페티	나 페티야.
루피	아, 페티구나. 응, 왜 전화했어?
페티	왜 안 와?
루피	어디를?
페티	어린이집.
루피	어머, 맞다! 늦잠 자버렸어. 어떡하지? 빨리 준비하고 가야겠다. 페티야, 선생님께 전해줘. 늦잠 자서 늦는다고.
부모	아고! 루피가 쿨쿨 많이 잤구나. 페티야, 빨리 오라고 해.
페티	빨리 와!
루피	응, 알았어. 선생님한테 전해줘. 늦잠 자서 늦는다고.
페티	(전화를 끊는다)
부모	주하야, 루피가 이야기하는데 바로 끊으면 루피 놀래. '알았어'라고 이야기해주어야지.
페티	알았어.
부모	페티가 '전화 끊어' 해.
페티	전화 끊어.
루피	응, 곧 만나. (전화를 끊는 시늉을 한다)
부모	페티야, 포비 선생님께 얼른 알려드리자. 선생님 불러.
페티	포비 선생님!
포비	응. 페티야, 루피한테 전화해봤니?
페티	네.
포비	루피가 왜 늦는대?
페티	(머뭇거린다)
부모	왜냐하면…. (코 자는 시늉)
페티	왜냐하면… 늦잠 자서요!
포비	저런! 그랬구나. 늦잠 자면 안 되지. 일찍 자야 일찍 일어나는 거지 페티야?
페티	네.
포비	알려줘서 고맙다 페티야. 루피한테 전화했으니까 이번엔 뽀로로한테 전화해주렴.

★ 위와 같이 다른 캐릭터에게 전화하여 어린이집에 왜 안 오는지 이유를 묻고 그것을
   기억하여 선생님한테 전달하는 놀이를 반복한다.

O Opportunity – 기회 주기

위 활동을 통해 아이에게 다음과 같은 반응이 나타나도록 기회를 만들어준다.

❶ 선생님한테는 존댓말, 친구한테는 반말을 적절히 사용하도록 기회를 만들어준다.
　방법 놀이 시작 전 선생님한테는 '요'를 붙여 말할 것을 알려준다.

❷ 친구에게 전화 걸어 간단한 전화예절을 지키도록 기회를 만들어준다. (자기 먼저 소개하기, 친구 있는지 묻기, 갑자기 끊지 않기)

❸ 친구에게 전화 걸어 왜 어린이집에 안 오는지 묻도록 기회를 만들어준다.
　방법 선생님 캐릭터가 친구들에게 전화하여 왜 아직 오지 않는지 물어보고 알려달라고 말한다.

❹ 친구에게 들은 내용을 선생님에게 적절히 전달하도록 기회를 만들어준다.
　방법 선생님 캐릭터가 아이에게 "뽀로로가 왜 안 온다고 하니?"라고 질문한다.

R Responsive Action – 반응해주기

❶ 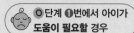 O단계 ❶번에서 아이가 적절히 반응할 경우
놀이 중간중간 관련 표현을 칭찬해준다.
⑨ "선생님께 '요'를 붙여서 예쁘게 잘 이야기하네. 주하도 페티 칭찬해줘."

O단계 ❶번에서 아이가 도움이 필요할 경우
놀이상황에서 다른 캐릭터를 참여시켜 선생님에게 존댓말 하는 모습을 보여주고, 이를 칭찬한다.
⑨ 페티가 "선생님, 페티 왔어" 하는 상황에 크롱이 나타나 "선생님, 크롱 왔어요"라고 이야기한다. 이때 포비 선생님이 "크롱이 예쁘게 '요'를 붙여 이야기했구나, 어른들께는 '요'를 붙여 예쁘게 말하는 거지? 페티도 할 수 있어?"라며 존댓말을 사용할 것을 격려한다.

❷ 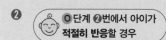 O단계 ❷번에서 아이가 적절히 반응할 경우
전화 상황이 끝난 후, 다른 캐릭터가 아이의 캐릭터에

게 전화를 걸어 전화예절을 지키지 않는 모습을 연출하고 아이가 수정할 수 있도록 확장할 수 있다.

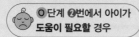

부모가 상황과 상대방의 입장을 설명해주고 어떻게 말해야 하는지 알려준다.

예 "주하야, '나 페티야'라고 말 안 하면 루피는 누구인지 몰라.", "루피한테 전화한 거니까 '루피 있어요?' 물어보면 돼.", "전화를 갑자기 끊으면 루피가 깜짝 놀라고 기분이 안 좋아. '알았어. 안녕' 이렇게 인사하고 끊으면 예쁘겠다."

이후 다른 피규어 캐릭터가 친구에게 전화하는 모습을 보여주어 아이가 적절한 표현을 관찰하도록 돕는다.

❸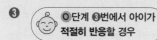

놀이상황에서 상대 캐릭터가 즉각적으로 질문에 응해준다.

예 "왜냐하면 늦잠 자서"

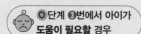

옆에서 부모가 아이가 말해야 할 내용을 속삭이듯 들려준다.

예 "루피야, 왜 안 와?"

❹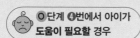

선생님 캐릭터가 아이 대답에 수긍하며 고마움을 표현한다.

예 "루피가 늦잠 자서 늦는 거구나. 알려줘서 고맙다 페티야."

이유에 대한 표현을 이끌어내기 위해 '왜냐하면'을 들려주고 제스처를 보여준다.

예 왜냐하면… (잠자는 시늉).

그래도 어려워한다면 두 가지 선택 답안 중 하나를 고르게 한다.

예 "아파서 늦는 거야, 늦잠 자서 늦는 거야?"

응용 친구가 늦는 이유를 말했다면 그에 따라 친구에게 권고나 충고도 해본다.

예 "늦잠 자면 안 되지. 일찍 일어나고 일찍 자야지."

주의 하세요

아이에게 이유를 표현하게 할 때 너무 복잡한 내용 설명을 요구하지 않습니다. 단순하게 '~해서' 정도로 표현할 수 있는 상황을 만들어 부담 없이 원인과 결과를 표현하도록 합니다.

말/언어 촉진포인트

- 부모가 전화 상황에서 일부러 부적절한 표현 들려주어 아이가 수정할 수 있도록 해주기.
- 부모가 '왜'라고 질문하여 아이가 이유를 생각하고 표현하도록 도와주기.
- 문제상황에서 해결방법을 생각하도록 예시 대안을 제시하기.
  예 "루피가 늦게 일어났대. 늦게 안 일어나려면 어떻게 해야 하지?"
- 아이 표현이 불완전하더라도 표현을 시도한 자체를 충분히 칭찬해주기.

🔊 클레이 쿠키 만들기

어떤 놀이인가요?

클레이와 만들기 도구들을 이용해 다양한 색상과 모양의 쿠키를 만들며 놀이합니다.

어떤 부분을 발달시키나요?

클레이를 밀고, 자르고, 붙이고, 찍고, 국수 모양을 뽑아 다양한 모양을 만들어 그와 관련된 동사와 형용사, 색깔과 모양 등의 어휘를 재미있게 익힐 수 있습니다. 더불어 생각한 모양을 만들기 위해 과정을 계획해야 하므로 계획성 및 창의성 발달을 돕고, 손가락 근육을 사용하므로 소근육 발달에도 도움이 됩니다.

무엇이 필요한가요?

다양한 색상의 클레이, 찍기 도구, 클레이용 칼/가위, 택배 박스(쿠키를 구울 오븐의 용도).

미리 생각해요

클레이가 옷에 묻을 수 있으니 편한 복장을 준비하고 클레이 놀이를 할 수 있는 테이블이나 판이 있으면 유용합니다. 아이가 쿠키를 만들 때 힌트를 얻을 수 있도록 과일 사진을 핸드폰에 담아둡니다.

어떻게 **놀이**하나요?

A Attention - 주의집중하기

★ 부모가 토끼 인형 역할을 맡는다.

토끼	주하야, 나 오늘 맛있는 쿠키 먹고 싶어. 쿠키!
아이	쿠키 없는데.
토끼	에이, 니가 만들어주면 되지!
아이	만들어?
토끼	응. 말랑말랑 클레이로 만들어주면 되잖아. 어때?
아이	좋아!
토끼	그럼 얼른 클레이 준비하자!

M Modeling - 시연하기

★ 아이가 클레이 쿠키를 만들 때 도움을 얻도록 핸드폰에 여러 과일, 사탕, 초콜릿 등을 저장한다.

부모	주하가 토끼한테 쿠키 만들어줄 거야?
아이	응!
부모	무슨 쿠키 만들어줄까? 엄마는 딸기 쿠키! 주하는?
아이	주하는… 주하는…. (스스로 이끌어내지 못한다)
부모	(캡처한 사진들을 보여주며) 이 중에서 한번 골라볼래?
아이	주하는 포도쿠키 만들래.
부모	좋아. 그럼 클레이 무슨 색이 좋을까? 포도는 무슨 색이지?
아이	(보라색을 고르며) 이거!
부모	그래 보보보라색으로 포도쿠키 만들어. 엄마는 딸기니까 빠빠빨강색*으로! 주하 무슨 색으로?
아이	보라색으로.
부모	뭐 만들어?

> ● 어휘의 말소리를 잘 기억하도록 첫 말소리를 반복하며 강조한다.

아이	포도쿠키 만들어
부모	그래그래, 맞아. 보라색으로 포도쿠키 만들어!
아이	(클레이를 주물럭거린다)
부모	주하 반죽하는구나? 엄마는 가위로 클레이 자르고, 주물럭주물럭 반죽.
아이	나도 잘라.
부모	뭘로 잘라?
아이	가위로.
부모	맞아. 가위로 클레이 잘라. 엄마는 이제 동글동글 굴려. 주하도 굴려봐.
아이	(엄마를 따라 하며 클레이를 손으로 굴린다)
부모	주하 뭐해?
아이	(행동을 명칭 하지 못하고 '이렇게'라고 표현한다) 이렇게.
부모	응, 굴려굴려?
아이	굴려.
부모	우아 잘하네. 무슨 모양이야? 동글동글?
아이	동그라미.
부모	맞아, 맞아. 동글동글 동그라미. 이번에 엄마는 밀대로 밀어밀어 해서 크게 만들래. 주하도 밀어밀어.
아이	(부모를 따라 클레이를 밀대로 민다)
부모	주하 뭐해?
아이	밀어밀어.
부모	그래. 밀대로 클레이 밀어밀어~ 우아, 크다! 주하는 큰 거 좋아?
아이	응, 큰 거 좋아!
부모	엄마는 조금 작은 게 좋은데. 엄마는 조금 작게 만들어야겠다. 주하는 동글이 쿠키 만들어? 네모 쿠키 만들어?
아이	나는 동글이 쿠키!
부모	그럼 엄마는 네모 쿠키 만들래 (각을 만들며) 하나, 둘, 셋, 넷, 네모 짠! 네모 완성. 주하는 동글이 틀로 찍으면 되겠네. 찍어찍어!
아이	(동그라미 틀로 찍어내며) 찍어.
부모	우아! 멋진 보라색 동글이 반죽이 됐네! 이제 포도 모양만 찍어 붙이면 되겠다. 엄마

	는 딸기 찍어 붙일게, 주하는 포도 찍어 붙여. (리듬감 있게) 포도를 클레이에 붙여요. 우아, 완성!
아이	완성! 다됐다!
부모	정말 잘했네. 아 참! 이제 불에 구워야지. 쿠키가 되잖아. (준비한 택배박스를 가리키며) 저게 오븐이야. 쿠키를 접시에 담고 오븐에 구워구워. (쿠키를 접시에 담는다) 주하 뭐해?
아이	쿠키 놔.
부모	응, 접시에 쿠키 담아?
아이	응, 접시에 쿠키 담아.
부모	그리고 뭐 해야 돼?
아이	구워.
부모	어디에?
아이	('오븐'이라는 단어를 꺼내지 못하고 손으로 택배박스를 가리킨다)
부모	아! 오븐에~ 어디에?
아이	오븐에. (쿠키 접시를 택배박스에 넣는다)
부모	버튼 누르고, 이제 열까지 세면 쿠키 완성된다. 같이 세자. 시작!
부모&아이	하나, 둘, 셋, 넷, 다섯, 여섯, 일곱, 여덟, 아홉 열!
아이	우아! 됐다!
부모	이제 우리 토끼한테 주러 가자.
아이	좋아!

★ 위와 같이 클레이로 쿠키를 만들며 아이가 색깔, 모양, 다양한 동사 및 형용사를 표현하게 한다.

O **Opportunity – 기회 주기**

위 활동을 통해 아이에게 다음과 같은 반응이 나타나도록 기회를 만들어준다.

❶ 기본적인 도형(동그라미, 세모, 네모) 및 색깔(빨강, 노랑, 파랑, 초록 등)을 말로 표현하도록 기회를 만들어준다.

방법 아이에게 무슨 모양으로, 어떤 색깔로 만들고 있는지 질문한다.

❷ 크다와 작다, 길다와 짧다와 같이 상대적인 형용사를 표현하도록 기회를 만들어준다.

방법 두 개의 상반어를 제시해 질문하여 아이가 선택하도록 한다.

❸ 상황에 맞는 적절한 동사 표현을 사용하도록 기회를 만들어준다.

방법 아이에게 무엇을 하고 있는지, 혹은 무엇을 하고 싶은지 질문을 던지며 답을 이끌어낸다.

예 "뭐해?" 질문에 "잘라", "붙여", "밀어", "넣어", "담아", "구워" 등으로 대답하기.

❹ "칼로 클레이 잘라" 또는 "클레이에 포도 붙여" 등 부모를 따라 세 단어 조합 문장을 산출하도록 기회를 만들어준다.

방법 "엄마는 칼로 클레이 잘라야지. 주하는 어떻게 할래?"와 같이 부모가 먼저 비슷한 구문의 세 단어 조합을 들려주며 행동한 후 아이는 어떻게 할 것인지 질문을 던진다.

ⓡ Responsive Action – 반응해주기

❶ 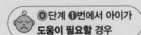 **단계 ❶번에서 아이가 적절히 반응할 경우**

아이 반응에 수긍해주며 의미적으로 확장해준다.

예 "맞아! 동그라미 쿠키. 또 동그라미 뭐가 있나? 얼굴도 동그라미, 바퀴도 동그라미", "맞아! 빨강색. 빨강 딸기네. 또 빨강색이 뭐가 있을까? 사과도 빨갛고, 토마토도 빨갛고."

 단계 ❶번에서 아이가 도움이 필요할 경우

해당 단어 앞에 힌트가 될 말을 붙여주어 이끌어내고, 그래도 어렵다면 해당 단어를 말해준다.

예 "동글동글 동그라미", "하나, 둘, 셋 세모!", "빠빠 빨강!"

❷ 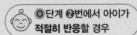 **단계 ❷번에서 아이가 적절히 반응할 경우**

아이 말에 수긍해주며 상대어를 설명해준다.

예 "그래! 주하는 크게 만들었지, 엄마는 작게 만들어."

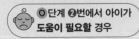 **단계 ❷번에서 아이가 도움이 필요할 경우**

상대어 두 개를 들려주고 하나를 고르게 한다. 그래도 어려워한다면 단어를 말해주고 따라 하게 한다.

예 "이거 커? 작아?"

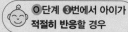

❸ **○단계 ❸번에서 아이가 적절히 반응할 경우**
아이의 말에 수긍해주며 의미/구문적으로 확장해준다.
📝 "응, 밀어. 밀면 납작납작하지?", "응, 밀어. 밀대로 클레이 밀어"

○단계 ❸번에서 아이가 도움이 필요할 경우
짧고 명료하게 해당 단어를 반복하여 들려준 후 따라 하게 한다.
📝 "밀어밀어?", "잘라잘라?"

❹ **○단계 ❹번에서 아이가 적절히 반응할 경우**
아이 말에 수긍해주며 비슷한 구조의 구문을 들려준다.
📝 아이가 "칼로 클레이 자를 거야" 하면 부모는 "그래, 이번엔 엄마가 가위로 클레이 자를 거야."

○단계 ❹번에서 아이가 도움이 필요할 경우
구문 길이를 줄여 한 단어부터 충분히 표현하게 한다. 아이가 빠뜨린 부분이 있는 경우라면 해당 부분을 묻는 질문을 던진 후 전문을 한번 더 들려준다.
📝 아이 : "클레이 잘라."
부모 : "뭘로?"
아이 : "칼로."
부모 : "칼로 클레이 잘라?"

💡 **응용** 클레이로 쿠키를 만든 후 여러 인형 친구에게 먹여주는 놀이나 쿠키가게 놀이로 확장할 수 있다.

주의
하세요

2단어 연결조차 어려운 아이에게 언어적 확장을 목표로 무조건 길고 복잡한 문장을 들려주거나 표현 시도를 요구하지 않도록 합니다. 2단어 연결이 간혹 나온다면, 그 수준에서 다양한 상황에서 충분히 표현하게 한 후, 3단어 연결을 시도하도록 이끕니다.

말/언어
촉진포인트

- 색깔 및 형태를 많이 알려주고 표현하도록 하기.
- 아이가 하는 행동을 말로 설명해주고 아이가 동작어로 표현하게끔 돕기.
- 행동의 단계를 연결하여 말로 표현하게 하기.("~하고", "~한 다음에" 등)
- 아이가 만든 것을 충분히 칭찬해주고 이야기 나눠 보기.

말소리 기억력 높이는
웃기는 이름놀이

어떤 놀이인가요?

인형에게 이름을 지어주는 놀이를 하되 일반적인 이름이 아닌 들어보지 못한 생소한 발음의 단어(비단어)로 지어주고 아이가 따라 하게 합니다.

어떤 부분을 발달시키나요?

의미를 가진 익숙한 단어가 아닌 새로운 말소리를 결합해 인형의 이름을 지어봅니다. 듣고 기억하는 과정을 거치며 말소리에 대한 청각적 변별력과 단기 기억력을 발달시키는 데 도움을 줄 수 있습니다. 이는 이후 읽기/쓰기를 비롯한 전반적 언어능력 발달과 밀접한 연관이 있습니다.

무엇이 필요한가요?

다양한 인형들. 인형이 없다면 스케치북에 여러 얼굴을 그려주며 이름을 지어주어도 좋습니다.

미리 생각해요

평소에 2~3음절의 의미 없는 말소리를 따라하는 놀이를 해봅니다.

A Attention - 주의집중하기

부모 (아이 관심을 끌기 위해 부모가 혼자 인형들과 대화하는 척한다) 오늘은 다른 이름 하고 싶어? 그럼 엄마가 지어줄게. 재미있는 이름으로. 빠꾸띠 어때?

아이 (아이가 관심을 가지고 다가온다) 엄마 뭐해?

M Modeling - 시연하기

★ 부모가 하마 역할을 맡는다.

부모 친구들이랑 이야기하고 있었어.

아이 이야기?

부모 응. 친구들이 오늘은 다른 이름 하고 싶대서 이름 지어주고 있었어.

아이 이름?

부모 응, 이름. 하마가 오늘은 재밌는 이름 하고 싶대. 그래서 엄마가 지어줬어. 하마한테 이름 뭐냐고 물어봐, 주하야.

아이 (하마를 보며) 이름 뭐야?

하마 빠꼬티.

아이 까꼬키?

하마 (천천히 한글자씩 들려준다) 빠 꼬 티.

아이 까 꼬 티?

하마 (입모양을 강조해서 보여주며) 빠 꼬 티.

아이 빠 꼬 티?

하마 맞아! 바로 그거야. 빠꼬티

부모 하하! 하마 이름 진짜 재밌다. 빠꼬티래. 오늘만 빠꼬티 한대. 이번에는 고양이 이름 도 물어볼까?

★ 위와 같이 헷갈릴만한 발음으로 2–3음절로 구성하여 이름을 지어주고 이를 따라 하 도록 격려한다.

★ 부모가 토끼 역할을 맡는다.

토끼	주하야, 나도나도. 나도 이름 지어줘. 이번엔 주하가 이름 지어줘.
아이	니 이름은 토끼야.
토끼	아니아니. 재미있는 이름. 오늘만 재미있는 이름 할래.
부모	뭐라고 지어줄까? 주하 이름은 주하니까 주로 시작해볼까?
아이	주…띠?
부모	그래그래. 주띠 하자. 토끼야 니 이름은 주띠야.
토끼	하하! 정말 재미있는 이름이다. 고마워!

★ 위와 같이 아이가 인형의 이름을 지어보도록 도움을 준다.

O Opportunity – 기회 주기

위 활동을 통하여 아이에게 다음과 같은 반응이 나타나도록 기회를 만들어준다.

❶ 2-3음절의 비단어(의미가 없는 단어)를 듣고 따라 말할 수 있도록 기회를 만들어
준다.

(방법) 2-3음절의 의미 없는 말소리를 들려준다. 어떠한 말소리도 상관없다.

❷ 아이 스스로 인형에게 새로운 이름을 붙이도록 기회를 만들어준다.

(방법) 놀이 속에서 인형이 재미있는 이름을 지어달라고 요청한다.

R Responsive Action – 반응해주기

❶ (O단계 ❶번에서 아이가 적절히 반응할 경우)

놀이에서 아이 반응에 수긍하고 다시 한번 말해주며 칭찬해준다.

(예) "맞아! 빠꼬티. 내 이름이야. 잘 따라 하네? 불러줘서 고마워".

(O단계 ❶번에서 아이가 도움이 필요할 경우)

다시 천천히 들려준다. 어려워할 경우, 입 모양을 과장해서 보여주며 천천히 들려준다. 그래도 어려워할 경우 음절을 줄여 시도한다.

(예) 빠 꼬 띠 → (입모양 과장하여 보여주며) 빠 꼬 띠 → 빠꼬

❷ 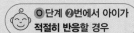 멋진 이름임을 강조하며 크게 칭찬해준다.

예 "주띠? 재밌는 이름이네? 진짜 마음에 들어. 나는 주띠야."

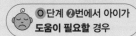 부모가 첫 글자를 붙여주면 아이가 뒷부분을 채워 말하게 한다. 그래도 어려울 경우, 부모가 2개의 이름을 들려주고 하나를 고르게 한다.

예 "주하는 '주'자로 시작하니까 주… 뭐라고 할까? 주… (기다림) '주띠'로 할까? 아니면 '주토'로 할까?"

 2~3음절의 짧은 비단어를 따라 할 수 있다면 좀 더 긴 수준으로 구성하여 주문놀이 등으로 응용할 수 있다.

예 "삐까띠리뿜! 변신해라 얍!"

 주의 **하세요**
　　　　3음절 수준에서 비단어 따라 말하기가 어려운 아이라면 1~2음절 수준에서 충분히 놀이하며 연습하도록 이끌어 줍니다.

 **말/언어** **촉진포인트**
- 의미 없는 말소리를 들려주고 따라 하도록 해보기. (1음절부터 시작해 늘리기)
- 인형들이나 피규어들에게 이름 지어주기.
- 아이가 잘못 따라 할 경우 천천히 입 모양을 보여주며 한 음절씩 따라 하도록 이끌어주기.

운율과 리듬 익히는
🔊 노래 이어 부르기

어떤 놀이인가요?

　부모와 아이가 번갈아가며 아이가 좋아하는 친숙한 동요를 이어 부르는 놀이입니다.

어떤 부분을 발달시키나요?

　부모와 번갈아 노래를 부르며 초기 상호작용의 기본 요소인 차례 지키기를 연습할 수 있고 운율과 리듬, 말소리에 대한 기억력을 발달시킬 수 있습니다.

무엇이 필요한가요?

　스티커(차례를 바꾸며 하고 있음과 시작과 끝을 알려주는 장치), 해당 노래 음원.

미리 생각해요

- 활동에서 함께 부르려는 동요의 음원을 미리 준비합니다.
- 활동을 강화하도록 스티커를 준비합니다.
- 아이가 충분히 알고 있어 조금이라도 흥얼거릴 수 있는 노래로 시작하는 것이 좋습니다.

A Attention - 주의집중하기

★ '나비야' 노래를 틀어놓고 함께 흥얼거린다

부모	나비야~ 나비야~ 이리 날아 오너라.
아이	(중간중간 흥얼거린다)
부모	오, 주하 '나비야' 노래 알아? 잘하네! 엄마랑 함께 부르면서 스티커 붙일까?
아이	응.

M Modeling - 시연하기

부모	좋아. 엄마 한번 부르고 주하 한번 불러서 노래 완성해보자. 부를 땐 이렇게 종이에 나비 스티커 붙여. 그래서 큰 동그라미 모양 만들어보자. 오케이?
아이	오케이!
부모	(스티커를 스케치북에 붙이며) 나비야 나비야. (아이 차례라는 것을 알려주기 위해 아이 가슴에 손을 대준다)
아이	(스티커를 스케치북에 붙이며) 이리 날아오너라 호랑….
부모	(아이 손을 부모 가슴 위에 얹는다) 주하야, 엄마 차례야. (스티커를 붙이며) 호랑나비 흰 나비. (아이 가슴에 손을 얹는다)
아이	모르겠어.
부모	(춤추는 제스처를 하며) 춤….
아이	(스티커를 안붙인 상태) 춤을 추며 오너라.
부모	아고 잘했네! 여기 스티커 붙여.
아이	(스티커를 붙인다)
부모	우리가 노래 다 불렀더니 동그라미 스티커 완성됐네! 잘했어. 이제 우리 진짜 노래 들어보자.

★ 위와 같이 한 구절씩 번갈아 노래 부르며 완성한 후 실제 노래 음원을 들으며 확인한다.

O **Opportunity - 기회 주기**

위 활동을 통해 다음과 같은 반응이 나타나도록 기회를 만들어준다.

❶ 자기 차례를 지켜 노래하도록 기회를 만들어준다.

방법 노래 시작 전 아이에게 '엄마 한 번, 아이 한 번' 부른다는 규칙을 알려준 후 엄마가 손으로 차례인 사람을 만져 표시해준다.

❷ 자기 차례에 노랫말을 이끌어내도록 기회를 만들어준다.

방법 엄마 차례가 끝난 후 그다음 노래 내용에 맞게 율동을 보여주어 아이가 자연스럽게 노래를 연결하도록 돕고 반응을 살핀다.

❸ 자기 차례에 노래를 부르며 스티커를 붙이도록 기회를 만들어준다.

방법 아이 차례에 스티커를 주어 노래 부르며 바로 붙이도록 한다.

R **Responsive Action - 반응해주기**

❶ 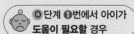 **O단계 ❶번에서 아이가 적절히 반응할 경우**

노래가 모두 끝난 후 차례를 잘 지킨 것에 대해 칭찬해준다.

예 "차례 잘 지켰다. 맞아. 주하 차례에는 노래하고 엄마 차례에는 기다리는 거야."

O단계 ❶번에서 아이가 도움이 필요할 경우

자신의 차례를 알 수 있도록 아이 차례에 아이 몸에 손을 대 주거나, 스티커를 아이 쪽에 놓는 등 촉각/시각적 힌트를 준다.

❷ 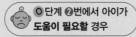 **O단계 ❷번에서 아이가 적절히 반응할 경우**

아이와 차례에 맞춰 노래를 완성한 후 아이 시도를 칭찬한다.

예 "열심히 불러서 노래가 완성됐네. 잘했다."

O단계 ❷번에서 아이가 도움이 필요할 경우

시도는 하지만 노랫말을 틀린다면 아이의 시도를 먼저 칭찬해주고, 율동이나 입 모양으로 힌트를 주어 노랫말을 이끌어낸다. 그럼에도 어려워하면 노랫말을 불러주어 따라 하게 한다.

예 "우아, 맞아. 그렇게 비슷하게 하는 거 맞아. 엄마 입 모양 봐봐." → (음성은 내지 않고 입모양만 '호랑나비 흰나비' 나타낸다) "그래도 잘 모르겠어? 엄마가 한번 해볼게. 호랑나비 흰나비" (쉼을 주어 아이가 따라 부를 수 있게 한다)

아이가 반응이 전혀 없다면 차례를 지키는 것은 중단하고, 부모가 천천히 노랫말을 불러주면 아이도 흥얼거릴 수 있게 해주되, 구절의 마지막 부분을 강조하여 들려주어 아이가 짧게라도 따라 하게 한다.

예 "나비 '야' 나비 '야' 이리 날아 '오너라'."

❸ ⭕단계 ❸번에서 아이가 적절히 반응할 경우

노래가 끝난 뒤 만들어진 스티커 모양을 보며 칭찬해준다.

예 "우아! 노래가 끝났더니 예쁜 동그라미 스티커 모양이 완성됐네. 잘 붙였어."

⭕단계 ❸번에서 아이가 도움이 필요할 경우

아이 손에 스티커를 주고 아이 손을 직접 잡아 함께 붙인 후 칭찬한다.

예 "이렇게 노래 부르면서 스티커 붙여. 잘했어!"

응용 번갈아가며 노래를 잘 완성할 경우, 조금씩 구절을 늘려 길게 기억해 부를 수 있도록 한다. 전 노래를 스스로 완성하게 한다.

주의
하세요

평소에 아이가 충분히 들어 부분적으로 흥얼거리는 동요로 시작하는 것이 좋습니다.

말/언어
촉진포인트

- 아이가 자기 차례를 지켜 노래 부르도록 도와주기.
- 노래 중간중간 쉼을 주어 아이가 노랫말을 채우도록 기회 주기.
- 노랫말에 적절한 율동을 보여주며 모방을 격려하기.

언어발달
이야기

유아기 때 노래 부르기는 전반적인 언어능력을 향상시킨다는 연구들이 많이 있습니다. 음악적 요소인 리듬, 멜로디, 화성, 템포 등이 제시하는 자극 및 가사와 의미의 연결은 언어능력 향상에 도움을 주고 노래를 부르며 발성, 조음, 운율 기능을 연습하게 되어 언어능력의 발달을 촉진할 수 있습니다.

그리기 어휘 배우는

색, 모양, 크기!

 어떤 놀이인가요?

스케치북에 각종 색연필로 다양한 모양과 크기의 얼굴, 피자, 케이크 등을 완성해보는 놀이입니다.

예 얼굴, 피자, 케이크 등

 **어떤 부분을 발달**시키나요?

24~30개월 활동에 제시된 〈그림 그리자〉에서 그림을 그리며 상호작용하고 색깔을 간단히 익히는 활동을 했다면, 이 놀이는 사물 변별의 기본이 되는 모양, 색깔, 크기 등을 적극적으로 익히고 표현하게 하여 인지기능을 증진시키는 활동입니다. 블록 모양을 따라 그리며 주의집중력 및 소근육 운동 발달도 돕습니다.

 무엇이 필요한가요?

색연필, 스케치북, 세모나 네모 블록이나 다양한 크기의 뚜껑 등 각종 모양을 따라 그릴 수 있는 도구.

 미리 생각해요

평소에 아이가 자연스럽게 색을 익히고 끄적이도록 색연필과 크레파스를 아이 주변에 노출합니다.

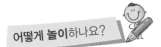

어떻게 놀이하나요?

A Attention – 주의집중하기

부모 (아이가 있는 공간에서 스케치북에 무언가를 끄적이며 혼잣말한다) 여기는 동글동글 동그라미 눈, 여기는 뾰족뾰족 세모 코, 여기는 하나둘 셋 넷 네모 입. 얼굴 됐네.

아이 (관심을 가지고 다가온다) 아빠 뭐해?

부모 신나게 그림 그리지! 주하도 해볼래? 주하가 좋아하는 핑크색도 있어.

아이 좋아!

M Modeling – 시연하기

부모 여기 동그라미 얼굴 그릴 수 있는 동그라미 뚜껑, 세모 그릴 수 있는 세모 블록, 네모 그릴 수 있는 네모 블록도 있네. 우리 예쁜 주하 얼굴 그리자. (스케치북에 뚜껑을 대고 동그라미를 따라 그리며) 동그라미 뚜껑을 대고 이렇게 그려. 주하 무슨 색으로 그릴래? 여기 빨강, 노랑, 파랑, 초록, 핑크 있어.

아이 초록!

부모 좋아. 초록 얼굴 그릴 건데 크게 그려, 작게 그려?

아이 크게 그려.

부모 그럼 크~~~~~~은 뚜껑 골라야겠네. 여기 있다. 주하가 그려봐.

아이 (스케치북에 뚜껑을 대고 삐뚤빼뚤 동그라미를 그린다) 됐어.

부모 우아, 잘 그렸네? 네모 얼굴 그린 거야? (아이 반응을 확인하려고 일부러 잘못된 정보를 던진다)

아이 아니, 동가미. (동그라미의 표현이 어려워 축약해 말한다)

부모 맞아. 네모 아니라 동그라미지? 동글동글 동그~라미 얼굴. 무슨 얼굴? 동그…. (축약된 단어를 바로 수정해주기 위해 2음절씩 끊어 인식시킨다)

아이 라미! 동그…라미!

부모 맞아맞아! 얼굴은 있어. 하지만 눈은 없네. 눈은 무슨 색으로 그릴까? 초록색은 얼굴 그렸으니까 빼고, 빨강, 노랑, 파랑, 핑크 있어.

아이 이거 아니야. 다른 거. 까망.

부모 아, 그래? 눈은 검정색으로 그리고 싶어? 그래, 검정색으로 그려. 눈은 동글동글 동

	글이? 세모? 네모? 어떤 모양 그릴까?
아이	네모 그려.
부모	좋아. 네모로 그리자. 크게 그려, 작게 그려?
아이	크게 그려.
부모	좋은 생각이야. 네모 눈 크게 그려 주하야.
아이	(그림을 그린다)
부모	(그림이 모두 완성된 후) 우아! 주하 얼굴 완성! 주하 큰 네모 검정 눈 여기 있고, 작은 세모 초록 코 여기 있고, 큰 동그라미 빨강 입 여기 있다. 정말 잘했어!

★ 위와 같이 색, 모양, 크기 등을 인지하고 표현하도록 유도하며 그림을 완성한 후 다시 한번 그림을 보며 확장된 언어로 들려주고 마무리한다.

○ Opportunity - 기회 주기

위 활동을 통하여 다음과 같은 반응이 나타나도록 기회를 제공한다.

❶ 활동 시 5개 이상의 색깔을 표현하도록 기회를 만들어준다.

(방법) 5개의 펜을 제시하고 무슨 색으로 그릴지 해당 색깔을 말하고 가져가게 한다.

❷ 활동 시 기본 3개의 모형을 표현하도록 기회를 만들어준다.

(방법) 동그라미, 세모, 네모 모양의 블록 및 장난감 등을 제시한 후 어떤 모양으로 그릴지 해당 모양을 말하고 가져 가게 한다.

❸ 활동 시 '크게', '작게'와 같은 크기 부사를 사용하도록 기회를 만들어준다.

(방법) 크게 그릴지, 작게 그릴지 선택하도록 질문을 던진다.

❹ 다 그린 후 그림을 보며 간단히 이야기하도록 기회를 제공한다.

(방법) 그림을 완성한 후, 부모가 먼저 아이가 그린 것을 설명해주는 모습을 보여준 후 아이도 간단하게라도 설명할 수 있게 격려한다.

(예) "여기 주하 뭐 그린 거지?"

R Responsive Action – 반응해주기

❶ 🙂 **⊙단계 ❶번에서 아이가 적절히 반응할 경우**

아이 요구에 즉각적으로 반응하며 확장된 언어로 들려준다.

🗨 "응. 빨강색 여기 있어. 빨강색으로 사과도 그릴 수 있고, 입술도 그릴 수 있고, 딸기도 그릴 수 있겠네."

🙁 **⊙단계 ❶번에서 아이가 도움이 필요할 경우**

색깔을 잘못 말하는 경우에는 바로 색깔을 바로 잡아주고 아이가 잘못 말한 색을 골라 비교해준다.

🗨 "아, 빨간색 말한 거야? 파랑색은 여기 있네. 빨간색 할 거야, 파란색 할 거야?"

아이가 반응이 없다면 부모가 색을 골라주고 그리는 것을 보여준 후 아이에게 색연필을 건네 끄적이도록 한다.

🗨 "아빠가 한번 해볼게. 잘 봐봐. 빨간색으로 그려. 동그라미 그려. 이번엔 주하 차례"

❷ 🙂 **⊙단계 ❷번에서 아이가 적절히 반응할 경우**

아이 대답을 수용해주고, 그리게 한 후 같은 모양의 것을 이야기해준다.

🗨 "그래. 세모로 코 그려. 우아, 잘 그렸다! 세모 딸기 같네?"

🙁 **⊙단계 ❷번에서 아이가 도움이 필요할 경우**

단어를 이끌어낼 만한 꾸밈말을 앞에 붙인다.

🗨 "동글동글 동그라미", "하나 둘 셋 세모", "하나 둘 셋 넷 네모"

❸ 🙂 **⊙단계 ❸번에서 아이가 적절히 반응할 경우**

아이 반응을 말로 표현한다.

🗨 "오! 눈 진짜 크게 그렸다! 왕눈이 됐네."

🙁 **⊙단계 ❸번에서 아이가 도움이 필요할 경우**

말과 그림이 다를 경우, 아이 그림을 말로 표현한 후 부모가 다시 한번 그려준다.

🗨 "주하가 크게 그린다고 했는데 너무 작은 걸? 아빠가 크~게 입 그려볼게. 이렇게 크~게."

무반응일 경우, 아이 손을 잡고 그림을 그리며 해당 그림의 크기를 말해준다.

❹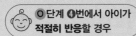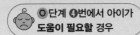

⑩ "주하야, 이렇게 이렇게 크게 그렸어."

아이 반응에 수긍해주며, 이야기 시도를 칭찬해준다.

⑩ "맞아. 멋진 네모 눈 그렸지. 잘 이야기해주었네."

부모가 손으로 짚어가며 천천히 설명해준 후 짧게라도 아이가 모방하도록 중간 부분을 비워 질문한다.

⑩ "여기 빨강 눈 그렸지? 무슨 눈?"

 응용 그림 그리는 것 외에도 클레이나 블록으로 색, 모양, 크기 등을 익힐 수 있다.

주의하세요

　아직 소근육이 충분히 발달하지 않은 상태이므로 정교하게 그리지 못하는 것은 당연합니다. 정교하게 그리는 데 초점을 맞추기보다는 아이가 색연필로 끄적이며 즐거움을 느끼고 본인의 의도를 표현하게끔 하는 데 초점을 둡니다.

말/언어 촉진포인트

• 색깔 어휘와 실제 색깔을 매칭하며 표현하게 하기.
• 모양/형태 어휘와 실제 모양 블록을 매칭하며 표현하게 하기.
• 아이의 모든 시도에 칭찬 많이 해주기.
• 그림 완성 후 이야기하며 정리하기.

작업기억 능력 자극하는

🔊 배달 왔어요

 **어떤 놀이**인가요?

마트에서 주문을 받고 해당하는 것을 기억해 배달해주는 놀이입니다

 **어떤 부분을 발달**시키나요?

배달할 재료의 주문을 받고 그것을 정확히 기억하여 짐을 꾸려야 하므로, 작업기억 능력(목표행동을 수행하기 위해 잠시 정보를 기억하는 능력), 계획능력, 어휘력 등을 증진할 수 있습니다. 더불어 마트나 배달상황에서 상대와 대화하며 상황인지 능력, 문제해결 능력, 언어표현 능력 등의 발달을 촉진할 수 있습니다.

 **무엇이 필요**한가요?

자르기 과일 장난감, 장난감 피규어나 인형, 음식을 배달할 교통 관련 장난감.

 **미리 생각**해요

주문을 받고 배달할 음식 모형 장난감들을 아이 시야에 펼쳐둡니다.

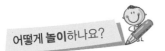
A　Attention - 주의집중하기

★ 피규어 놀이를 하다가 자연스럽게 연결되도록 진행하면 좋다.

★ 부모가 뽀로로 역할을 맡는다.

뽀로로	주하야, 나 너무 배고파. 맛있는 거 먹고 싶어.
아이	(시야에 펼쳐진 고기 모형을 들고) 이거 먹어.
뽀로로	아니아니. 나 볶음밥 먹고 싶은데 재료가 없네. 어쩌지?
부모	주하야, 뽀로로네 집에 음식 재료들이 없대. 어떻게 하지? 우리 재료 없을 때 어떻게 했지?
아이	마트에서 샀지.
뽀로로	그런데 밖에 나가기 싫어. 왜냐하면 비가 너무 많이 오거든. 옷이 다 젖어 버릴거야.
부모	재료들이 필요한데 뽀로로가 나가기 싫구나. 그럼 어떻게 하면 좋을까?
아이	모르겠어.
부모	배달시키면 되지! 주하가 배달해줄래?
아이	좋아!

M　Modeling - 시연하기

부모	그럼 주하가 마트 아줌마 해.
아이	응.
부모	뽀로로가 마트에 전화 걸 거니까 잘 받아.
아이	응.
뽀로로	따르릉~ 여보세요?
아이	여보세요.
뽀로로	거기 마트 맞나요?
아이	네, 마트예요.
뽀로로	배달 되나요?
아이	네.

부모	"뭐 배달할까요?" 물어봐.
아이	뭐 배달할까요?
뽀로로	저는 볶음밥 해먹고 싶어요. 당근, 고기, 양파 배달해주세요.
아이	네.
뽀로로	제 말 잘 들으셨지요? 제가 뭐 배달해달라고 했지요?
아이	양파요.
뽀로로	또 있어요. 제가 3개 말했어요. (천천히 말하며) 당근, 고기, 양파요.
아이	당근, 고기, 양파.
뽀로로	맞아요. 배달 부탁해요! 감사합니다. (전화를 끊는다)
부모	주하야, 뽀로로가 뭐 배달해달래?
아이	양파랑 당근.
부모	하나 더 있는데? 볶음밥 만들 때 이걸 넣으면 정말 맛있어. 주하도 좋아하는 건데, 갈색이고 쫄깃하고 아까도 먹었지? 고….
아이	고기!
부모	맞아맞아. 마트에서 얼른 챙겨서 배달 가자.
아이	(재료를 챙겨 상자나 카트에 넣는다)
부모	다 됐어?
아이	다 됐어.
부모	그럼 배달 가자. 어디에 싣고 갈까? 자동차? 트럭? 오토바이?
아이	트럭에 실어.
부모	그래. 트럭에 싣고 가자. 출발!
아이	(재료를 실은 트럭을 밀어 뽀로로 집에 도착한다) 딩동!
뽀로로	누구세요?
아이	배달 왔어요.
뽀로로	네, 안녕하세요! 제가 시킨 게 뭐였지요?
아이	고기, 양파, 당근이요.
뽀로로	맞아요. 감사합니다. 안녕히 가세요.
아이	네.
부모	(문제상황을 제시한다) 주하야, 뽀로로가 돈 안냈는데 괜찮아?

아이	맞다! 돈 내요.
뽀로로	아참! 제가 깜빡했네요. 얼마예요?
아이	(부모를 쳐다본다)
부모	'오천 원이요' 하면 돼.
아이	오천 원이요.
뽀로로	여기 있습니다. 배달해주셔서 감사합니다.
아이	네.
부모	주하야, 가야 하니까 인사해.
아이	안녕히 가세요.
부모	뽀로로는 여기 계속 있을 거니까 안녕히 계~ 세요.*
아이	안녕히 계세요.

> • 아직 어려 '계시다'의 의미를 모르므로 이해하기 쉽게 알려준다.

★ 위와 같이 여러 캐릭터의 전화 주문을 받고 주문에 맞게 물품을 배달하는 놀이를 진행한다.

O Opportunity - 기회 주기

위 활동을 통하여 아이에게 다음과 같은 반응이 나타나도록 기회를 만들어준다.

❶ 상대가 주문한 재료를 기억하여 준비하도록 기회를 만들어준다.

(방법) 놀이상황에서 아이에게 2~3가지 재료 배달을 요청한다.

❷ '왜'라는 질문에 적절히 대답하도록 기회를 만들어준다.

(방법) 놀이상황에서 피규어가 특정 상황에 대한 이유를 이야기하고, 아이가 이를 부모에게 전달하도록 질문을 던진다.

(예) "뽀로로가 왜 밖에 나가기 싫대?"

❸ 배달 후 결제와 관련된 구어 표현을 사용하도록 기회를 만들어준다.

(방법) 배달 완료 후 피규어가 결제하지 않는 상황을 설정하여 아이 반응을 살핀다.

Ⓡ Responsive Action – 반응해주기

❶

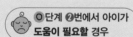

Ⓞ단계 ❶번에서 아이가 적절히 반응할 경우

주어진 정보를 다시 한번 확인해주며 의미적으로 연관된 설명을 들려준다.

㉝ "맞아. 뽀로로가 양파, 당근, 고기 사오라고 했지? 맛있는 볶음밥 만든다고 그러던데. 기대된다. 엄마도 먹고 싶어."

Ⓞ단계 ❶번에서 아이가 도움이 필요할 경우

음식 모형을 손가락으로 가리키며 다시 한번 천천히 들려주며 아이가 따라 말하게 한 뒤 다시 시도해본다. 어려워할 경우, 부모가 하나는 미리 준비하고 나머지 2개만 기억하도록 시도해본다.

㉝ "주하야, (모형을 손가락으로 가리키며 느리게) 양파, 고기, 당근이래. 어떤 거라고?" → "고기는 엄마가 넣었어. 주하는 양파, 당근 준비해."

❷

Ⓞ단계 ❷번에서 아이가 적절히 반응할 경우

아이 대답에 즉각 수긍하며 반응한다.

㉝ "아, 그렇구나! 비가 많이 와서 마트에 안 가고 배달시키는 거구나."

Ⓞ단계 ❷번에서 아이가 도움이 필요할 경우

아이가 다시 뽀로로에게 물어보아 들은 정보를 즉각적으로 전달한다.

㉝ "모르겠으면 다시 한번 뽀로로한테 물어봐. 왜 배달시켜?" 하고.

그래도 아이가 적절히 전달하지 못한다면 2가지 선택지를 들려주고 맞는 것을 고르게 한다.

㉝ "왜냐하면 뽀로로가 아파서? 아니면 밖에 비가 와서?"

❸

Ⓞ단계 ❸번에서 아이가 적절히 반응할 경우

놀이상황에서 아이 말에 즉시 반응하고, 칭찬해주며 결제 개념을 이야기해준다.

㉝ 뽀로로 : "제가 결제를 안 했군요. 맞아요. 물건이나 재료를 산 다음에는 결제해야 해요. 알려주어 고마워요. 얼마예요?"

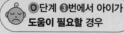

Ⓞ단계 ❸번에서 아이가 도움이 필요할 경우

뽀로로가 결제하는 것을 생각해내어 결제를 요청한다. 아이가 표현하기 어려운 상황에는 부모가 대신

보여준다

 뽀로로 : "아 참! 돈 내는 것을 깜빡했어요! 무엇을 살 때는 돈을 내야 하는 거잖아요. 얼마예요?" → 부모 : "오천 원이에요."

 응용 배달된 재료들로 음식을 만들어 먹는 놀이로 확장할 수 있다.

 **주의 하세요** 배달 주문하는 재료를 3가지로 고수할 필요는 없습니다. 아이가 기억하는 용량에 따라 더 줄이거나 늘려도 좋습니다.

말/언어 촉진포인트

- 2~3개의 단어를 들려주고 기억하여 다시 말하도록 하기.
- 놀이상황에서 일부러 갈등을 만들어 아이가 적절히 대처하도록 돕기.
- 꾸미는 말을 사용하여 어휘를 표현하도록 도와주기.
   빨강 사과, 길쭉한 당근
- "얼마예요?", "고마워요" 등의 상황 표현을 사용하도록 도와주기.

언어발달 이야기 몇 개의 단어를 기억하고 처리하는 활동은 구어작업기억(Verbal Working Memory)을 증진하는 활동으로 추론, 문제해결, 언어이해 등 복잡한 사고를 할 때 중요한 역할을 합니다.

다양한 직업 이해하는

미용실 놀이

어떤 놀이인가요?

손님이 미용실에 방문하여 요구사항 말하기 → 머리 손질하기 → 계산하기 → 인사하고 나오기 등의 일련의 미용실 상황을 연출하여 놀이합니다. 부모와 아이가 손님과 주인의 역할을 번갈아가며 진행합니다.

어떤 부분을 발달시키나요?

다양한 사회적 역할을 경험함으로써 상대 입장을 이해하고 적절히 소통할 수 있습니다. 사회성, 문제해결력, 정보통합 능력의 증진을 돕고 더불어 상대 지시에 맞게 따르고, 수행할 동작을 기억하며 언어이해 및 표현, 작업기억 능력, 계획성의 발달을 촉진시킵니다.

무엇이 필요한가요?

집에 있는 미용도구(빗, 드라이기, 거울, 장난감 가위, 헤어롤, 머리끈 등), 여러 헤어 스타일이 인쇄된 잡지나 핸드폰 사진.

미리 생각해요

미용실에 가본 경험이 있다면 기억을 되뇌어볼 수 있도록 아이와 이야기를 나누어봅니다. 미용실에 가본 경험이 없다면 미리 영상물이나 책을 통해 상황을 익힙니다.

A Attention – 주의집중하기

부모 (거울을 보고 머리를 매만지며) 주하야, 엄마 머리 예쁘게 하고 싶어. 이렇게 묶으면 좋을까? 이렇게 짧게 자르면 좋을까? 이렇게 머리핀이 좋을까?

아이 핀 꽂으면 돼

부모 (핀 꽂으며) 이렇게? 예뻐?

아이 응. 예뻐.

부모 엄마 더 예쁘게 하고 싶은데…. 아, 맞다! 저번에 주하 머리 예쁘게 자르러 미용실 갔잖아. 미용실에서 미용사 언니가 주하 머리 싹둑싹둑해주고 드라이 윙윙 해줬잖아. 기억나?

아이 응, 맞아.

부모 주하가 디자이너 돼서 엄마 머리 예쁘게 해줄래?

아이 좋아!

M Modeling – 시연하기

부모 (큰 거울 앞으로 가며) 그럼 여기는 미용실이야. 미용실에 뭐가 필요할까?

아이 빗!

부모 맞아. 주하가 빗 가져와. 미용실엔 빗도 있고, 거울도 있고, 또?

아이 음…. 몰라.

부모 싹둑싹둑하는?

아이 아, 가위! (장난감 가위를 가져온다)

부모 잘했어. 또 머리끈이랑 핀들도 있으면 좋겠다. 여기 드라이기랑. 이제 준비는 다 됐으니까 누가 미용사 할까?

아이 주하가 미용사 할래.

부모 그래. 그럼 엄마는 손님할게. 주하는 그럼 미용실에서 준비하고 있어.

아이 응.

부모 안녕하세요. 여기 미용실 맞아요?

아이 응.

부모	저 손님인데요. '네' 해주셔야죠.
아이	네.
부모	저 머리 좀 해주세요.
아이	네.
부모	"어떻게 해드릴까요?" 안 물어봐?
아이	어떻게 해드릴까요?
부모	물어봐줘서 고마워요. 이따 토끼 생일파티에 가기로 했어요. 예쁘게 머리 빗고 빨강 핀 꽂아주세요.
아이	네. (아이가 머리를 빗고 가위로 자르려고 한다)
부모	미용사님, 저는 머리 안 자를 거예요. 머리 빗고 빨강 핀만 꽂아달라고 말했는데요.
아이	아니에요. 머리 자르면 예뻐요.
부모	싫어요. 오늘은 빨강 핀 꽂고, 내일 와서 머리 자를게요.
아이	알았어요. (아이가 머리를 만진다) 다 됐어요.
부모	"머리 어때요?" 안 물어봐주세요?
아이	머리 어때요?
부모	정말 예뻐요! 그런데 빨강 핀 꽂는 걸 깜빡 하셨네요. 하나 꽂아주시겠어요?
아이	(빨강 삔을 꽂는다) 됐어요.
부모	감사합니다! 토끼가 정말 예쁘다고 할 거 같아요. 내일 와서 머리 자를게요.
아이	네. 잘 가요!

★ 위와 같이 상대에게 묻고, 대답하고, 지시에 따라 수행하여 아이가 일련의 과정을 끝까지 이끌도록 돕는다. 역할을 바꾸어가며 진행해도 좋다.

○ **Opportunity - 기회 주기**

위 활동을 통해 아이에게 다음과 같은 반응이 나타나도록 기회를 만들어준다.

❶ 상대의 의견을 묻도록 기회를 만들어준다.

방법 "어떻게 해줄까요?" "머리 어때요?" 등 놀이상황에서 충분히 기다린 후 질문해 달라고 요구한다.

❷ 상대방의 요구나 지시에 따르도록 기회를 만들어준다.

(방법) "머리 자르고 빨간 핀 꽂아주세요" 등의 지시상황을 들려준다.

❸ 놀이상황에서 이탈하지 않고 끝까지 해내는 기회를 만들어준다.

(방법) 놀이 전에 놀이상황에서 해야 하는 과정들을 설명해주거나 시각 스케줄로 제시한다. 단, 중간 순서가 조금씩 변동되어도 상관없다.

(예) 미용실로 들어오는 그림 → 가운을 걸치는 그림 → 머리를 자르는 그림 → 샴푸하는 그림 → 드라이하는 그림 → 완성된 머리를 거울로 보는 그림 → 계산하는 그림→ 인사하는 그림.

R Responsive Action – 반응해주기

❶ 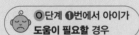 ○단계 ❶번에서 아이가 적절히 반응할 경우

질문에 즉각 반응해주고, 물어봐줘서 고맙다고 말한다.

○단계 ❶번에서 아이가 도움이 필요할 경우

적절한 질문 표현을 말해주어 따라 할 수 있게 한다.

❷ ○단계 ❷번에서 아이가 적절히 반응할 경우

놀이상황 중간중간 고마움을 표시하고 그다음 놀이흐름을 따른다.

(예) "우아! 정말 머리가 예뻐요. 다 된 건가요?"

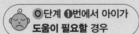 ○단계 ❶번에서 아이가 도움이 필요할 경우

아이를 부르고 주의를 집중시킨 후, 제스처를 보여주며 천천히 한 문장씩 다시 말해준다. 그래도 아이가 어려워한다면 행동으로 보여준다.

(예) "미용사님! (제스처 보여주며 천천히 말하기) 머리를 이렇게 빗어요. 그리고 여기 있는 핀 꽂아요"

❸ ○단계 ❸번에서 아이가 적절히 반응할 경우

과정을 잘 완수했다고 칭찬해주고 다시 한번 행동 과정을 간략히 말해준다.

(예) "우아. 주하가 인사까지 잘했네. 손님이 미용실 와서 인사하고, 머리 빗어주고, 빨강 핀 꽂아주고 계산하고 나간거지?"

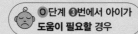

 ❺단계 ❸번에서 아이가 도움이 필요할 경우

놀이에서 이탈하는 경우, 현재 어떤 놀이를 하고 있는지 인지시키고 그다음 과정을 이끌도록 2가지 선택지를 제시하여 아이가 적절한 행동을 할 수 있게 돕는다.
⑩ "우리 지금 미용실 놀이 하는 거지? 손님이 머리 빗어달라고 해서 빗으로 빗었지. 그 다음에는 드라이하는 거야? 아니면 핀 꽂는 거야?"

응용 여러 인형을 이용해 손님의 머리를 동시에 번갈아가며 손질해주는 놀이로 확장할 수 있다.

 주의 하세요 실제 아이가 사용하여 위험할 수 있는 도구들은 장난감으로 대체하거나, 부모가 도움을 주며 진행합니다.

 **말/언어 촉진포인트**
- 상대방 의견을 물을 수 있도록 해당 구문을 들려주고 따라하게 하기.
- 놀이에서 이탈하지 않고 상황을 연결하도록 도와주기.
- 문제상황에 대처할 수 있는 기회 제공하기.
  ⑩ 손님이 머리가 맘에 안 드는 상황, 손님이 지갑을 안 가지고 온 상황 등.

기억하여 이야기해요

36~48개월

이 시기 아이는 언어/인지적 능력이 급속히 발달하면서 좀 더 길고
복잡한 구문을 이해하고 문장을 연결하여 말하기 시작합니다.
기억의 발달로 이전에 있었던 것을 제한적으로나마 이야기할 수 있으므로
어린이집에서 있었던 일이나 사진을 보며 무엇을 했는지 등 부모와 함께
이야기하는 시간을 많이 가지면 좋습니다.
더불어 고집이 세지고 문제행동도 많아지는 시기이므로 인형, 장난감 등을 통한
대행자 놀이를 이용해 상황을 인지하고 문제행동을 스스로 수정할 수 있도록 도와줍니다.

난이도 높은 설명하기 기술

🔊 이게 뭘까요?

어떤 놀이인가요?

한 사람이 그림 카드를 가리고 해당 그림을 설명하면 상대 방이 정답을 맞추는 놀이입니다.

어떤 부분을 발달시키나요?

상대는 정답을 모른다는 전제하에 목표단어를 설명해 상대가 정답을 맞출 수 있도록 활동을 진행하면서, 인지·사회성·화용언어 능력의 중요 요소인 기초적인 추론 및 전제 기술을 익힐 수 있습니다. 상대가 낸 문제를 맞추며 정보를 통합하고 적절한 단어를 인출하게 되므로 어휘 이해 및 표현능력을 발달시키고, 문제를 내는 경우 목표 단어를 충분히 이해해야 설명할 수 있으므로 상위언어 능력, 설명하기 기술을 발달시키는 데 도움이 됩니다.

무엇이 필요한가요?

사물, 동물, 음식 등 아이에게 친숙한 그림카드. 그림카드가 없다면 종이에 그림을 그려도 좋습니다.

미리 생각해요

카드를 준비할 때 아이가 잘 알고 흥미로워하는 자극물 위주로 구성합니다.

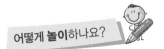
A **Attention – 주의집중하기**

부모 　 ('토끼'가 그려진 카드를 뒤집어 놓은 상태에서 잠깐 휙 보여줬다 뒤집은 뒤) 주하야, 봤어? 뭔지 봤어?

아이 　 응?

부모 　 아빠 카드에 뭐 있는지 잘 봐봐. 맞추기 게임이야. 뭐가 숨어 있는지 맞추는 거야. 주하 맞출 수 있을까?

아이 　 응!

부모 　 그럼 잘 봐봐. (카드를 다시 한번 뒤집어 잠깐 보여준다)

M **Modeling – 시연하기**

부모 　 봤어, 주하야?

아이 　 하얀색?

부모 　 맞아. 하얀색이야. 아빠가 이야기해줄테니까 잘 듣고 맞춰봐. 이거는 하얀색이야. 이거는 동물이야. 그리고 이거는 귀가 길~어. 또 이거는 주하가 좋아하는 거고. 이거는 뭘까~요?

아이 　 몰라.

부모 　 이거는 깡충깡충 뛰어. 토….

아이 　 토끼!

부모 　 딩동댕! (카드에 그려진 토끼를 보여 주며) 토끼 맞췄습니다. 정말 잘했어! 이번엔 주하가 문제 내볼까?

아이 　 응.

부모 　 (카드를 섞어준 후 아이에게 고르도록 한다) 주하야, 주하가 설명해주면 아빠가 정답 맞출게. 먼저 카드를 고르고 주하만 봐. 아빠한테 보여주면 안 돼. 그리고 아빠가 정답 맞출 수 있게 주하가 설명해줘. "이거는 ~하는 거야" 하고 설명해주면 돼. 한번 해보자. 주하가 여기 카드 중에 하나 뽑아. 아빠한테는 보여주면 안 돼.

아이 　 응. (카드를 뽑는다. 나비모양 카드가 아빠에게도 보인다)

부모 　 주하야, 아빠한테 보이면 안 돼. 얼른 가려. 주하만 봐야지.

아이 　 응.

부모 　 이제 문제 내주세요. 이거는….

아이	이거는… 나비야.
부모	하하! 주하야, 정답을 말해버렸네! 설명만 해줘야지. '이거는 훨훨 날아' 이렇게.
아이	이거는 훨훨 날아.
부모	정답! 정답은 나비!
아이	딩동댕!

★ 위와 같이 부모가 충분히 설명하는 방법을 알려주고 아이에게 시도를 격려한다. 잘 못 해도 상관없다. 부모가 적절하게 설명하는 것을 짧게 들려주고 따라 하게 도와준다.

O Opportunity – 기회 주기

위 활동을 통해 아이에게 다음과 같은 반응이 나타나도록 기회를 만들어준다.

❶ 아이가 부모의 설명을 듣고 정답을 맞추도록 기회를 만들어준다.

방법 짧고 간단한 문장으로 해당 단어를 설명한다.

예 모양, 색깔, 크기, 생김새, 맛, 촉감 등의 의미적인 힌트 주기 : "이거는 하얀색이 야", "이거는 귀가 길어", "이거는 깡충깡충 뛰어"

❷ 아이가 목표 단어를 설명하도록 기회를 만들어준다.

방법 부모가 먼저 설명하는 방법을 충분히 보여준 후 아이에게 "이거는~" 하고 운을 띄 워 준다.

R Responsive Action – 반응해주기

❶	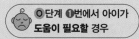 **O**단계 **❶**번에서 아이가 **적절히 반응할 경우**	카드를 뒤집어 정답을 확인시켜준 후 잘 맞추었다고 칭찬해준다.
	O단계 **❶**번에서 아이가 **도움이 필요할 경우**	의미적인 설명을 충분히 들려준다. 어려워할 경우 단 어의 첫음절을 말해준다. 그래도 도움이 필요할 경우 라면 정답 카드를 보여주고 이름을 말하게 한다.
❷	**O**단계 **❷**번에서 아이가 **적절히 반응할 경우**	부모가 즉각적으로 '정답!'을 외치고 해당 목표어를 말해주며 잘 설명했다고 칭찬해준다.

예 "주하가 잘 설명해줘서 엄마가 바로 맞췄네!"

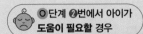

❷단계 ❷번에서 아이가 도움이 필요할 경우

놀이 규칙을 천천히 설명해주고, 아이가 설명할 수 있도록 해당 구문을 먼저 짧게 말해준다. 만약 아이가 따라 하는 것도 어려워한다면 부모가 2가지 선택문을 주어 골라보게 한다.

⑩ 부모: "이거는… 하얀색이야, 빨강색이야?" → 아이: "하얀색이야." → 부모: "그렇구나! 하얀색이구나."

응용

- 카드를 이용해 말로 설명하여 문제를 맞출 수도 있지만, 이 활동이 어려운 아이일 경우에는 카드를 잠깐 보여주고 이름 맞추기, 색깔 맞추기 등으로 진행할 수 있다.
- 답을 맞추는 사람이 "이거는 ~하는 거야?"와 같이 물으며 스무고개 형식으로 진행할 수 있다.

주의 하세요

- 부모가 문제를 내는 경우 너무 길지 않은 단문 형태나 단순한 복문 형태로 들려주고, 추상적인 단어보다는 실제적인 단어를 사용하여 아이가 머릿속으로 대상을 그릴 수 있도록 도와줍니다. 아이가 문제를 내는 경우, 부모가 중간중간 키워드를 들려주어 문장을 완성하도록 도와줍니다.
- 아이가 부모를 따라 하는데도 설명이 어려운 상황이라면 대상의 모양, 색깔, 크기, 질감, 맛, 쓰임새 등을 먼저 충분히 이해시킵니다.

말/언어 촉진포인트

- "이거는…"으로 운을 띄워 설명하기의 첫 시작을 도와주기.
- 아이 본인이 아는 것을 상대가 모를 수 있다는 사실을 알려주기.
- 대상을 설명할 때 모양, 크기, 질감, 색깔, 맛, 소리, 움직임 등 다양한 의미적 설명을 들려주기.

문제해결력 높이는

📢 내 생일에 놀러와

어떤 놀이인가요?

아이의 생일이라 가정하고, 여러 피규어 친구를 초대합니다. 가상 생일파티 놀이를 하며 생일파티와 관련된 다양한 상황을 연출합니다.

어떤 부분을 발달시키나요?

생일파티를 위해 초대장을 만들고, 친구들을 초대하고, 생일파티를 하는 일련의 과정을 통해 계획적인 사고를 경험하게 합니다. '생일파티'라는 사회적 상황에서 적절한 언어를 사용하고 갈등상황에서의 문제해결 능력을 연습할 수 있습니다.

무엇이 필요한가요?

피규어 인형들, 생일 케이크 모형, 색종이 및 색연필(초대장을 만들 용도), 작은 스티커(피규어들이 아이에게 줄 선물의 용도).

미리 생각해요

아이가 볼 수 있는 곳에 여러 피규어를 미리 비치합니다.

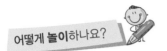

어떻게 **놀이**하나요?

A **Attention – 주의집중하기**

부모	주하야! 오늘 친구들 불러서 생일파티하자.
아이	생일? 오늘 내 생일이야?
부모	아니, 진짜 생일은 아니고 가짜 생일. 곧 생일 오니까 연습하자. 누구 초대할까? 누구 오라고 할까? (주변에 있는 피규어를 살피며) 엄마는 페티 초대하고 싶어.
아이	(놀이에 관심을 보이며) **뽀로로!**

M **Modeling – 시연하기**

부모	그래, 좋아. 친구들 많으면 재밌으니까 많이 초대하자. 또 누구 초대하면 좋을까?
아이	루피, 뽀로로.
부모	좋았어! 그럼 친구들 초대장 만들자. 초대장은 '주하 생일파티에 초대할게' 편지 쓰는 거야. 우리 몇 개 만들어야 해?
아이	10개!
부모	10개? 너무 많은데~ 친구 몇 명 초대하기로 했지? 한 명씩 세어보자.
부모, 아이	(초대하기로 한 피규어들을 함께 소리 내어 센다) 하나, 둘, 셋!
부모	세 개 만들면 되겠네. 색종이를 3개 준비해서 멋지게 꾸미자.

★ 색종이에 '초대장'이라 쓰고 갖가지 그림을 그린다. 그림을 그리고 스티커를 붙이며 관련 어휘를 표현하도록 돕는다.

★ 초대장을 다 만든 후, 부모가 페티 역할을 맡는다.

부모	이제 친구들한테 초대장 나눠주자. (피규어들을 한 줄로 세워 차례차례 말을 건넨다) 페티야, 안녕? 이거 받아 초대장이야. 한번 읽어봐~
페티	우아! 주하가 나를 초대한 거예요? 신난다. (편지를 펼치며) 내가 좋아하는 별 모양도 있네! 아참, 그런데 저는 아직 글씨를 못 읽어요. 뭐라고 쓰인 거예요?*
부모	아~ "주하 생일파티에 초대할게. 꼭 놀러

> • 아이가 놀이 흐름에서 벗어나지 않게, 해야 할 이야기를 표현하도록 유도하기 위한 장치로 묻는다.

와. 사랑해"라고 쓰여 있어. 토요일이야.

페티 우아~ 신난다! 꼭 갈게요!

★ 위와 같은 과정으로 친구들에게 초대장을 나눠준다. 각 대화에서 파티에 올 수 있는 캐릭터, 오지 못하는 캐릭터 등을 설정한다. 못 온다면 이유를 물어보고 아이가 그 이유를 기억하게 한다.

★ 부모가 뽀로로 역할을 맡는다.

부모 토요일 됐다! 주하야 생일파티 준비해야지. 의자 몇 개 필요해?

아이 5개?

부모 친구 몇 명 온다고 했지? 루피는 못 온다고 했으니까 루피 빼고 한번 세어보자 (뽀로로, 페티, 루피 캐릭터 중 루피를 뺀다)

부모, 아이 하나, 둘….

부모 두 개 준비하면 되겠다. (테이블에 피규어 의자 2개와 모형 케이크를 놓는다. 이후 부모가 '딩동' 하고 누군가 온 것을 인지시켜 준다)

부모 주하야 친구들 왔나 봐. '누구세요?' 해봐.

아이 누구세요?

뽀로로 (부모가 뽀로로 역할을 맡는다) 나야, 뽀로로.

부모 뽀로로야, 와줘서 고마워! 어떤 의자 앉을래?

뽀로로 파랑색이요. 그런데 오늘 누구누구 와요?*

부모 오늘? 누구누구 오더라? 주하한테 물어봐야겠다. 주하야, 오늘 누구누구 온다고 했지?

아이 뽀로로랑 페티 와.

뽀로로 루피는 왜 안 와?

아이 몰라.

부모 주하야, 아까 루피가 병원 가야 한다고 했잖아. 깜빡했구나?

아이 깜빡했어. 루피 병원 간대.

뽀로로 그렇구나. 아쉽다.

> • 이 질문은 아이가 상황을 잘 기억하고 있는지 확인하는 장치다. 잘 기억하지 못 하는 경우에는 부모가 재확인시켜주어 아이가 놀이상황의 흐름을 이해하게 돕는다.

★ 위와 같이 친구들을 맞이하고 자리로 안내한 뒤 생일파티를 시작한다.

부모	이제 우리 모두 모였으니까 주하 생일 축하 시작하자. 촛불 몇 개 꽂으면 되지?
아이	10개.
뽀로로	주하가 5살이면 초는 5개 꽂는 거야.
아이	5개.
부모	그래, 그럼 5개 초 꽂고 노래 부르자.

★ 초를 꽂고 생일 축하 노래를 함께 부른다.

부모	주하야 생일 축하해! 주하는 '축하해줘서 고마워' 하면 돼.
아이	축하해서 고마워.
뽀로로	주하야, 생일 축하해.
아이	축하해줘서 고마워.
뽀로로	(별 스티커를 건네며) 이건 생일 선물이야.
아이	응.
부모	주하야, 친구가 선물 주면 '고마워' 하는 거지?
아이	고마워.
뽀로로	응, 오늘 정말 신나는 날이다!

★ 위와 같은 방법으로 여러 피규어들이 생일축하 멘트를 하며 선물을 아이에게 건낸 후 함께 케이크를 먹는 것으로 놀이를 마무리한다.

O Opportunity – 기회 주기

위 활동을 통해 아이에게 다음과 같은 반응이 나타나도록 기회를 만들어준다.

❶ 초대장 만들 때
- "어떤 모양 좋아해?" (상대방 의견 묻기)
- "초대장 3개 만들면 돼." (수 세기)

- "'생일에 초대합니다' 쓰는 거야." (초대하는 이유 설명하기)
- "왜 못 와?" ('왜' 질문하기)
- "병원 가서 못 온대." (원인에 대한 정보 제공하기)

❷ 생일파티 상황

- "오늘 뽀로로, 페티, 루피, 포비 와." (들은 정보 기억하기)
- "어디 앉을래?" (상대방의 의견 묻기)
- "왜 일찍 왔어?" / "왜 늦게 왔어?" ('왜' 질문하기)
- "촛불 3개 꽂아야 해." (상황인지)
- "축하해줘서 고마워." (상대방 행동에 대한 적절한 구어 반응)

 Responsive Action – 반응해주기

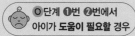

❶단계 ❶번 ❷번에서
아이가 **적절히 반응할 경우**

피규어나 부모가 "맞아", "그래" 등의 수신반응, 질문에 대한 응답, 칭찬 등의 반응을 나타낸다.

❶단계 ❶번 ❷번에서
아이가 **도움이 필요할 경우**

부모가 아이가 해야 할 말을 천천히 말해주어 아이가 따라 하도록 돕는다. 들은 정보를 기억해야 하는 경우, 2개의 선택지를 제시하여 아이가 맞는 것을 고르도록 돕는다. 전반적으로 아이가 놀이에 집중하고 있지 못하거나 구어 표현이 많이 없다면, 연결되는 이벤트를 줄이거나 단일 이벤트로 놀이를 진행한다.

 응용

- 친구들이 가져온 선물을 미리 다양하게 구성하여, 생일파티 후 선물에 관한 이야기를 나누도록 확장할 수 있다.
- 생일파티 상황에서 나타날 수 있는 갈등을 연출할 수 있다. (자리 때문에 친구와 다툼, 음식을 많이 먹어 배탈이 남 등)

주의
하세요

아이가 여러 이벤트가 연결되는 놀이에 충분히 몰입할 준비가 되어 있지 않다면 특정한 하나의 상황을 충분히 놀이하도록 해줍니다.

말/언어
촉진포인트

• 상대의 질문에 적절히 대답하며(누구, 언제, 어디, 뭐, 왜) 대화를 이끌어 나가도록 도와주기.

• 피규어가 이야기한 내용을 부모가 질문해 아이가 정보를 기억하고 또 다시 전달하도록 도와주기.

• 놀이 맥락을 이해하고 그다음 전개 가능한 행동을 생각해보도록 하기.

• 상황에 따라 적절히 감정을 표현하도록 도와주기. ("고마워", "미안해", "왜 그래?", "화났어?" 등)

경험기억 자극하는
색종이 김밥 만들기

어떤 놀이인가요?

다양한 색상의 색종이로 김밥 재료를 만들고 검정 색종이로 말아 간단히 김밥을 만들어 인형 친구들에게 나눠주는 놀이입니다.

어떤 부분을 발달시키나요?

'김밥'을 색종이로 만들며, 재료에 대한 기억을 떠올려 색이나 모양과 연결합니다. 김밥을 완성하는 일련의 과정을 통해 일화기억력(본인이 경험했던 것에 대한 기억), 계획력 등을 촉진할 수 있습니다. 더불어 김밥을 만들고 나눠주는 과정에서 이루어지는 피규어와의 소통을 통해 사회성의 구성 요소인 화용능력, 단기기억 기술을 발전시킬 수 있습니다. 색종이를 자르고 붙이는 활동을 통하여 소근육 발달도 도울 수 있습니다.

무엇이 필요한가요?

색종이, 가위, 테이프, 피규어 인형.

미리 생각해요

아이가 김밥에 어떤 재료가 들어가는지 힌트를 얻도록 김밥 사진을 캡처하여 준비합니다.

A Attention – 주의집중하기

★ 부모가 뽀로로 역할을 맡는다.

부모 주하야, 지금 친구들이 저녁을 안 먹어서 배가 많이 고프대. 뭐 먹고 싶은지 한번 물어볼까?

아이 뽀로로, 뭐 먹고 싶어?

뽀로로 음, 그거 뭐더라. 오이도 들어가고 당근도 들어가고 시금치도 들어가고 단무지도 들어가고 김으로 싸서 먹는 건데. 그거 이름 알아?

아이 김밥! 김밥이네.

뽀로로 맞아! 김밥 먹고 싶어. 김밥 좀 만들어줄래?

아이 근데 재료가 없잖아.

부모 아! 주하야 우리 색종이 있으니까 색종이로 만들어줄까?

아이 좋아!

M Modeling – 시연하기

부모 그럼 여기 뽀로로, 페티, 크롱, 에디, 루피 있으니까 어떤 재료 넣어줄지 물어보자. 아빠가 한번 물어볼게. 뽀로로야, 뭐 넣어줄까?

> ● 좀 더 확장이 가능한 아이라면, "무슨 재료 넣어줄까?"

뽀로로 나는 단무지!

부모 단무지? 단무지가 무슨 색깔이지? 주황인가?
(일부러 잘못 말하여 아이가 해당 색깔을 인지하고 있는지 확인한다)

아이 응. (아이가 모르고 있다는 것이 확인된다)

뽀로로 아빠, 단무지 노랑 아니에요? 주황은 당근 같은데?

부모 한번 확인해보자. (캡처해놓은 김밥 사진을 보여주며) 그렇네! 단무지는 노랑색이었구나. 그럼 노랑 색종이 필요해. 주하야, 노랑 색종이 좀 줄래? (아이가 노랑색을 잘 인지했는지 다시 한번 확인한다)

아이 (노랑색 색종이를 꺼내준다)

부모	이제 노랑 색종이를 가위로 길게 잘라서 단무지 만들자. 주하가 잘라.
아이	(삐뚤빼뚤 자른다)**

> ** 아이가 가위질을 잘하지 못해도 상관없다. 다치지 않게 조심한다.

부모	우아! 노랑 단무지 잘 만들었네! 좋아. 그럼 검정 김에 단무지를 붙여. (색종이의 검정 부분이 바닥면에 닿게 한 후 단무지로 잘라낸 색종이를 붙인다) 단무지 넣었고, 그럼 이번엔 주하가 페티한테 뭐 넣고 싶은지 물어봐.

★ 위와 같이 피규어에게 좋아하는 재료 묻기 → 재료에 맞는 색종이 색깔 고르기 → 검정색 색종이에 붙이기 활동을 반복한다.

부모	와! 김밥 다 만들었다. 이제 친구들한테 나눠줄까?
아이	좋아!
부모	주하가 친구들 자리에 앉히고 김밥 잘라서 접시에 놔줘.
아이	(피규어들을 모아서 앉히고 김밥을 여러 개로 잘라 접시에 놓는다)
뽀로로	주하야, 고마워! 그런데 김밥에 뭐 뭐 들어갔어?
아이	당근이랑… 몰라.
부모	여기 노랑 색깔은 뭐였더라? 단….
아이	아, 단무지.
부모	여기 빨강색도 넣었잖아. 김….
아이	김치!
부모	(만든 김밥을 보며) 그래. 오이도 넣고 단무지도 넣고 김치도 넣고 햄도 넣고 했지?
아이	맞아~

★ 위와 같이 여러 피규어가 아이에게 김밥에 들어간 재료를 물어 아이가 재료와 색깔들을 기억하도록 돕는다. 그 후 피규어 친구들과 먹는 시늉을 한다.

★ 부모가 크롱 역할을 맡는다.

부모	크롱한테 맛있는지 물어봐야겠다. 크롱아, 맛이 어때?
크롱	너무 매워요! 왜 매워요?
부모	응? 매운 것 뭐 넣었더라? 주하야, 왜 매워?
아이	왜냐하면 김치 넣어서!

크롱	그렇구나. 나는 매운 걸 잘 못 먹는데 어쩌지?
부모	크롱은 아가라 매운 걸 잘 못 먹는구나. 어쩌지 주하야?*
부모	그럼, 김치를 빼주면 되겠네!
아이	알았어. (뽀로로 김밥에 들어있는 빨강 색종이를 떼어낸다)
크롱	정말 고마워! 맛있게 먹을게.

> • 아이 반응을 살피고, 갈등상황에 대처하지 못한다면 부모가 도와준다.

★ 위와 같이 맛과 재료를 연결해보고 갈등상황도 만들어 대처하는 연습을 해본다.

O Opportunity – 기회 주기

위 활동을 통해 아이에게 다음과 같은 반응이 나타나도록 기회를 만들어준다.

❶ 재료에 맞는 색깔을 연상하여 표현하도록 기회를 만들어준다.

(방법) "단무지가 무슨 색깔이지?"라고 재료의 색깔을 질문한다.

❷ 상대에게 의견을 묻는 질문을 하도록 기회를 만들어준다.

(방법) "뭐 넣어줄까?", "맛이 어때?" 등 피규어들에게 어떤 재료를 넣어줄지, 맛이 어떤지 질문하도록 격려한다.

❸ '왜' 질문에 대하여 간단히 이유를 말하도록 기회를 만들어준다.

(예) "왜냐하면 김치가 들어가서."

❹ 갈등상황에서 문제를 해결하도록 기회를 만들어준다.

(방법) 갈등상황을 제시한 후, 적용 가능한 해결법을 알려주고 놀이에서 시행하는 모습을 보인다.

R Responsive Action – 반응해주기

❶ (O단계 ❶번에서 아이가 적절히 반응할 경우) 표현 시도를 칭찬해주고 한 번 더 설명해준다.

(예) "맞아맞아! 정말 잘 알고 있네. 단무지는 노랑색이지!"

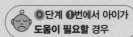

O단계 ❶번에서 아이가 도움이 필요할 경우	직접적으로 틀렸다는 언급은 피하며 피규어를 통해 간접적으로 정답을 알려주어 모르는 것에 대한 부정적인 느낌을 갖지 않도록 한다. 예 부모: "아빠도 단무지가 빨강색 같은데 척척박사 에디야 맞아?" → 에디 : "김치가 빨강색이지. 단무지는 노랑색이야."
❷ O단계 ❷번에서 아이가 적절히 반응할 경우	즉각적으로 질문에 대답한 후, 질문한 것에 대해 고마움을 표현한다. 예 "정말 맛있어! 물어봐줘서 고마워"
O단계 ❷번에서 아이가 도움이 필요할 경우	상황에 맞는 적절한 구문을 많이 들려주고 보여준 후 따라 하도록 격려한다.
❸ O단계 ❸번에서 아이가 적절히 반응할 경우	아이 말에 수긍해주고 알려준 것에 대한 고마움을 표현한다. 예 "김치가 들어가서 매운 거구나 몰랐네. 알려줘서 고마워."
O단계 ❸번에서 아이가 도움이 필요할 경우	키워드를 들려주거나, 그래도 어렵다면 부모나 피규어가 대신 말해준다. 예 "왜냐하면… 김치? (기다려준다)" → "왜냐하면 김치가 들어가서 매운가봐."
❹ O단계 ❹번에서 아이가 적절히 반응할 경우	크게 칭찬해주고 아이 주도로 실행해본 후 이상적인 대안도 설명해준다. 예 "우아, 그런 방법이 있었네! 그렇게 하면 되겠다. 그리고 이렇게 하는 방법도 있어."
O단계 ❹번에서 아이가 도움이 필요할 경우	2개의 선택권을 제시하여 고르게 한다. 예 "매운 김치를 빼줄까? 아님 그냥 먹으라고 할까?"

응용 김밥 외에도 색종이를 이용하여 케이크나 피자 만들기로 응용할 수 있다.

주의
하세요

- 위에서 제시한 목표 활동을 한 번에 모두 진행할 필요는 없습니다. 아이의 컨디션과 리듬에 맞추어 가감하며 즐겁게 진행하도록 합니다.
- 부모가 애초 의도한 행동이 표현되지 않더라도, 아이가 해보려는 의도를 갖고 반응하는 것에 대해 크게 칭찬해줍니다.

말/언어
촉진포인트

- 김밥 재료의 모양, 색깔, 맛 등의 속성을 기억하여 어휘와 연결하도록 도와주기.
- 아이가 피규어들에게 의견을 물어보도록 도와주기.
- 들은 정보에 대해 전달하도록 도와주기.
- 김밥을 만드는 일련의 과정을 기억할 수 있도록 도와주기.

  (재료 준비 → 재료 넣기 → 말기 → 썰기 → 접시에 놓기)

역할놀이로 규칙 배우는

🔊 뭐 드릴까요?

어떤 놀이인가요?

　인형들을 이용하여 과일 주스가게 놀이를 진행합니다. 아이가 주스가게 주인을, 부모는 인형들을 사용하여 다양한 손님 역할을 합니다. 손님이 요구하는 2개 이상의 주스를 주인이 기억하여 만들어 판매하는 구조화된 놀이로, 자르기 과일 장난감을 이용하면 용이합니다.

어떤 부분을 발달시키나요?

　아이가 가게 주인과 손님을 번갈아 맡으며 사회적 역할 개념을 알아가고, 상황에 적절히 대응하는 표현을 시도하며 상황인지 및 화용 기술을 연습할 수 있습니다. 더불어 상대가 이야기한 2가지 이상의 주스 재료를 기억함으로써 주의집중력, 작업기억 능력을 증진시키는 데 도움을 줍니다.

무엇이 필요한가요?

　다양한 과일 모양의 장난감, 믹서기 장난감(선택사항), 냉장고 장난감(선택사항이며 상자 등으로 대체 가능), 종이 돈.

미리 생각해요

　평소에 아이가 즐겨 먹는 주스나 간식이 있다면 어떠한 재료로 어떻게 만들어졌는지 이야기 나눕니다.

어떻게 **놀이**하나요?

A Attention - 주의집중하기

부모	주하야, 친구들이 달콤한 주스 마시고 싶대. 우리 주스 만들어줄까? 주스가게 놀이 할까?
아이	좋아!
부모	주하가 주스가게 주인 할래, 손님 할래?*
아이	주인 할래.
부모	그럼 동물 손님들이 주스 사러 올 테니 얼른 준 비해. 뭐 필요할까?
아이	과일!
부모	응. 과일도 필요하고, 과일을 시원하게 넣어두려면?
아이	냉장고!
부모	딩동댕! 그리고 과일을 잘라야 하잖아. 칼도 필요하고, 또 과일을 주스로 만들려면 뭐가 필요할까? 미… 뭐였더라?
아이	믹서기!
부모	맞아! 그런데 집에 믹서기는 없으니까 정성스럽게 손으로 짜서 만들자. 짜요짜요.
아이	좋아!

> * 아이에게 선택권을 준다. 손님을 하고 싶어 한다면 뒤에 나오는 놀이를 참고한다.

★ 준비물이 준비되면 과일들을 진열하거나 냉장고에 넣고 손님 맞을 준비를 한다.

M Modeling - 시연하기

★ 부모가 토끼 역할을 맡는다.

토끼	안녕하세요. 여기 뭐 팔아요?
부모	여기 과일주스 팔아요. 주스가게이거든요.
토끼	아, 그렇군요. 여기 무슨 주스 팔아요?
부모	(과일들을 포인팅하며) 사과주스도 있고, 딸기주스도 있고…. 또 뭐 있지 주하야?

아이	멜론주스.
부모	멜론주스도 있고 수박주스도 있고 또?
아이	포도주스도 있고.
부모	오렌지주스도 있어요. 뭐 드릴까요?
토끼	아, 맛있겠네요. 그런데 나는 바나나주스가 좋은데, 바나나주스는 없어요?
부모	바나나주스는 사람들이 다 사가서 떨어졌습니다.
토끼	그렇군요. 그럼 수박주스랑 오렌지주스 주세요. 엄마랑 같이 먹으려고요.
부모	네, 알겠습니다.
부모	(일부러 수박주스와 딸기주스를 준비하여 아이가 지적할 수 있게 한다)
아이	어? 아닌데?*
부모	응? 아니야? 뭐가?
아이	수박이랑 오렌지인데?
부모	아참, 그랬지! 엄마가 깜박했네!
부모	(수박과 오렌지를 칼로 자르고 손으로 짜는 시늉하며) 수박을 깨끗이 닦고, 칼로 수박 자르고, 컵에 쭉쭉 짜요짜요. 오렌지를 깨끗이 닦고, 칼로 오렌지 자르고 컵에 쭉쭉 짜요짜요. 다됐습니다! 여기요.
토끼	감사합니다. 안녕히 계세요.
부모	잠시만요! 계산하셔야지요.
토끼	아 참! 깜빡했네요. 얼마예요?
부모	5천 원입니다.
토끼	(종이 돈을 내며) 여기 있습니다.
부모	감사합니다. 안녕히 가세요.

> • 아이가 지적하지 않는다면 부모가 뽀로로에게 주문한 것을 다시 물어보며 확인한다.

★ 위와 같이 여러 동물이 아이에게 주스를 주문한다. 2개 이상의 주스를 주문하여 작업 기억(받아들인 정보를 다음 행동을 위해 잠시 잡아두는 기억)을 적극적으로 사용하게 한다.

Ⓞ Opportunity - 기회 주기

위 활동을 통하여 아이에게 다음과 같은 반응이 나타나도록 기회를 만들어준다.

❶ 스스로 필요한 준비물을 준비하도록 기회를 만들어준다.

> **방법** 부모가 주스를 만들기 위해 무엇이 필요한지 아이에게 질문하고 가지고 오게 한다.

❷ 다양한 의문사 질문에 대답하도록 기회를 만들어준다.

> **방법** 어디, 뭐, 누구, 왜 등 아이에게 간단한 의문사 질문을 던진다.

❸ 주문받은 2개 이상의 주스를 기억하고 제공하도록 기회를 만들어준다.

> **방법** 놀이 상에서 피규어가 2개 이상의 주스를 주문한다.

❹ 주스를 만들며 다양한 과일 어휘와 동사를 표현하도록 기회를 만들어준다.

> **방법** "이게 뭐지?", "그리고 어떻게 하지?" 등의 질문을 던진다.

❺ 계산의 개념을 익히도록 기회를 만들어준다.

> **방법** 놀이 상에서 피규어가 주스를 받은 뒤 그냥 가도 되냐고 물어본다.

Ⓡ Responsive Action - 반응해주기

❶ 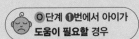 **Ⓞ단계 ❶번에서 아이가 적절히 반응할 경우**	크게 칭찬하며 부모가 준비할 것은 없는지 의견을 묻는다. ⑩ "우아! 스스로 다 준비할 수 있네. 엄마는 뭐를 준비할까?"
Ⓞ단계 ❶번에서 아이가 도움이 필요할 경우	부모 한 번, 아이 한 번 번갈아가며 준비물을 준비하되, 부모가 필요한 것을 말해준다. ⑩ "엄마가 냉장고 준비할 테니까 주하는 과일을 갖다줘."
❷ **Ⓞ단계 ❷번에서 아이가 적절히 반응할 경우**	아이 대답에 수긍하고, 고마움을 표한다. ⑩ "아, 그렇구나. 알려줘서 고마워."
Ⓞ단계 ❷번에서 아이가 도움이 필요할 경우	부모가 개입해 단서를 제공하여 대답을 이끌고, 그래도 아이가 어려워한다면 부모가 대신 이야기해준다. ⑩ "왜 주스가 안 시원하지?" → '얼음'을 단서로 제공한 후

→ "왜냐하면 시원한 얼음을 안 넣어서 안 시원한 거구나"
피규어가 감사하다고 말하며 맛있게 먹는 시늉을 한다.

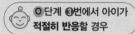

예 "맞아요. 제가 수박주스랑 오렌지주스 시켰어요. 감사합니다. 정말 맛있어요!"

부분만 기억할 경우, 주스가 하나 더 필요함을 이야기한다. 어떤 주스인지 바로 말해주기보다 의미적 설명을 통해서 아이가 기억하도록 돕는다.

예 "수박주스 감사합니다. 그런데 엄마 것이 없네요? 아까 2개 시켰어요. 수박이랑, 뭐더라? 주황색깔 과일인데. 동그랗고 새콤달콤한 거요"

○ 아기가 **무반응할 경우**

아이가 만들고 싶어 하는 주스를 물어보고 같이 만든 뒤 인형에게 선물로 준다. 그 후 피규어가 부모에게도 갖다주기 위해 다른 주스 하나를 더 만들어달라고 부탁하여 한가지 내용만이라도 기억해 수행하도록 돕는다.

예 "우아, 바나나주스네요? 선물해주셔서 감사해요. 그런데 저희 엄마도 먹고 싶어할 것 같아요. 수박주스 하나 더 만들어주실래요?"

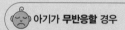

아이 대답에 수긍해주며 아이가 하는 행동을 말로 표현해준다.

예 "그래. 이거 수박이지. 지금 수박주스 만들어달라고 해서 수박 자르고 있지?"

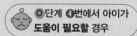

두 가지 보기를 주어 그중 적절한 것을 선택하여 대답하게 한다.

예 "지금 수박 자르고 있어? 아니면 수박 짜요짜요 하고 있어?"

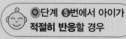

놀이상황에서 인형이 이에 적절히 반응하며 계산한다.

예 "깜빡했어요. 죄송합니다. 뭐를 살 땐 꼭 계산해야 하는 건데. 얼마예요?"

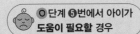 **단계 ⑤번에서 아이가 도움이 필요할 경우** 부모가 아이에게 상황을 설명해주며 계산해야 함을 알려준다.

예 "여기는 주스가게라서 돈을 내고 주스를 사 먹는 곳인데 뽀로로가 돈을 안 내고 가려고 하네. 어떻게 하지, 주하야?"

주스 가게 놀이 외에도 아이스크림 가게 놀이, 마트 놀이, 레스토랑 놀이 등을 통해 2가지 내용을 듣고 기억하는 활동을 재미있게 할 수 있다.

 주의 하세요

언어이해 및 표현이 또래보다 다소 미숙한 아이와의 놀이상황이라면, 많은 표현을 이끌기보다 상황 속에서 어떻게 반응하면 되는지 부모가 우선 많이 보여줍니다.

 **말/언어 촉진포인트**

- 두 가지 이상의 재료를 기억하도록 도와주기.
- 주인 혹은 손님의 역할에 따라 상황에 맞게 말하도록 도와주기.
- 물건을 산 뒤 지불의 개념을 알려주기.
- 주스를 만드는 일련의 과정을 짧게 말로 표현하도록 도와주기.

 언어발달 이야기

놀이가 매우 활발히 일어나는 이 시기에는 놀이를 통해서 일상에서 경험한 사회적 역할을 다시 한번 익히고 정립해나가게 도와주는 것이 중요합니다. 실제 상황 속에서 주고받는 대화나 규칙을 이해하고 표현하게 하여 사회성 발달에 기초가 되는 화용능력을 도울 수 있도록 합니다.

구매언어 이해하는

🔊 수박 맛, 오렌지 맛 주세요

어떤 놀이인가요?

인형들을 이용하여 과일 주스가게 놀이를 진행합니다. 앞에 소개된 놀이와 반대로 아이(혹은 아이가 맡은 인형)가 손님, 부모는 주스가게 주인 역할을 맡습니다. 아이가 가게에 와서 인사하고 주스를 고르고, 계산하고, 친구에게 나눠주고 먹는 과정에서 적절한 소통을 할 수 있도록 돕습니다. 과일 장난감을 이용하면 용이합니다.

어떤 부분을 발달시키나요?

가게 주인과 손님을 번갈아 역할하며 사회적 역할 개념을 알아나가고, 상황에 적절히 대응하는 표현을 시도하며 상황인지 및 화용기술 등을 연습할 수 있습니다. 더불어, 다른 인형이 부탁한 주스를 기억하고 주문함으로써 주의집중력, 작업기억 능력, 구어전달력을 증진시키는 데 도움이 됩니다.

무엇이 필요한가요?

다양한 과일 모양의 장난감, 믹서기 장난감, 냉장고 장난감, 종이 돈, 아이가 좋아하는 인형들.

미리 생각해요

일상생활에서 음식점이나 가게에서 무언가를 구매하는 경우, 아이에게 주문을 시켜보는 기회를 줍니다.

A Attention - 주의집중하기

★ 앞의 놀이와 동일한 방법으로 주의를 집중시킨다.

부모	주하야, 친구들이 달콤한 주스 마시고 싶대. 우리 주스 만들어줄까? 우리 주스가게 놀이할까?
아이	좋아!
부모	주하가 주스가게 주인 할래? 손님 할래?*
아이	손님 할래.
부모	그럼 아빠가 주인할 테니까 주하가 손님해. 주하 친구들도 불러서 주하가 주스 나눠 주면 어때?
아이	좋아!
부모	누구누구한테 나눠 줄 거야?
아이	토끼랑, 사자랑, 코끼리랑….
부모	좋아! 그럼 친구들 데리고 오자.

> • 주인을 하고 싶어 한다면 앞의 놀이를 참고한다.

★ 아이가 인형들을 데리고 오는 동안 부모는 주스가게 세팅을 한다. 일부러 아이가 좋 아하는 과일은 배치하지 않도록 하여 갈등상황을 만든다.

M Modeling - 시연하기

★ 부모가 주스가게 주인과 토끼 역할을 맡는다.

부모	친구들 데려왔어? 친구들한테 '무슨 주스 먹고 싶어?' 한번 물어봐.
아이	토끼야, 무슨 주스 먹고 싶어?
토끼	나는 수박! 수박주스 사다줘.
아이	응, 알았어. 수박주스.
주인	주스가게가 문을 열었습니다. 안녕하세요!
아이	수박주스 주세요.
주인	(아이가 인사해야 하는 것을 인지하도록 조금 천천히 큰소리로) 안녕하세요!

아이	아, 안녕하세요.
주인	무슨 주스 드릴까요?
아이	딸기주스 주세요.
주인	딸기주스 하나요?
아이	네.
주인	아까 토끼 만나지 않았어요? 토끼가 뭐를 사달라고 한 것 같은데….
아이	(머뭇거린다)
주인	토끼한테 한번 전화해보세요. 제가 전화 빌려드릴게요. (손으로 전화하는 척하며 따르릉하고 소리를 내준다)
토끼	여보세요.
아이	무슨 주스 먹고 싶어?
토끼	아, 주하구나. 나 수박주스라고 이야기했잖아. 수박주스!
아이	응.
주인	토끼가 무슨 주스 사다달라고 하나요?
아이	수박주스요.
주인	그럼 아까 이야기하셨던 딸기주스랑 수박주스 드릴까요?
아이	네.
주인	(재료를 찾는 시늉을 한 다음) 어? 딸기가 없어요.
아이	(어떻게 반응해야 할지 몰라 부모를 쳐다본다)
부모	주하야, '왜요?'라고 물어봐.
아이	왜요?
주인	왜냐하면 다 팔려서요. 딸기주스는 만들어드릴 수가 없겠네요. 어쩌지요?
부모	'그럼, 바나나주스 주세요' 이야기하면 되겠다. 주하 바나나도 좋아하잖아.
아이	좋아! 그럼 바나나주스로 주세요.
주인	네, 알겠습니다. (동작을 하며 해당 동작어를 혼잣말하듯 들려준다) 먼저 냉장고에서 수박 꺼내고, 수박 닦고, 칼로 수박 자르고, 손으로 쭉쭉 짜요짜요. 컵에 수박주스를 따라따라. 그다음 딸기 꺼내고, 딸기 닦고, 칼로 딸기 자르고, 손으로 쭉쭉 짜요짜요. 컵에 딸기주스를 따라따라. 다됐습니다!
아이	네.

부모	주하가 '감사합니다' 해주면 좋겠다.
아이	감사합니다.
주인	한번 맛보세요. 부족한 게 있으면 다시 만들어드릴게요.
아이	(마시는 시늉을 한다) 맛있어요.
부모	그런데 주하는 시원한 거 좋아하는데 안 시원하지 않아? 아저씨한테 '왜 안 시원해요?' 하고 물어봐.
아이	왜 안 시원해요?
주인	아! 왜냐하면 얼음을 안 넣어서요. 얼음도 넣어드릴까요?
아이	네.
주인	(얼음 넣는 시늉) 여기 있습니다.
아이	감사합니다.
주인	아, 그런데 수박주스는 누구 준다고 하셨지요?
아이	(머뭇거린다)
부모	아까 토끼가 사다달라고 했잖아.
아이	토끼요.
주인	그렇군요. 토끼가 기다리겠어요. 얼른 가보세요. 아참, 계산하고 가세요.
부모	'얼마예요?' 물어보면 돼~
아이	얼마예요?
주인	5천 원입니다.
아이	(준비한 종이 돈을 든다) 여기요.
주인	감사합니다. 안녕히 가세요.
아이	안녕히 가세요.
부모	(아이가 이해하기 쉽게 설명한다) 아저씨는 여기 계~속 있는 거니까 안녕히 계세요 하면 되겠다.
아이	안녕히 계세요.

★ 토끼가 등장한다.

토끼	주하야, 주스 사왔어? 수박주스?
아이	응, 여기 있어!

토끼	우아, 맛있겠다! 정말 고마워. 먹어봐야지. (한 모금 마시는 척한 후) 어? 왜 이렇게 안 시원하지? 주하야, 주스가 왜 이렇게 안 시원해?
아이	(머뭇거린다)
부모	아까 아줌마가 얼음을 안 넣었다고 하셨지?
아이	아, 얼음을 안 넣어서.
토끼	그렇구나. 다음에는 내 것에도 얼음 넣어줘.
아이	응.
토끼	함께 먹으니까 정말 맛있다! 고마워!

★ 위와 같이 친구에게 무슨 주스를 먹을지 의견을 묻고, 주스가게에서 주스를 사고, 계산하고, 친구와 주스를 나눠 먹는 장면을 다른 인형들로도 놀이해본다.

Opportunity – 기회 주기

위 활동을 통하여 아이에게 다음의 반응이 나타나도록 기회를 만들어준다.

❶ 상대방에게 의견을 묻는 기회를 만들어준다.

방법 부모가 먼저 인형들에게 어떤 주스를 먹고 싶은지 물어보는 모습을 보여준 후 아이도 물어볼 것을 격려한다.

❷ 들은 정보를 상대에게 전달하는 기회를 만들어준다.

방법 인형(부모)이 아이에게 과일주스를 사달라고 부탁하고, 주스가게 주인이 "뭐 드릴까요?"라고 물어보며 인형이 부탁한 것을 이야기하도록 한다.

❸ '왜'라는 질문을 하도록 기회를 만들어준다.

방법 갈등상황을 설정하여 원인에 대한 궁금증을 유발한 후 '왜' 질문을 하도록 격려한다.
　예 "나 이거 안 먹을래." → "왜 안 먹어?",
　　"수박 주스 못 만들어요." → "왜 못 만들어요?"

❹ '왜' 질문에 답하는 기회를 만들어준다.

방법 놀이상황에서 이유를 먼저 충분히 숙지시킨 후 다시 한번 아이에게 질문하여 들은 내용을 이야기할 수 있도록 돕는다.

❺ 물건을 산 후 지불 및 계산의 의미를 인지하도록 기회를 만들어준다.

(방법) 아이가 계산 없이 주스를 가지고 나가버리는 상황이라면 "주스를 사고 그냥 가면 안 돼요. 뭐 잊은 거 없어요?" 하고 질문을 던진다.

R Responsive Action – 반응해주기

❶ **○ 단계 ❶번에서 아이가 적절히 반응할 경우**
놀이상황에서 동물 인형이 적절히 대답해주고 질문해준 것에 대해 고마움을 표현한다.
⑩ "나는 수박주스 사다 줄래?", "물어봐줘서 고마워."

○ 단계 ❶번에서 아이가 도움이 필요할 경우
부모가 인형에게 적절한 모델을 제시한다. 그래도 아이가 잘 따라하지 못하거나, 어휘의 끝음절만으로 따라 말할 경우, 짧고 간단한 문장으로 재구성하여 시도한다.
⑩ "무슨 주스 사다 줄까?" → "주스 뭐 좋아?"

❷ **○ 단계 ❷번에서 아이가 적절히 반응할 경우**
아이 말에 수긍해주고, 잘 기억해서 전달했다고 칭찬해준다.
⑩ "맞아. 토끼가 수박주스 만들어달라고 했지. 엄마도 들었어. 잘 기억했네."

○ 단계 ❷번에서 아이가 도움이 필요할 경우
놀이상황에서 상대에게 전화하여 다시 한번 내용을 확인한다.
⑩ "아빠가 들었을 땐 다른 주스였는데? 토끼한테 전화해서 다시 물어보자."
그래도 어려워한다면 목표 어휘를 느린 속도로 짧게 들려주고 따라 말하도록 도와준다.

❸ **○ 단계 ❸번에서 아이가 적절히 반응할 경우**
'왜냐하면'을 사용하여 빠르게 대답해준다.
⑩ "왜냐하면 얼음을 안 넣어서 안 시원한 거야."

○ 단계 ❸번에서 아이가 도움이 필요할 경우
갈등상황을 설정해 부모가 '왜'라고 질문하는 것을 충분히 보여준 후, 아이에게도 똑같이 질문해볼 것을 격려한다. 그래도 어려워한다면 질문을 짧게 바꿔 들려준다.

❹

○단계 ❹번에서 아이가
적절히 반응할 경우

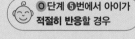 "아이스크림이 왜 안 시원해요?" → "왜 안 시원해?"

아이 반응에 수긍해준 후 이후 상황으로 전개한다.

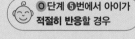 "응, 맞아. 얼음을 안 넣어서 안 시원하지. 그럼 얼음 넣어서 시원하게 할까?", "응, 수박이 없어서 수박주스를 못 만드는구나. 그럼 바나나주스 어떨까?"

○단계 ❹번에서 아이가
도움이 필요할 경우

부모가 충분히 이유를 들려주었는데도 이야기하지 못한다면, 원인과 결과를 들려준 후 다시 한번 질문하여 끝부분을 완성한다.

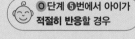 "주스가 안 시원해. 왜냐하면 얼음을 안 넣어서" → "주하야, 왜 안 시원해? 왜냐하면 얼음을 넣어서? 안 넣어서?"

❺

○단계 ❺번에서 아이가
적절히 반응할 경우

칭찬해주며 계산해야 하는 상황을 설명한다.

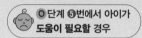 "주하가 잘 이야기했네. 뭔가를 살 때는 돈을 내고 계산해야 하지?"

○단계 ❺번에서 아이가
도움이 필요할 경우

놀이상황에서 주인이 계산해야 한다고 말해준다.

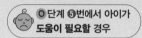 "주스를 사셨으면 계산하셔야지요. 돈 내세요."

응용

- 생일파티 놀이와 연결해 인형의 개수대로 주스를 구매하는 놀이로 연결할 수 있다.
- 주스 맛이 이상해 주인에게 이유를 물어보는 놀이로 연결할 수 있다.
- 주스를 너무 많이 먹어서 배가 아파 병원에 가는 놀이로 연결할 수 있다.

주의
하세요

수리적으로 계산하거나 돈의 단위를 이해하는 것은 아직 어려운 시기입니다. 물건을 구매할 때 무언가를 주고받는 행위 정도로 계산의 의미를 이해하도록 도와줍니다.

말/언어
촉진포인트

- 인형이 부탁한 과일주스를 기억하고 가게 주인에게 내용을 전달하도록 도와주기.
- 지불의 개념 이해하도록 설명해주기.
- '왜'라고 질문하도록 도와주기.
- 구매와 관련된 상황적 표현을 들려주고 따라 하게 하기.
  📣 "무슨 맛 팔아요?", "얼마예요?" 등.

언어발달
이야기

영유아 시기에는 '지금', '여기'와 같이 눈앞에 펼쳐진 현상에만 집중하는 놀이가 이뤄지지만, 기억력이 발달하면서 점차 이전에 있었던 일, 이후에 일어날 일들을 생각하며 놀이를 이어나가게 됩니다. 원인과 결과에 대해 말해보거나, 있었던 일을 상대방에게 간단하게 전달하는 것은 과거와 현재, 미래의 일을 연결해 생각하고 표현하는 데 도움을 주며, '이야기 narrative' 발달을 도와줍니다.

접속사 배우는

다른 그림 찾기

 **어떤 놀이**인가요?

다른 그림 찾기 시트를 이용하여 두 개의 그림 중 다른 부분을 찾고 어떻게 다른지 이야기를 나눠봅니다.

 **어떤 부분을 발달**시키나요?

두 가지 시트의 그림을 빠르게 비교해 다른 점을 찾으며 주의집중력, 시각적 변별력의 발달을 도울 수 있습니다. 더불어, 다른 점을 설명하며 적절한 구문 표현을 촉진하고, 설명하기 및 문제해결 기술을 배울 수 있습니다.

 **무엇이 필요**한가요?

다른 그림 찾기 시트, 색연필(다른 부분을 표시하는 용도).

 미리 생각해요

평소에 같은 범주의 두 가지 물건의 다른 점을 이야기하는 활동을 해봅니다.

예 두 개의 숟가락을 가지고 모양, 색깔, 크기 등을 비교한다.

어떻게 **놀이**하나요?

A Attention - 주의집중하기

부모   (다른 그림 찾기 시트를 보며 혼자 다른 부분을 찾는 척한다) 에! 여기가 다르네. 또 어디
       있지?

아이   (관심을 보이며) 엄마 뭐해?

부모   엄마 다른 그림 찾기 하고 있어.

아이   다른 그림?

부모   응, 여기 봐봐. 거의 똑같은데 다른 게 있어. 여기는 빨강색인데 여기는 노랑색이지?
       이렇게 다른 그림을 찾는 거야. 주하도 해볼래?

아이   응!

M Modeling - 시연하기

★ 부모와 아이가 같은 방향에 앉아 함께 다른 그림 찾기 시트를 본다.

부모   바닷속 그림이네. 뭐가 다를까? 오! 여기 여기! (왼쪽과 오른쪽 다른 그림 부분을 손으로
       짚어주며) 여기는 문어 머리에 리본 있어. 하지만 여기는 문어 머리에 리본 없어. 맞
       아?

아이   맞아.

부모   주하도 찾아봐. 어떤 게 다를까?

아이   여기!

부모   맞아맞아! 여기 다르다! 뭐가 달라?

아이   이거는… 이거는… 꼬리…. (적절하게 문장을 이어내지 못한다)

부모   응, 잘했어. 여기는 꼬리가 길어? 짧아?

아이   길어.

부모   하지만 여기는 꼬리가….

아이   짧아.

부모   맞아. 꼬리가 짧아. 주하가 다시 한번 말해볼래? (왼쪽 그림을 포인팅해주며) 여기는.

아이   여기는 꼬리가 길어.

부모	하지만, (오른쪽 그림을 포인팅해주며)
아이	여기는 꼬리가 짧아.
부모	맞아. 주하가 잘 이야기했어. 여기 다른 부분이니까 색연필로 동그라미 치자.

★ 위와 같은 방법으로 두 개의 그림 간 서로 다른 점을 설명한 후 동그라미 친다.

부모	다 찾았다! 주하랑 엄마랑 같이 하니까 많이 찾았네. 우리 몇 개 찾았나 세어보자. 하나, 이제 주하 차례.
아이	둘.
부모	셋.

★ 위와 같이 다른 그림을 다 찾은 후 몇 개인지 함께 세어본다.

O Opportunity – 기회 주기

위 활동을 통하여 아이에게 다음과 같은 반응이 나타나도록 기회를 만들어준다.

❶ 그림 간 다른 부분을 찾도록 기회를 만들어준다.

(방법) 부모 한 번, 아이 한 번 차례를 바꿔 가며 다른 부분을 찾아 포인팅하되, 아이 차례에는 충분히 기다려준다.

❷ 두세 단어를 붙여 설명하도록 기회를 만들어준다.

(방법) 부모가 다른 부분을 포인팅하며 "여기는" 하고 문장의 첫 부분을 시작하고 아이가 끝맺음하도록 기다려준다.

❸ 다른 부분을 모두 찾은 후 개수를 세어보도록 기회를 만들어준다.

(방법) 동그라미 친 부분을 포인팅하며 아이와 한 목소리로, 혹은 번갈아가며 숫자를 센다.

R Responsive Action – 반응해주기

❶ (O단계 ❶번에서 아이가 적절히 반응할 경우) 잘 찾았다고 크게 칭찬한 후 무엇이 다른지 질문한다.

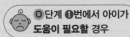 "맞아맞아. 여기가 다르네. 정말 잘 찾았다. 뭐가 다른 거야?"

○단계 ❶번에서 아이가 도움이 필요할 경우

간단한 설명으로 힌트를 준다.

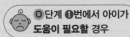 "저기 문어 옆 쪽 잘 찾아봐."

그래도 못 찾는다면 부모가 다른 그림을 살짝 손으로 찍어주어 아이가 그 그림 주변을 살피도록 돕는다.

❷ **○단계 ❷번에서 아이가 적절히 반응할 경우**

잘 설명했다고 칭찬해준 후 아이의 말에 의미적 확대, 구문적 확장을 하여 복문으로 들려준다.

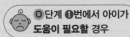 아이가 "여기는 빨개"라고 대답할 경우, 부모가 "응, 맞아. 잘 이야기했네. 여기는 빨개. 하지만 여기는 노란색이네."

○단계 ❷번에서 아이가 도움이 필요할 경우

부모가 짧게 설명해주되, 중간마다 묶음을 주어 아이가 부분적으로 적절한 말을 채우도록 돕는다.

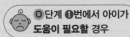 "여기는 무슨 색이지? 빨개? 노래? (기다림) 맞아, 빨개. 여기는 빨개. 하지만 여기는? 빨개? 노래? (기다림) 그래, 노래. 여기는 빨개, 하지만 여기는 노래."

❸ **○단계 ❸번에서 아이가 적절히 반응할 경우**

아이의 시도를 칭찬해준다.

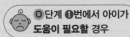 "6개나 맞췄어? 정말 잘했다."

○단계 ❸번에서 아이가 도움이 필요할 경우

부모의 주도하에 아이와 함께 소리 내어 세어본다.

 응용 시트 속에 나와 있는 그림을 활용하여 문제 내고 맞추기 놀이를 진행할 수 있다.

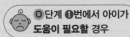 "이 물고기는 어디 가는 거지?", "~는 어디 있어?", "이거 이름이 뭐였더라?" 등.

주의
하세요

　　다른 그림을 찾아내는 것보다 부모와 상호작용하며 놀이하는 것에 초점을 맞춥니다.

말/언어
촉진포인트

- 그림의 다른 부분을 찾도록 설명으로, 혹은 포인팅으로 도와주기.
- 그림의 다른 부분을 말로 간단히 비교하도록 도와주기.
- '하지만', '그리고' 등의 접속사 들려주기.
- 그림 속 상황에서 '뭐', '어디', '누구' 등의 의문사 질문에 답하도록 도와주기.
- 다 찾은 후 개수 세어보기.

언어발달
이야기

　　3어절 이상의 단어들을 붙여 사용하여 문장을 구성하면서 다양한 문법적 장치를 사용하고 문장과 문장을 잇는 복문 형태의 구문들이 출현하는 시기입니다. 단문의 표현이 원활한 아이라면 '그리고', '하지만', '그런데'와 같은 초기 접속사에 노출시켜 표현 기회를 만들어줍니다.

문해력 향상에 좋은

🔊 바바바자로 시작하는 말

어떤 놀이인가요?

부모와 차례를 바꿔 가며 특정 말소리로 시작하는 단어를 생각하여 말하는 놀이입니다.

어떤 부분을 발달시키나요?

특정 음소(ㄱ)나 음절(가)로 시작하는 단어를 떠올리는 활동은 고차원적인 사고 및 언어 표현을 관장하는 뇌의 전두엽 발달을 돕습니다. 동시에 말소리의 조작 및 처리와 관련된 음운인식 능력을 증진시키는 데 좋습니다. 음운인식 능력의 발달은 어휘 습득 및 이후 읽기 활동이 원활히 이뤄지도록 돕습니다.

무엇이 필요한가요?

그림 카드나 핸드폰 그림 캡처. (아이가 단어를 이끌어내지 못할 때 힌트로 제공할 수 있습니다)

미리 생각해요

평소에 단어를 표현할 때 특정 말소리가 들어간다는 것을 인식시킬 수 있도록 루틴하게 말해줍니다. 관련 노래를 들려주는 것도 좋습니다.

예 "리리리자로 끝나는 말은"

어떻게 **놀이**하나요?

A Attention – 주의집중하기

★ 서로에게 집중된 차분한 상태에서 진행합니다.
　　예 잠자기 전, 책을 읽어준 후, 대화시간 등.

부모　(책을 다 읽은 후) 책 읽기 끝! '바람의 여행' 책 참 재미있다 그렇지?

아이　응.

부모　그래. 바람이 바다 건너갔지? 어! 바람? 바다? 둘다 '바' 들어가네? (리듬감 있게 노래
　　　하듯) 바바바바바~ 재밌다 재밌어~ 우리 '바다', '바람'처럼 또 '바' 자로 시작하는 말
　　　찾아볼까?

아이　좋아!

M Modeling – 시연하기

부모　좋아좋아. 시작해보자. 이거는 아빠도 좀 어려워. 언니들이 하는 어려운 놀이니까 잘
　　　못해도 돼. 알았지?

아이　응!

부모　시작한다. (기존의 동요 운율을 이용하여 천천히) 바바바자로 시작하는 말~ 바다!(아이
　　　차례임을 알려주기 위해 아이 가슴에 손을 대준다)

아이　….

부모　주하 차례야.

아이　모르겠어.

부모　그래. 아빠가 엄청 어렵다고 했지? 아빠도 한번 다시 생각해보고 노래 불러줄게. 다
　　　시 한번 말하지만, 이거는 언니들이 하는 엄청 어려운 노래야. 하지만 주하도 천천히
　　　생각하면서 하면 할 수 있어. 못 해도 되니까 걱정 마. 알겠지?

아이　응.

부모　아빠가 한번 생각하고 노래 불러볼게. (생각하는 시늉을 한다. 동요 운율을 이용하여 천천
　　　히 노래를 부른다) 바바바자로 시작하는 말~ 바다, 바람, 바둑이, 바구니, 바바바바바~

아이　바바바바바~ 나도 해볼래.

부모	응, 주하가 한번 해봐. 바바바자로 시작하는 말.
아이	바다, 바람… 모르겠어.
부모	(핸드폰으로 미리 찾아놓은 '바'로 시작하는 단어의 그림을 보여주며) 이거 뭐지?
아이	바지!
부모	('바람개비' 사진을 보여주며) 이것도 있어.
아이	바람개비!
부모	진짜 잘하네! 이거 언니들이 하는 건데. '바' 자로 시작하는 말이 많네. 이번에는 '바' 말고 '가'로 시작하는 것도 해볼까?

★ 위와 같이 부모가 중간마다 힌트를 주며 특정 말소리로 시작하는 말을 찾는 놀이를 해본다.

O Opportunity – 기회 주기

위 활동을 통하여 아이에게 다음과 같은 반응이 나타나도록 기회를 만들어준다

❶ 특정 말소리로 시작하는 단어를 이끌어내는 기회를 만들어준다.

방법 부모가 먼저 동요의 리듬을 이용해 해당 단어를 말해주고 아이도 생각하게끔 격려한다.

R Responsive Action – 반응해주기

❶

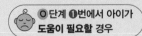

O단계 ❶번에서 아이가
적절히 반응할 경우

아이 시도를 크게 칭찬해주며 또 다른 시도도 할 수 있도록 이끈다.

예 "우아! 주하 잘한다~ 바퀴도 '바'가 들어가네! 또 뭐가 있을까?"

O단계 ❶번에서 아이가
도움이 필요할 경우

아이 반응을 수용해주고, 그림 힌트를 준 후 말하게 한다.

예 "해보고 싶은데 잘 생각이 안 나는구나? 맞아. 언니들이 하는 어려운 놀이라서 그래. 아빠가 힌트 좀 줘볼게. 그림 봐봐."

특정 말소리로 시작하는 낱말을 잘 이야기한다면, 특정 말소리로 끝나는 낱말을 이끌도록 활동해본다.

예 "리리리자로 끝나는 말은?"

주의
하세요

　처음 시도할 때는 틀리는 경우가 빈번한 것이 당연합니다. 충분히 시행착오를 겪으며 말놀이 규칙을 이끌어내도록 합니다. 아이가 스스로 생각하게끔 충분히 기다려주고 아이가 도움을 요청할 때 힌트를 줍니다.

말/언어
촉진포인트

- 특정 말소리로 시작하는 단어표현하기.
- 단어 들려주고 어떤 말로 시작하는지 이야기해보기.
- 아이가 친숙하게 접하는 본인이나 친구 이름이 어떤 말소리로 시작하는지 이야기해보기.

계획에서 문제해결까지

캠핑놀이

캠핑을 떠나는 설정을 하여 캠핑에서 할 것들을 계획해 가방을 챙기고 집 안의 특정 장소에서 캠핑놀이를 진행합니다.

계획능력, 문제해결 능력을 돕습니다.

담요, 아이 가방, 아이가 좋아하는 물품들, 텐트 등.

캠핑할 장소에 미리 텐트나 매트를 준비해 아늑하고 편안한 느낌이 나게 합니다. 아이가 캠핑의 개념을 모른다면 관련 에피소드를 다룬 만화나 실제 캠핑 영상을 보여줍니다.

어떻게 **놀이**하나요?

A Attention - 주의집중하기

부모 주하야, 우리 캠핑 놀이할까?

아이 캠핑? 그게 뭐야?

부모 (전에 시청했던 만화영화 내용을 말해주며) 저번에 페파피그가 산속으로 캠핑 갔잖아. 산속으로 소풍 가서 자고 오는 거야. 가서 밥도 먹고, 책도 보고, 놀이도 하고. 주하가 하고 싶은 거 챙겨가서 하면 돼.

아이 좋아! 어디로 가?

부모 놀이방에 엄마가 텐트 쳐 놨어. 거기로 캠핑 가자. 나중에는 진짜 산으로 캠핑 가고

아이 좋아좋아.

M Modeling - 시연하기

부모 그럼 주하 가방 챙겨야겠다. 주하 뭐 가지고 갈 거야? (물건을 가방에 챙기며) 엄마는 퍼즐이랑 샌드위치랑 불빛이랑 책 챙길래. 주하는 뭐 가지고 갈 거야?

아이 나는 케이크랑 블록이랑 곰돌이 책 가져갈래. 모모(애착인형)도 데려 갈래.

부모 그래그래. 주하 배낭에 얼른 챙겨. 그런데 갑자기 비가 오면 어쩌지?

아이 아! 그럼 우비도 가져 가면 되지. (우비를 배낭에 넣으며) 우비도 넣고.

부모 좋았어! 다 챙겼어?

아이 응.

부모 가서 뭐 뭐 할까? 우리 여기 종이에 순서 그려서 가지고 가자. 제일 먼저 뭐 할까?

아이 블록!

부모 좋아. 1번은 블록으로 만들기. 엄마가 블록 그릴게. 그다음에는 엄마 하고 싶은 거 할게. 블록 만든 다음에 2번은 샌드위치 먹기. (리스트에 샌드위치를 그린다) 3번은 뭐 할까, 주하야?

아이 3번은 케이크 먹기.

부모 그래. 3번은 케이크 먹기 하자. 엄마가 케이크 그릴게. (리스트에 케이크를 그린다.) 4번은 엄마가 정할래. 4번은 퍼즐! 주하가 퍼즐 그려 볼래?

아이 응! (리스트에 네모를 그린다)

부모	마지막은 그럼 곰돌이 책이네! 마지막 곰돌이책 보고 코 자고 나오자. 5번은 곰돌이 책! (리스트에 곰돌이 모양을 그린다)
아이	좋아!
부모	그럼 출발! (놀이방에 미리 마련된 장소로 간다)
부모	짠~ 여기가 캠핑하는 데야. 매트 위로 올라와. 어두우니까 불빛도 켜고 엄마 핸드폰으로 노래도 틀까?
아이	응!
부모	그래 다 준비됐다! 우리 뭐부터 해야 하지?
아이	모르겠어.
부모	종이에 그려왔잖아. 한번 봐봐.
아이	(종이에 그려진 그림을 보고) 아, 블록으로 만들기!
부모	그래그래. 우리 뭐 만들어볼까?

★ 위와 같이 캠핑에서 할 것을 리스트에 그리고 순서대로 놀이해본다.

○ Opportunity - 기회 주기

위 활동을 통해 아이에게 다음과 같은 반응이 나타나도록 기회를 만들어준다.

❶ 캠핑을 하며 할 일을 계획하도록 기회를 만들어준다.

> **방법** 캠핑에 챙겨가고 싶은 물건들을 먼저 정한 뒤, 부모가 물건들을 보며 그에 맞게 할 일들을 먼저 이야기해준다. 아이도 생각할 수 있게 기다려준다.
>
> **예** "여기 블록 챙겼으니까, 첫 번째로 블록할까?"

❷ 계획한 일들을 기억하여 실행하도록 기회를 만들어준다.

> **방법** 캠핑 장소에 도착하여 무엇을 하기로 했는지 아이에게 질문한다.

❸ '첫 번째', '두 번째' 등의 서수 개념이나 '그리고', '그다음에' 등 순서를 나타내는 접속사 및 접속부사를 사용하는 기회를 만들어준다.

> **방법** 캠핑에서 해야 할 일들을 정할 때 손가락을 펴는 제스처를 보이며 충분히 들려준 후, 할 일이 모두 정해지면 다시 한번 첫소리를 들려주며 아이가 소리를 이어나가며 말하도록 도와준다.

예 "(엄지손가락을 펴며) 첫 번째는 블록이고 (두 번째 손가락을 펴며) 두…."

❹ 캠핑하며 일어날 수 있는 문제상황을 들려주며 이에 적절히 대응하는 방법을 생각하는 기회를 만들어준다.

예 "갑자기 비가 오면 어쩌지?"

R Responsive Action – 반응해주기

❶ **O단계 ❶번에서 아이가 적절히 반응할 경우**
아이의 시도를 격려하고 칭찬한 후 부모의 계획도 이야기해준다.

예 "캠핑 가서 블록할 거야? 재밌겠다. 잘 생각했네. 엄마는 퍼즐하려고."

O단계 ❶번에서 아이가 도움이 필요할 경우
부모가 먼저 모델을 보여주고 아이가 한 가지라도 계획하도록 돕는다. 그래도 어려워한다면 부모가 두 가지 대안을 제시한 후 아이가 고르게 한다.

예 "블록할까? 퍼즐할까?"

❷ **O단계 ❷번에서 아이가 적절히 반응할 경우**
잘 기억했다고 칭찬해주고 자연스럽게 아이 놀이에 동참한다.

O단계 ❷번에서 아이가 도움이 필요할 경우
아이와 함께 그린 리스트를 확인하여 어떤 것을 해야 할지 이야기 나눠 본다. 그래도 어려워할 경우에는 짧게 설명한 후 구체적인 행동을 도와준다.

❸ **O단계 ❸번에서 아이가 적절히 반응할 경우**
아이가 할 수 있는 수준에서 약간씩 확장해서 들려주고 모델을 보여준다.

예 아이가 '두번 째'까지 말했을 경우: "그래, 두 번째는 ~하고 세 번째는 뭐해 볼까?"

O단계 ❸번에서 아이가 도움이 필요할 경우
손으로 순서를 함께 표시해주며 부모가 먼저 말해주고 아이가 따라 하게 한 후 다시 한번 아이 혼자 말할 수 있는 기회를 준다.

❹ **O단계 ❹번에서 아이가 적절히 반응할 경우**
아이의 시도를 충분히 칭찬하고 시행할 수 있게 하며, 또 다른 대안도 제시해준다.

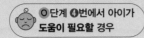

예 "맞아! 비가 올 수도 있으니 우산 챙겨가면 되지. 비옷도 챙겨가야겠다."

⓪단계 ❹번에서 아이가 도움이 필요할 경우

아이 스스로 <u>해결책에 근접</u>하도록 경험을 떠올리게 한다.

예 "저번에 주하 비올 때 어떻게 했지? 뭐가 필요했지?"

응용

꼭 캠핑놀이로 진행하지 않더라도 소풍 가기, 친구 집에 놀러 가기 등의 상황 놀이로 대체할 수 있다.

주의 하세요

전두엽 기능이 충분히 발달하지 않은 시기이므로 혼자서 무엇인가 계획하고 준비하는 것은 아이에게 당연히 어려운 과제입니다. 같은 놀이를 주기적으로 해보고 상황에 맞는 적절한 모델을 많이 보여주며 아이가 자연스럽게 스며들 듯 배울 수 있도록 이끌어주는 것이 중요합니다. 처음 시도할 때는 이벤트를 많이 정하기보다 2~3가지로 시작하여 늘려나갑니다.

말/언어 촉진포인트

• 이벤트들을 계획하여 순차적으로 진행하도록 도와주기.
• 일어날 수 있는 갈등상황들을 제시하여 문제를 해결하도록 돕기.
• 문장을 연결하는 접속사 및 접속부사, 시간과 관계된 표현 등을 사용하도록 도와주기.

언어발달 이야기

아이가 구어로 3~4어절의 문장을 표현하고 구문적인 요소를 사용할 수 있다면 점차 순차적인 행동을 계획하여 실행할 수 있고, 그것을 표현할 수 있는 때에 접어든 것입니다. 이는 '이야기'를 구성하고 표현하는 데 기초가 됩니다.

계획성과 창의성을 동시에

🔊 풍선 얼굴 만들기

어떤 놀이인가요?

풍선에 그림을 그리거나 색종이를 붙여 얼굴 모양을 만든 후 역할놀이를 합니다.

어떤 부분을 발달시키나요?

추상적인 사고가 출현하고 소근육 발달이 점진적으로 이뤄지면서, 아이는 자신의 생각을 점차 그리기 및 공작활동으로 나타낼 수 있게 됩니다. 풍선을 얼굴처럼 꾸미며 상징화 능력, 창의력, 소근육 발달의 촉진을 도울 수 있고, 동작과 관련된 어휘 표현을 연습할 수 있습니다. 더불어 다양한 표정의 풍선을 만들어보며 감정을 표현해보고, 풍선 인형을 완성한 후 역할놀이를 함께 해보며 상황인지력, 문제해결력 촉진을 도울 수 있습니다.

무엇이 필요한가요?

풍선, 네임펜, 색종이, 가위, 테이프.

미리 생각해요

평소에 풍선을 불어 자유롭게 그림을 그리거나 스티커를 붙이는 활동을 해봅니다.

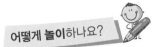

A Attention – 주의집중하기

★ 부모가 풍선 역할을 맡는다.

★ 미리 풍선에 그림을 그려 풍선 얼굴을 만든 후 아이에게 말을 건넨다. 아이가 보는 앞
   에서 풍선 얼굴을 만들어도 좋다.

풍선	주하야, 안녕?
아이	어? 풍선이다! 하하하!
풍선	하하! 만나서 반가워. 그런데 나는 지금 좀 슬퍼. (즉흥적으로 펜으로 우는 얼굴을 그린다)
아이	슬퍼?
부모	왜 슬프냐고 한번 물어봐, 주하야.
아이	왜 슬퍼?
풍선	풍선 친구가 없어서 슬퍼. 니가 내 친구 좀 만들어줄래?
아이	그래!
부모	우아, 주하가 풍선 친구 만들어줄 수 있겠어? 좋아! 풍선 부는 거는 아직 주하가 어려서 어려우니까 아빠가 도와줄게
아이	응!

M Modeling – 시연하기

부모	주하야, 무슨 색 친구 만들어줄까?
아이	주하가 좋아하는 핑크!
부모	좋아. 핑크 얼굴 만들자. 큰 얼굴 만들 거야? 작은 얼굴 만들 거야?
아이	큰 얼굴.
부모	그래. 그럼 아빠가 크게 불어줄게. (핑크 풍선을 크게 불어준다) 핑크 얼굴 됐다! 하지만 눈, 코, 입이 없어. 주하가 그려줄래?
아이	응! (펜으로 삐뚤삐뚤 눈을 그린다)
부모	오! 웃는 눈이네? 풍선이 기분 좋은가보다. 눈은 있어. 하지만 코는 없네. 코도 그

	려줘.
아이	응, 코 그려. (펜으로 코를 그린다)
부모	코 잘 그렸다. 이제 코 있네. 하지만?
아이	하지만 입 없어.
부모	맞아. 코는 있어. 하지만 입은 없네. 주하가 입 그려줘.
아이	(펜으로 입을 그린다)
부모	눈, 코, 입 완성! 눈코입은 있어. 하지만 머리카락이 없네. 우리 예쁜 여자 풍선 만들어줄까? 색종이 길~게 잘라 붙여서?
아이	좋아! 예쁜 여자 풍선 만들어 줄 거야.
부모	좋아. 그럼 주하가 색종이 길~게 잘라. 뭘로 자르지?
아이	가위로!
부모	그럼 '가위로 색종이 잘라' 이야기해줘.
아이	가위로 색종이 잘라.
부모	좋아. 잘라주세요.

★ 위와 같은 방법으로 색종이를 잘라 붙여 머리를 만들어 풍선 인형을 완성한 후 역할놀이로 연결한다.

★ 초록풍선은 부모가, 핑크풍선은 아이가 맡는다.

부모	핑크 여자 풍선 완성! 이름도 지어주자. 이름 뭐라고 지어줄까?
아이	핑크!
부모	좋아. 얘 이름은 핑크야. 주하가 핑크해. 아빠는 초록이 할게.
아이	응.
초록풍선	주하야, 예쁜 친구 만들어줘서 정말 고마워. 나 이제 정말 기쁘고 신나! (즉흥적으로 펜으로 웃는 눈을 덧그려준다) 핑크야, 안녕?
핑크풍선	안녕?
초록풍선	니 이름은 모야?
핑크풍선	나는 핑크야
초록풍선	그래 핑크야. 우리 심심한데 하늘 높이 점프할까?

핑크풍선   좋아.

부모와 아이   (함께 가지고 있던 풍선을 함께 높이 던진다)

★ 위와 같이 만든 풍선으로 자유롭게 역할놀이를 한다.

O **Opportunity – 기회 주기**

위 활동을 통하여 아이에게 다음과 같은 반응이 나타나도록 기회를 만들어준다.

❶ 풍선에 그림을 그리거나 색종이를 붙여 얼굴을 완성하는 기회를 만들어준다.

(방법) 아이에게 얼굴을 어떻게 꾸밀지 질문하고, 그에 따라 시행하도록 도와준다.

❷ 풍선에 얼굴을 그리며 표정과 감정을 연결해 말할 수 있는 기회를 만들어준다.

(방법) 아이가 그린 풍선을 보며 "이 풍선 기분이 어때?"라고 질문한다.

❷ 접속사 '하지만'을 이해하고 문장을 이어보도록 기회를 만들어준다.

(방법) "눈은 있어. 하지만"처럼 문장의 앞부분을 말해주고 아이가 그다음 문장을 복문형
태로 말하도록 기다려준다.

❹ 풍선 얼굴을 만든 후 역할놀이를 하도록 기회를 만들어준다.

(방법) 부모가 또 다른 풍선 얼굴 역할을 하며 이야기를 건네어 대화를 시도한다.

R **Responsive Action – 반응해주기**

❶ O단계 ❶번에서 아이가 적절히 반응할 경우   아이의 시도를 충분히 칭찬해주고 멋진 풍선 얼굴이
되었다고 이야기해준다.

O단계 ❶번에서 아이가 도움이 필요할 경우   선택 질문을 던져 아이가 골라 시행하도록 해본다.
(예) "눈 그릴까? 코 그릴까?", "펜으로 그릴까? 색종이로 붙
일까?"

❷ O단계 ❷번에서 아이가 적절히 반응할 경우   아이의 반응에 수긍해주며 감정의 이유를 함께 이야
기해본다.

예 "아, 핑크 풍선이 슬프구나. 왜 슬플까? 친구가 없어서 슬픈가?"

○단계 ❷번에서 아이가 도움이 필요할 경우 선택 질문을 던지고 아이가 선택하도록 한 후, 부모가 그 감정이 드는 이유를 예상해서 이야기해준다.

❸ ○단계 ❸번에서 아이가 적절히 반응할 경우 아이 말에 수긍해준 후 다시 한번 정확한 목표 복문을 들려준다.

예 "그래, 코가 없지. 눈은 있어. 하지만 코는 없네."

○단계 ❸번에서 아이가 도움이 필요할 경우 부모가 손으로 얼굴의 해당 부위를 가리키며 천천히 또박또박 들려준다.

❹ ○단계 ❹번에서 아이가 적절히 반응할 경우 아이 주도에 따라 놀이 흐름을 따라간다.

○단계 ❹번에서 아이가 도움이 필요할 경우 상대 풍선 얼굴이 말을 걸거나 질문을 던져 놀이를 이끌어나간다.

응용 만들어진 풍선 얼굴을 이용해 미용실 놀이를 하거나, 얼굴 꾸며주기 놀이로 확장할 수 있다.

주의 하세요
- 풍선을 너무 크게 불어 터지지 않게 주의합니다.
- 아이가 풍선을 즐겁고 자유롭게 꾸미도록 돕습니다.

말/언어 촉진포인트
- 풍선에 그림을 그리며 표정을 만들어주고 감정을 이야기하도록 돕기.
- '하지만', '그리고' 등의 접속사를 이용해 복문을 사용하도록 돕기.
- 그리기 및 만들기를 하며 관련된 동사/형용사 표현 사용해 보기.

예 그리다, 찢다, 붙이다, 길다, 짧다, 큰, 작은 등.

⭐ 책을 마치며

우리 아이를 믿고
잠재력을 키워주세요

모든 일의 시작에는 끝이 있기 마련입니다. 그러나 예외적으로 끝이 없는 일도 있습니다. 바로 '아이'의 발달입니다. '아이'는 무조건 성장만 합니다. 그렇기에 '아이'라는 짧은 두 글자에는 무궁무진한 발전 가능성과 잠재력이 숨겨져 있습니다. 부모는 이것들이 쭉쭉 뻗어나갈 수 있도록 햇빛을 주고 물을 주어야 합니다. 하지만 이것은 결코 순식간에 이뤄지는 일이 아닙니다. 인내를 가지고 오랫동안, 그리고 주기적으로 해주어야 하는 일이지요.

아이를 잘 가르치고 싶은데, 생각만큼 잘 따라오지 않는다고 낙심하지 마시기 바랍니다. 안 되는 것이 당연합니다. 아이니까요. 대신 많이 칭찬해주고 기다려주세요. 그러다 보면 어느 순간 아름다운 열매 맺는 순간이 올 것입니다. 마치 이 책이 오랜 인내 끝에 세상에 나온 것처럼 말입니다.

책이 발간되기까지 많은 분의 도움이 있었습니다. 동일한 공감대로 큰 그림을 제시하고 함께 발맞춰주신 강미선 편집장님 감사합니다. 바쁜 아내를 위해 함께 하는 많은 시간을 미루고 배려해준 남편과 늘 곁에서 뮤즈 역할을 해주는 에너지 넘치는 소중한 딸 주하, 자녀와도 다름없는 귀한 우리 센터의 친구들 그리고 부모님들, 그 외에도 말로 다 할 수는 없지만 함께 기도해주시고 격려해주시는 많은 분께 감사의 말을 전합니다. 무엇보다 모든 집필 및 출판 과정을 주관하시고 사랑의 에너지와 지혜를 허락해주신 하나님께 감사드립니다.

★ 시기별 책놀이 방법은 이렇게

부모가 아이에게 책을 읽어주는 것이 전반적인 발달에 좋다는 것은 누구나 아는 사실입니다. 그러나 구체적으로 어떠한 발달을 돕는지, 언제부터 책 읽기를 시작해주어야 하는지, 아무것도 이해하지 못하는 것 같은 아기한테 어떻게 읽어주어야 하는지 아는 부모는 많지 않습니다. 아이 발달을 위해 책을 잘 읽어주고 싶은 훌륭한 부모를 위해 책 육아와 관련한 Q&A와 발달시기별 책 읽기 방법을 간단히 담아보았습니다.

Q1 영유아 시기에 책을 읽어주는 것은 아이의 어떤 발달을 돕나요?

아이와 함께 매일 책을 읽는 습관을 갖게 되면 말소리, 단어, 언어에 민감해지고, 책 읽기의 즐거움과 가치를 알 수 있게 됩니다. 이 능력은 아이의 초기 문해능력을 높이고 이후 학습하는 능력에 도움을 줍니다. 말하는 것과 마찬가지로 읽고 쓰는 일에 어려서부터 많이 노출되면 자연스럽게 활자에 대한 민감도가 높아져 학교 입학 전 큰 노력을 들이지 않더라도 유능하게 읽기 쉬워집니다. 책 속에 담긴 흥미로운 이야기를 들으며 아이는 온갖 상상력을 동원하여 내용을 이해하려 하기 때문에 창의성도 발전시킬 수 있으며 엄마와 정서적 교감을 나누고 관심을 공유하는 시간을 가질 수 있습니다.

Q2 하루에 몇 분 정도 책을 읽어주는 것이 좋은가요?

정해진 시간은 없습니다. 무엇보다 아이 리듬에 맞추어 함께 집중할 수 있는 시간이면 충분합니다. 짧은 시간이더라도 부모가 아이와 함께 자주 책을 읽으려는 노력이 중요합니다.

Q3 언제부터 책 읽기를 시작해야 하나요?

엄마와 상호작용하며 책 읽기를 하는 것이 적당한 시기는 아이가 엄마 무릎에 앉아 함께 무엇인가 집중할 수 있는 4개월가량부터입니다. 4개월 이전에는 아이 발달을 고려하여 초점책이나 헝겊책과 같은 감각발달을 촉진하는 책을 놀잇감으로 이용하면 좋습니다.

Q4 아기에게 책을 읽어줄 때 어떤 부분을 고려해야 하나요?

아이에게 책을 읽어줄 때는 일방적으로 읽어주기보다는 아이 반응을 살피며 충분히 기다려주고 소통하듯 읽어주어야 합니다. 무엇보다 등장인물의 감정을 많이 표현해주는 것이 중요합니다. 이는 곧 상호작용을 통한 정서발달을 돕고 이후 사회성 발달과도 연결됩니다. 더불어 다양한 억양과 말소리에 노출시켜 이후 언어발달을 이끌기 위해 마치 구연동화하듯 역동적인 억양과 톤, 의성/의태어를 많이 사용해주는 것이 효과적입니다.

시기별 책 고르는 법 & 놀이법

0~4개월

어떤 책을 보여주면 좋은가요?

초점책을 보여줍니다. 이 시기 아이는 누워서 대부분 시간을 보냅니다. 때문에 초점책을 아이 시야에 맞추어 사방으로 둘러주어 자연스럽게 보도록 해주세요.

4~8개월

어떤 책을 보여주면 좋은가요?

촉감책, 유아 동시책, 사운드북, 그림책.

3~4개월의 아기는 조금씩 앉기 시작하고, 외부환경으로 관심을 확장합니다. 엄마 무릎에 함께 앉아 책을 보는 것이 가능해지는 시기이기도 합니다. 12개월까지는 감각을 통해 많은 것을 배우므로 책을 통해서 아기의 오감을 자극하도록 도와주세요. 다양한 촉감을 느낄 수 있는 촉감책, 누르면 소리가 나는 사운드북, 다양한 원색으로 구성된 큼지막한 그림이 그려진 그림책 등을 활용할 수 있습니다. 이때 책을 그대로 사용하기보다 아이와의 소통 도구로 사용하면 좋습니다. 또한 말소리에 초점을 맞춘 라임책(book of rhyme, 앞이나 뒤의 말소리 운을 맞춘 책)이나 동시책을 보며 유아 초기부터 다양한 말소리와 소리의 규칙들에 익숙해지도록 이끌어주는 것이 중요합니다.

8~12개월

어떤 책을 보여주면 좋은가요?

촉감책, 사운드북, 동물책, 조작책, 플랩북(들춰보는 책), 주변 사물들을 크게 나타낸 그림책, 의성/의태어 책, 라임책

8~12개월의 아기는 언어이해 능력이 발전하면서 말귀를 조금씩 알아듣고 친밀한 사람과의 상호작용을 적극적으로 시작합니다. 그러나 여전히 감각을 통해 세상을 배워나가는 시기이므로 오감을 자극하는 책을 많이 활용하는 것이 좋습니다. 책에 쓰인 내용이 아니더라도, 책에 인쇄된 그림을 짚어가며 단어와 동작을 말로 표현해주고, 행동으로도 보여주며 의성/의태어를 많이 들려줍니다. 특히 동물책을 이용하면 다양한 의성/의태어를 활용할 수 있습니다. 더불어 동시나 라임책에 노출시켜주면 말소리 처리에 대한 민감도를 높여주는 데 도움이 됩니다. 소근육이 발달하게 되면서 넣고, 빼고, 돌리고, 잡는 등의 미세한 손가락 움직임이 가능하므로 조작책을 사용

하여 다양한 조작활동을 해보도록 하고, 활동 중에 관련 동사를 들려주어 실제적 의미와 연결시키도록 도와줍니다.

12~18개월

어떤 책을 보여주면 좋은가요?

액티비티북, 제스처책, 동물책, 까꿍책, 인사책.

8~12개월의 아기는 도구사용 및 상징화 개념 형성이 가능해지면서 이해하는 단어가 많아지고 옹알이 수준에서 머물던 표현을 의미 있는 단어로 바꿔 말합니다. 따라서 아이가 좋아하는 친숙한 동물이나 캐릭터의 일상을 담은 책을 활용하여 일상 속 다양한 대상을 이해하고 표현하도록 이끌면 좋습니다. 그러나 아직 페이지에 따라 연결된 이야기는 이해하지 못하므로 보고 있는 페이지에 집중하는 것이 좋습니다. "토끼 어디 있지?" 등의 질문에 "여기" 하며 손가락으로 가리켜 찾는 놀이나, "누구야? 토끼네~", "뭐야? 따르릉 전화기" 등 의문사로 묻고 대답해주는 활동을 하도록 도와줍니다. 하지만 이 시기의 아이는 엄마 대답을 따라 하거나 스스로 대답하기에는 어려움이 있으므로 엄마가 대답까지 해주는 수고가 필요합니다. 책을 읽는 도중 책 속 캐릭터에게 "안녕?", "빠빠"와 같이 인사하는 활동도 상징의 이해를 돕는 데 도움을 줍니다. 소근육 조작 능력도 계속 발전하므로 들춰보는 플랩북, 잡아당기기, 돌리기, 누르기, 빼고 넣기 등의 액티비티가 포함된 액티비티북도 많이 활용하도록 이끌어줍니다.

18개월~36개월

어떤 책을 보여주면 좋은가요?

적은 글밥의 이야기책, 아이가 좋아하는 캐릭터 책, 다양한 영역의 책(생활영역, 자연 관찰 영역, 정서영역, 창의영역 등)이되, 그림이 크고 선명하며 간단한 내용의 책.

18개월~36개월 아이는 상징화 개념을 적극적으로 수용하여 역할놀이와 상징놀이가 양적 질적 측면에서 발전하고, 어린이집 등 보육/교육 시설에 다니게 되면서 또래와의 관계를 익혀나갑니다. 따라서 책을 읽어주거나 책 활동을 할 때 아이가 좋아하는 다양한 캐릭터 피규어나 인형들을 책 내용에 참여시켜 놀이하듯 활동하되, 아이가 경험하는 상황을 비슷하게 다루어보면 좋습니다. 더불어 "뭐야?", "뭐해?", "어디 있어?", "누구야?", "왜?" 등의 의문사에 대답할 수 있도록 질문하고 "고마워", "미안해", "사랑해", "괜찮아?" 등 상황에 적절한 감정표현을 하도록 도와줍니다. 책을 고를 때 생활영역, 또래영역, 자연관찰 영역, 정서영역, 창의영역 등 다양한 영역을 고루 접하게 합니다. 기억력이 발달하면서 시간 흐름에 따른 이야기 내용을 부분적으로 이해할 수 있으므로 페이지 내용이 단순하게 연결되며, 글밥이 적은 책이 좋습니다.

36개월~48개월

어떤 책을 보여주면 좋은가요?

원인과 결과, 시간의 흐름을 배울 수 있는 자연관찰책, 일상생활 이야기책.

사회적 규칙과 사회성 등을 배울 수 있는 또래관계 및 어린이집/유치원 생활을 다룬 책.

상상력을 자극하고 내용의 흐름을 기억하게 하는 전래동화, 명작동화, 창작동화.

상황에 따른 감정을 충분히 이해하고 표현하도록 돕는 창작동화.

36개월~48개월 아이는 언어가 폭발적으로 늘어나는 시기를 거쳐 3~4단어를 조합하여 문장을 이야기하는 것이 자유로워지고 문법적 요소들도 곧잘 사용할 수 있습니다. 기억력도 발달하여 초보적인 이야기 구성, 결과에 대한 원인 설명 등을 간단히 할 수 있습니다. 자기 주도성이 강해져 떼가 많아지고 뭐든지 '싫어'라고 표현하는 시기이기도 합니다. 따라서 일상 및 어린이집 생활에서 일어나는 일들을 담은 책을 함께 읽으며 상황에 대한 규칙과 규율을 이해하고 갈등상황에서 적절히 대처하는 법을 알도록 도와주는 것이 좋습니다. 이때 상황에 따른 상대방과 나의 감정 등을 적극적으로 표현해주며 알려주도록 합니다. 더불어 초기 읽기를 준비하는 과정으로, 책 제목이나 책 속 1~3음절의 키워드를 많이 노출해주고 특정 글자나 단어를 미리 출력하여 책 속에서 같은 글자 찾기 등을 놀이처럼 해주어도 좋습니다.

⭐ 아이의 발달을 체크하세요

다음 각 발달단계에서 우리 아이가 3가지 이상 해당된다면 유심히 관찰해주어야 합니다. 만약 세 달 이상 적극적인 자극을 주었는데도 크게 달라지지 않는다면 전문가와의 상담을 권합니다. 영아기일수록 민감한 변화를 잘 감지하는 것이 중요하므로 12개월까지는 2~3개월의 간격을 두고 제시했으며, 그 이후는 뚜렷한 발달적 변화가 나타나는 6개월~1년의 간격을 두고 제시했습니다.

2개월	• 눈앞에 있는 사람을 보고 웃는 경우(배냇짓)가 드물다.	○	×
	• 사람의 얼굴을 쳐다보거나 눈을 마주치려는 시도가 드물다.	○	×
	• 소리가 나면 반응하거나, 소리가 나는 쪽으로 고개를 돌리려는 시도가 드물다.	○	×
	• 목 뒤쪽 소리(⑩ 구구 가가 등)를 내지 않는다.	○	×
	• 소리 표현 자체가 드물다.	○	×
	• 엎드린 상태에서 고개를 들려는 시도를 하지 않는다.	○	×
	• 지루해진 상황에서도 울거나 짜증 내지 않는다.	○	×
	• 손을 입으로 넣으려는 시도를 보이지 않는다.	○	×
4개월	• 사람을 보고 자연스럽게 미소 짓는 일이 드물다.	○	×
	• 상대방과의 상호작용 놀이에 큰 반응을 보이지 않는다.	○	×
	• 상대가 짓는 표정을 따라 하려는 일이 거의 없다.	○	×
	• 산출하는 소리가 거의 없다.	○	×
	• 상대방 소리를 듣고 반응하며 따라 하려는 시도가 거의 없다.	○	×
	• 무엇인가를 잡으려고 손을 뻗는 시도가 드물다.	○	×

4개월	• 아이 눈앞에서 물건을 좌우로 움직여줄 때 눈으로 따라 가지 못한다.	○	×
	• 친숙한 사람을 알아보고 반응하는 경우가 드물다.	○	×
	• 도움 없이는 목을 안정적으로 가누지 못한다.	○	×
	• 뒤집기를 하지 못한다.	○	×
	• 손을 입으로 넣으려는 시도를 보이지 않는다.	○	×
	• 발에 딱딱한 것이 닿았을 때 밀어내려 하지 않는다.	○	×
6개월	• 친숙한 사람을 보고 웃거나, 낯선 사람을 보고 우는 등의 낯가림을 보이지 않는다.	○	×
	• 주양육자와의 상호작용 놀이를 즐기지 않는다.	○	×
	• 거울 속에 비친 자신의 모습에 관심이 없다.	○	×
	• 특정 소리를 듣고 그에 소리를 내어 반응하는 경우가 없다.	○	×
	• 운율적인 음성을 내며 옹알이를 하지 않는다.	○	×
	• 상대방과 음성을 주고받는 행동이 나타나지 않는다.	○	×
	• 음성놀이를 할 때 자음 말소리가 포함된 표현이 전혀 나타나지 않는다. (예 ㅁ, ㅂ, ㅃ, ㅍ 등.)	○	×
	• 물건을 입으로 가져가 탐색하는 행동을 보이지 않는다.	○	×
	• 두 손을 마주 잡거나 물건을 이 손에서 저 손으로 옮기는 행동을 보이지 않는다.	○	×
	• 도움 없이 앉지 못한다.	○	×
	• 관심 있는 것일지라도 팔을 뻗어 잡으려 하지 않는다.	○	×
	• '아, 어, 오' 중 2개 이상의 모음을 산출하지 못한다.	○	×
	• 전반적인 움직임이 많이 없거나 뻣뻣해 보인다.	○	×
	• 잘 웃지 않고 다양한 소리를 내지 않는다.	○	×
9개월	• 금지하는 말(예: "안 돼")을 들어도 멈칫하지 않는다.	○	×
	• 다른 사람의 행동이나 제스처 등을 따라 하지 않는다.	○	×
	• 같은 음절로 반복되는 옹알이를 표현하지 않는다. (예 마마마, 바바바)	○	×
	• 원하는 것이 있거나 아는 것이 있을 때 손가락으로 가리키지 못한다.	○	×
	• 물건을 눈앞에서 숨겨도 찾지 않는다.	○	×
	• 까꿍놀이에 관심이 없다.	○	×

9개월	• 물건을 한 손에서 다른 손으로 자연스럽게 옮길 수 없다.	○	×
	• 엄지와 검지로 콩과 같은 작은 것을 잡는 것이 어렵다.	○	×
	• 도움을 주어도 앉는 것이 어렵다.	○	×
	• 이름을 불러도 반응하지 않는다.	○	×
	• 친숙한 사람을 알아보지 못한다.	○	×
	• 상대방이 손가락으로 가리키는 곳을 함께 쳐다보지 못한다.	○	×
	• 기지 못한다.	○	×
12개월	• 엄마와 아빠가 보이는 자리에서 사라져도 울지 않는다.	○	×
	• 좋아하는 책을 읽기 위해 해당 방향을 가리키거나 보호자에게 책을 갖다 주는 행동이 없다.	○	×
	• 다른 사람의 주의를 끌기 위해 소리나 행동을 보이는 일이 드물다.	○	×
	• 까꿍놀이를 전혀 즐거워하지 않는다.	○	×
	• 간단한 초기 제스처가 관찰되지 않는다. (예 빠빠이, 도리도리)	○	×
	• 옹알이할 때 말하는 듯한 억양을 사용하지 않는다.	○	×
	• 상대의 말에 반응하려는 모습을 보이지 않는다.	○	×
	• 상대가 하는 제스처를 모방하지 않는다. (예 박수, 만세 등)	○	×
	• 간단한 지시를 내려도 따르지 않는다.	○	×
	• 놀잇감을 흔들거나 만지기보다 입으로 가져간다.	○	×
	• 서거나 걸으려는 시도를 보이지 않는다.	○	×
	• '엄마', '아빠'를 의미 있게 말하지 못한다.	○	×
18개월	• 친근한 사람에게 웃거나 우는 등의 감정표현을 잘 나타내지 않는다.	○	×
	• 인형에게 음식을 먹여주는 등의 초보적 상징 행동이 나타나지 않는다.	○	×
	• 자신의 관심사를 남들에게 보여주기 위해 가리키는 행동을 하지 않는다.	○	×
	• 10개 정도의 일관적인 단어를 표현하지 못한다.	○	×
	• 싫다는 의미의 거부 표현으로 짜증 섞인 소리만 낼 뿐 고개나 손을 가로젓지 않는다.	○	×
	• 익숙하고 간단한 지시를 내렸을 때 따르지 못한다.	○	×

18개월	• 스스로 걷지 못한다.	○	×
	• 친숙한 도구를 스스로 어떻게 사용하는지 모른다. (예 빗을 머리로 가져가거나 숟가락을 입으로 가져가는 등)	○	×
24개월	• 어른이나 또래의 행동을 따라 하는 경우가 드물다.	○	×
	• 또래와 잡고 잡히는 놀이를 즐거워하지 않는다.	○	×
	• 친숙한 2–3음절의 단어를 따라 하지 못한다. (예 멍멍, 빵빵, 딸기 등)	○	×
	• 단어를 듣고 그림이나 책에서 고르는 경우가 드물다.	○	×
	• 눈, 코, 입, 귀 등 친숙한 신체 부위를 말하거나 가리키지 않는다.	○	×
	• 두 단어를 조합하여 말하는 경우가 전혀 없다.	○	×
	• 짧고 간단한 지시를 따르지 못한다.	○	×
	• 물건을 눈앞에서 완전히 숨겼을 때 찾아내지 못한다.	○	×
	• 스스로 가구를 오르고 내리며 탐색하는 행동을 하지 않는다.	○	×
	• 스스로 공을 던지지 못한다.	○	×
	• 계단을 오르내리지 못한다.	○	×
36개월	• 어른이나 또래의 행동을 따라 하는 경우가 드물다.	○	×
	• 또래를 안아주거나 밀치는 등의 감정을 나타내지 않는다.	○	×
	• 누군가가 울고 있어도 별 관심이 없다.	○	×
	• '내 것', '남의 것'과 같은 소유의 개념을 이해하지 못한다.	○	×
	• 스스로 옷을 입거나 벗으려는 모습을 보이지 않는다.	○	×
	• "～하고 ～해"와 같은 2단계 지시를 따르지 못한다.	○	×
	• 친숙한 사물의 이름을 잘 말하지 못한다.	○	×
	• 친구 이름을 말하지 못한다.	○	×
	• 대화할 때 상대방과 구어를 2회 이상 주고받지 못한다.	○	×
	• 장난감을 여러 방법으로 조작하여 놀지 못한다. (예 누르기, 돌리기, 빼기, 당기기 등)	○	×
	• 3～4피스 정도의 퍼즐을 맞추지 못한다.	○	×
	• 블록을 5개 정도 쌓지 못한다.	○	×
	• 잘 뛰지 못한다.	○	×

36개월	• 계단을 오르내리지 못한다.	○	×
	• 상징놀이를 하지 못한다.	○	×
	• 눈을 맞추지 않는다.	○	×
	• 사건에 대한 이유를 간단하게라도 말하기 어렵다. (**예**: "왜 아파?" → "꽈당해서")	○	×
48개월	• 새로운 장난감을 갖고 노는 것을 즐기지 않는다.	○	×
	• 병원놀이나 소꿉놀이, 음식점 놀이와 같은 역할놀이를 즐겨하지 않는다.	○	×
	• 점토, 종이 등을 가지고 창의적으로 무언가를 만들며 놀지 않는다.	○	×
	• 또래와 어울려 놀지 않는다.	○	×
	• 어설프게라도 얼굴을 그리지 못한다.	○	×
	• 가족 외의 사람이나 또래의 말에 반응하지 않는다.	○	×
	• 경험했던 과거 일에 대해 간단하게라도 이야기하지 못한다.	○	×
	• '같다'와 '다르다'를 구분하지 못한다.	○	×
	• 스스로 말하긴 하지만, 듣는 사람은 알아듣지 못한다.	○	×
	• 단어를 따라 말할 때 부분적으로 따라 하거나 말소리가 뒤바뀐다.	○	×
	• "왜 ~했어?"와 같이 사건 및 감정 원인에 대해 말하기 어렵다.	○	×
	• 좋아하는 노래나 구절을 외워서 부를 수 없다.	○	×
	• 색, 숫자, 모양 등을 적절히 말하는 것이 어렵다.	○	×
	• 해당 연령의 간단한 보드게임을 반복적으로 알려주고 보여주어도 참여하지 못한다.	○	×

⭐ 이렇게 루틴하세요

루틴(routine)은 '규칙적으로 하는 일', 혹은 특별한 이벤트가 아닌 '일상적인 일'이라는 의미로 통용됩니다. 아이의 언어 및 인지발달을 도울 수 있는 가장 간편하고 효과적인 방법은 이 '루틴'을 잘 활용하는 것입니다. 아이의 단기기억이 장기기억으로 넘어가는 루틴의 핵심은 '반복'입니다. 매일 반복적으로 하는 습관을 통해 큰 에너지를 들이지 않더라도 아이의 행동과 생각의 방향을 제시하고 이끌어줄 수 있습니다. 아래에 제시된 각 시기별 루틴 71가지를 참고하여 아이의 언어 및 인지발달에 도움이 되는 활동을 해봅시다.

0~2개월 아이에게는

1) 먹이고, 재우고, 씻기고, 기저귀 가는 반복적인 활동 전에 쓰다듬어주며 해야할 것에 대해 이야기해줍니다.
2) 아이가 규칙적인 일상생활을 할 수 있는 환경을 만들어줍니다.
3) 아이가 소리를 낼 때 아이를 보고 웃어주거나 쓰다듬어주며 칭찬합니다.
4) 아이가 소리를 낼 때 비슷하게 따라 말해주거나, 아이가 내는 소리의 의도를 알고 있다면 분명한 언어로 다시 한번 아이에게 말해줍니다.
5) 밤잠 수유 전에 조용한 음악을 틀어놓고 책을 읽어줍니다.
6) 아이 침대 주변에 거울이나 모빌책을 두어 아이가 누워있을 때 보게 해줍니다.
7) 엄마 배에 아이를 엎드려 올리고 교감하는 시간을 갖습니다.

2~4개월 아이에게는

1) 먹기, 놀기, 자기의 루틴을 규칙적으로 유지합니다.
2) 아이의 소리를 많이 따라 합니다.
3) 이야기해줄 때 몸짓을 많이 보여줍니다.
4) 부드러운 천 장난감이나 딸랑이, 공 등 오감을 자극하는 장난감들을 많이 접하게

해줍니다.

5) 아이가 원하는 것을 미리 주지 말고 조금 기다려 아이가 팔을 뻗거나 소리를 내는 등 의도성을 표현하도록 이끌어줍니다.

6) 딸랑이 등 쥐고 흔드는 물건을 아이 손에 많이 쥐어줍니다.

7) 엄마 배에 아이를 잠깐씩 앉혀 교감하는 시간을 가집니다.

8) 색깔이 뚜렷한 모빌을 매달아 아이가 노는 시간에 보게 합니다.

4~6개월 아이에게는

1) 아이의 기분을 파악하여 활동을 조절합니다. 아이가 즐거워한다면 하고 있는 것을 유지하고, 아이가 힘들어한다면 잠시 쉬어갑니다.

2) 까꿍놀이나 하이파이브 등 수시로 상호놀이를 많이 합니다.

3) 하루에 적어도 한 권 이상의 그림책을 읽어주거나 책놀이를 해줍니다. 책은 밝은 톤과 뚜렷한 색상의 그림책이 좋습니다.

4) 아이가 무언가를 바라보거나 관심 있어 하면 손가락으로 가리키며 무엇인지 말해줍니다.

5) 아이가 무언가를 실수로 떨어뜨리면 얼른 주어 아이에게 다시 주는 등 주고받고의 개념을 조금씩 인식시켜줍니다.

6~9개월 아이에게는

1) 아이를 톡톡 치며 이름을 많이 불러줍니다.

2) 아이가 혼자 놀고 있을 때 엄마가 주변에 있다는 것을 인식할 수 있도록 한번씩 아이를 부르며 "엄마 여기 있어"라고 말해줍니다.

3) 아이와 함께 하는 게임을 할 때 "아이 한 번, 엄마 한 번" 차례를 지키도록 합니다.

4) 아이의 기분을 읽고 많이 표현해줍니다.

5) 아이가 보고 있는 것을 포인팅하며 이름을 말해줍니다.

6) 아이가 원하는 것을 가리킬 때 아이의 요구를 말로 표현해줍니다.

7) 원인-결과를 알 수 있는 장난감들을 많이 갖고 놀게 해줍니다.

8) 까꿍놀이, 숨기고 찾기 놀이 등을 많이 해줍니다

9~12개월 아이에게는

1) 위험한 행동에 대해 "안 돼", "아니야" 등의 부정 표현을 사용하여, 그 의미를 이해하게 합니다. 혼내거나 소리 지르는 것이 아닌 적정 음량이되 단호한 어조로, 손동작을 함께 보여주며 이야기해줍니다.

2) 잘한 일에 대해서는 안아주기, 쓰다듬기, 뽀뽀해주기 등 구어적 칭찬 외의 촉각적 표현을 해줍니다.

3) 잘못한 일을 한번 지적할 때, 잘한 일은 네 다섯 번 이상 말해줍니다.

4) 하고 있는 동작에 대해 표현해줍니다.

5) 책을 읽어줄 때 아이로 하여금 페이지를 넘기게 하여 "엄마는 읽어주고, 아이는 책을 넘기는" 차례 지키기를 시도합니다.

6) 아이가 단어의 부분을 이야기하고 싶어 한다면, 아이의 시도를 칭찬해주며 정확한 단어로 다시 한번 말해줍니다.

7) 색연필이나 종이 등을 곳곳에 놔두어 아이가 자유롭게 끄적일 수 있도록 유도합니다.

8) 작은 물건이나 과자 등을 숨겨 아이로 하여금 찾아보게 합니다.

9) 짧은 동요를 많이 들려주며 그에 맞는 간단한 동작을 보여줍니다.

10) 일상 도구들을 쓰임에 맞게 사용하도록 많이 보여주고, 스스로 할 수 있도록 도와줍니다.

12~18개월 아이에게는

1) 장난감들을 일정한 자리에 놓아 아이가 원할 때 스스로 찾을 수 있게 합니다. 또다시 갖다 놓을 수 있도록 합니다.

2) 아이의 감정과 느낌, 상태 등을 많이 표현해줍니다.